続
大人になるための
リベラルアーツ
思考演習12題

石井洋二郎/藤垣裕子――[著]

東京大学出版会

Liberal Arts Education for Developing Mature Citizens II:
12 Lessons in Active Thinking
Yojiro ISHII and Yuko FUJIGAKI
University of Tokyo Press, 2019
ISBN978-4-13-003390-9

はじめに——「大人になり続ける」ために

　2016年2月に上梓した『大人になるためのリベラルアーツ』は，さいわい好評をもって迎えられ，刊行後2年半で6刷を重ねるにいたった．類書も数多く出版されている中で，著者たち自身にとっても予想外の売れ行きであったが，これはおそらく中高生・大学生から社会人まで，現代人がいかに「教養」や「リベラルアーツ」の重要性を痛感し，その道標となるような書物を求めているかということを示すものだろう．

　前著は，著者の2人が2015年度に東京大学の「後期教養科目」の枠組みで，学部3・4年生を対象に共同で実施した「異分野交流・多分野協力論」の授業記録をもとに執筆したものであるが，この授業は少しずつテーマを入れ替えながら，その後も毎年継続されてきた．本書は2016年度から2018年度までの3年間の記録をもとにして，『大人になるためのリベラルアーツ』の続編として書かれたものである．

　「教養」あるいは「リベラルアーツ」という概念をどのように定義すべきかについては，すでに前著の「はじめに」で詳述したので，ここで繰り返すことはしない．以下では続編の刊行にあたって，この数年間の経験を通して考えてきたこと，感じてきたことを踏まえながら，本書の目指すところを簡潔に述べておきたい．

　本書で扱ったテーマは前著と同じく，いずれもイエスかノーかで答えなければならない（けれどもにわかにはどちらとも態度を決めることのできない）問いばかりである．授業の目的は最終的な唯一の「正解」に到達することではなく，もしかすると見つかるかもしれないが，ついに見つからないかもしれないなんらかの答えを模索しながら専門分野の異なる者同士で議論すること，そしてそのプロセスを通して対話と思考の訓練をおこなうことにあったわけだが，では

この授業でどのような資質や能力が養われることを私たちは期待していたのだろうか．大きく3点に分けて整理しておこう．
　第1に挙げられるのは，**問題構成力**である．学生たちにはこちらが用意したテーマについて担当教員が書いた問題提起文をあらかじめ読んでくることを求め，教室ではいくつかの論点を提示した上で討論してもらったので，その意味で彼らは受け身の立場から出発したことになる．しかしどのような議論も，そのつどなにが問題であるのかを自分の目で見極めなければ，単なる感想や不毛な抽象論のやりとりに終わってしまう．
　そのさいに重要なのは，前著でも言及した「あらゆる問いは，『定義』をめぐる問いを内包している[1]」という視点である．たとえば「進歩とはなにか」という問いを通過せずに「芸術に進歩はあるか」という問いに答えることはできないし，「民主主義」という概念の定義を考察することなしに「民主主義は投票によって実現できるか」という問いに向き合うことはできない．じっさい，授業では学生たちが「そもそも……とはなにか」という原点に立ち返って議論する場面がしばしば見られた．
　では定義の問題から出発することで，彼らはいったいなにをしていたのだろうか．与えられた課題をそのまま無条件に受け入れていきなり討論に入るのではなく，問題提起文で用いられている言葉を吟味し，検証し，場合によっては新たに定義し直すことで，所与の問いを自分自身の問いへと構成（あるいは再構成）する作業をおこなっていたのである．
　その延長線上にあるのが，本書の最後から2番めに収めた「番外篇　議論によって合意に達することは可能か」の章である．詳しくは当該箇所を読んでいただきたいが，前著と同様，この回の授業では教員側がテーマを与えるのではなく，学生たちからあらかじめ「答えが1つに定まらない問い」を募り，そのリストを前にゼロから議論して1つに絞り込むという作業をしてもらった．その結果，前著では最終的に，もともと存在しなかったテーマが複数の問いを統合する形で文字通り「構成」されることになったし，本書でははじめ支持者が1人もいなかったテーマが紆余曲折の末に精密化され，かなり形を変えて最後

---

[1]　石井洋二郎，藤垣裕子『大人になるためのリベラルアーツ――思考演習12題』，東京大学出版会，2016年，24頁．

に残ることになった．こうして予想外の展開を経てひとつの問いが練り上げられていく過程は，まさに学生たちの問題構成力が鍛えられていくプロセスそのものであったと思う．

　授業で培われることが期待されていた第2の要素は，**批判的思考力**である．ディスカッション形式の授業では当たり前のことだが，他人の意見に賛成するにせよ反対するにせよ，自分の意見を述べるときは相手との共通点や相違点を明確にしながら，誰にでも理解可能な形で言語化することが最低限のルールであり，そのためには他者の言葉をつねに冷静に分析し的確に相対化する能力が不可欠である．「批判的思考力」とはこの相対化能力を意味するのであり，必ずしも相手に反論したり異を唱えたりする力を意味しているわけではない．

　というより，むしろ他人の意見に同調する場合こそ，この種の能力が必要とされるというべきだろう．というのも，私たちは自分と同じ方向性をもつ見解を目にすると，ついそのまま無自覚に同化してしまい，自分自身の言葉で思考することを忘れがちであるからだ．とくにインターネットが普及した現在では，「いいね！」ボタン1つで特定の言説が加速度的に増殖し，同じ感覚を共有する者同士が仮想の共同体を形成して一定方向に流れてしまう「サイバー・カスケード」現象がしばしば見られる[2]．同質のものばかりが寄り集まった感情の濁流にひとたび呑み込まれてしまうと，私たちはいつのまにか「個」としての主体性を放棄し，自分の頭で思考する習慣を失うことになりかねない．だから自分に近いと思われる意見に接したときほど，無条件にこれを受け入れるのではなく，そこから意識的に距離を置いて自立性を保持するための「批判的思考力」が求められるのである．

　もちろんこの種の批判的思考力は，自分自身にも向けられなければならない．他者の言葉との接触を通して自分の言葉を客観化し，対象化し，場合によっては必要な修正を加えながら固有の思考を織り上げること，それは対話においても議論においてもつねに要請される基本的な姿勢である．授業では学生たちが他の学生とのやりとりの中で自らの意見を見直したり論理を緻密化したりしていく場面が少なからず見られたが，これは無意識のうちに彼らがこの種の自己

---

[2]　この現象については，本書の第10章「自由と公共性は両立するか」でとりあげられている．

相対化力を身につけていたことの証左であろう．

そして最後に挙げておきたいのが，**市民的倫理観**である．前著でもこのことは少なからず意識されていたが，目次を見ていただければおわかりのように，本書ではさらに明確に市民としての倫理性を直接問うようなテーマが数多くとりあげられている．たとえば第1章（気候工学）や第3章（遺伝子操作）や第5章（人工知能）などは，いずれも科学技術の急速な進歩を前にして私たちはどう振舞うべきなのかという，現代人ならば誰もが考えなければならない普遍的な問いを含んでいるし，前著と本書の両方でとりあげた2つのテーマ（第8章の「絶対に人を殺してはいけないか」と第9章の「学問は社会にたいして責任を負わねばならないか」）は，もとより市民的倫理観そのものに関わる問いである．また，その他の章でとりあげたテーマも，それぞれ切り口や筋道は異なるものの，やはり最終的には私たちが現代社会に生きる一市民としてどう考えどう行動すればいいのかという問いにつながっている．

その意味で，第2章でも触れたことだが，2冊の書物に冠された「大人になるためのリベラルアーツ」というタイトルが英語では «Liberal Arts Education for Developing Mature Citizens» と訳されていることに，あらためて注意を促しておきたい．ここでいう「大人」とは，単に年齢的な「成人」Adult を指すのではなく，「成熟した市民」Mature Citizen という意味なのである．本書の第2章では選挙権問題をきっかけとして成人年齢の引き下げ問題がとりあげられているが，「市民」とはまさに選挙を通して「国政に参与する権利をもつ人」（『大辞林』第三版，三省堂，2006年）なのであり，その権利には当然のこととして，社会にたいして果たすべき義務や責任がともなう．

私たちはひとたび成人年齢に達すれば，誰もが否応なく「市民」というアイデンティティを引き受けずにはいられないが，成人したからといって，すべての人が自動的に「成熟した市民」になれるわけではない．さらに階段をもう一段踏み越えて，社会の一員としての市民的倫理観を身につけない限り，本当の意味での「大人」になることはできないのである．だから私たちはいったん成人 Adult になった後，あらためて自らの義務を自覚し，責任を引き受け，今度は Mature Citizen という意味での大人にならなければならない．成熟した市民にふさわしい倫理観を鍛えあげて，もう一度「大人になり直す」ことが必要な

のだ．

　授業に参加してくれた学生たちが，以上に挙げた3つの能力や資質をどの程度身につけたのか，正確なところはわからない．しかし，本書の末尾に収録した彼らのレポートからの抜粋を読んでいただければおわかりのように，私たちの狙いは十分伝わったものと思うし，学生たちは期待通りに——いや，おそらくは私たちの期待を超えて，これらの能力や資質を血肉と化してくれたという手応えを感じている．

　前著の「はじめに」で，私はリベラルアーツを「人間を種々の拘束や強制から解き放って自由にするための知識や技能」と定義した[3]．そしてその「拘束や強制」の例として，知識の限界，経験の限界，思考の限界，領域の限界という4つの要素を挙げておいたが，「自分はすでに大人である」という無意識の思い込みに安住している者は，しばしばこれらの限界に囚われていること自体に気がつかず，自分が不自由であるということさえ意識することができない．じっさい，自省の念もこめていうのだが，年齢的にはじゅうぶん大人であっても，必ずしも成熟した市民としての大人であると自信をもって断言できない人は相当数にのぼるのではなかろうか．もしかすると私たちの多くは，本当は未成熟な存在であるにもかかわらず，自分が成熟した大人であるという錯覚にとらわれた「子ども」にすぎないのではなかろうか．

　「大人になるためのリベラルアーツ」とは，さまざまな問題を的確に構成し，他者と議論しながら批判的思考力を養い，成熟した市民としての倫理観を身につけることによって，そうした錯覚から自らを解き放つ営みそのものにほかならない．ともすると惰性に流されて眠り込んでしまいがちな感性を覚醒させ，凝り固まった自己を解きほぐして他者に向けて開くこと，偽りの成熟に甘んじて充足した自我の殻に閉じこもるのではなく，対話や議論を通して絶えず柔軟に変容していく「やわらかいアイデンティティ[4]」を獲得すること——そんな過程を通り抜けてはじめて，人は自分がすでに大人であるという思い込みから解放される．そして逆説的な言い方になるが，だからこそ本当の意味で「大人

---

3) 同前，ix 頁．
4) 同前，262 頁．

になる」ことができるのである．

　ただしこの営みは一度だけで完了するというものではなく，その後も持続的に反復されなければならない．というのも，つねに大人になるための努力を継続しない限り，私たちはすぐにまた子どもに戻ってしまうからだ．だから重要なのはおそらく，年齢を重ねてもなお大人になることをやめないこと，何度も大人になることを繰り返すこと，すなわち不断に「大人になり続ける」ことであろう．いかなる変化や流動も恐れることなく，むしろ自己の更新を進んで実践するこうした生き方を指し示すためにこそ，「リベラルアーツ」という言葉はふさわしい．

　本書が真に成熟した市民でありたいと願う読者にとって，「大人になり続ける」ための一助になれば幸いである．

　　2018 年 10 月

　　　　　　　　　　　　　　　　　　　　　　　　　　　　　石井洋二郎

本書の構成と使い方

　各章は前著と同じく，(1)「問題提起」，(2)「論点」，(3)「議論の記録」，(4)「議論を振り返って」の4項目から構成されている．(1)(2)(3)はその章の授業担当者，(4)はもう一方の教員が執筆した．担当者は奇数章と最終章が藤垣，偶数章と番外篇が石井である．学生たちは原則として(1)の問題提起文を読んで授業に臨み，(2)の論点に沿って自由に意見を述べあう．その経緯をまとめたのが(3)であり，これを受けてもうひとりの教員が(4)で議論を総括するというのがおおよその流れである．

　今回は前著と異なり，3年分の授業記録から適宜選択して構成されているので，各章のもとになった授業の実施年度や参加者は一様ではない（テーマによってはその道の専門家をゲストとして招いたケースもある）．また，参加者が異なるとどのように議論の内容が違ってくるかを見るために，あえて前著と同じテーマを収録した章もある（第8章と第9章．ただし前者では同じ問題提起文を再録し，後者では新たに問題提起文を書き下ろした）．

　以下，各章のもとになった授業の実施年度・月日と補足情報を記しておく（参加学生数は，2016年度が20名，2017年度が17名，2018年度が11名）．

第1章　気候工学は倫理的に許されるか（2016年6月29日）[*1]
第2章　成人年齢は引き下げるべきか（2016年6月22日）[*2]
第3章　速く走れる人間をつくってもよいか（2018年5月16日）[*3]
第4章　芸術に進歩はあるか（2017年5月31日）
第5章　人工知能研究は人為的にコントロールすべきか（2017年6月28日）[*4]
第6章　民主主義は投票によって実現できるか（2017年6月21日）
第7章　軍事的安全保障研究予算をもらってもよいか（2017年5月24日）
第8章　絶対に人を殺してはいけないか（2017年7月5日）[*5]

第9章　学問は社会にたいして責任を負わねばならないか（2017年6月14日）*6
第10章　自由と公共性は両立するか（2018年5月23日）
番外篇　議論によって合意に達することは可能か（2017年6月7日）*7
最終章　プライバシーと治安は両立できるか（2017年7月12日）

*1　ゲストあり．
*2　問題提起文を事前配付せずに授業を実施．
*3　ゲストあり．
*4　ゲストあり．
*5　前著の第10回と同じテーマ・同じ問題提起文で授業を実施．
*6　前著の第9回と同じテーマ・異なる問題提起文で授業を実施．
*7　問題提起文なし．前著の番外篇と同じタイトルだが，内容はまったく異なる．

　学生たちの発言は，録音テープからTA（ティーチング・アシスタント）に起こしてもらったテキストをもとにしているが，おもに読みやすさの観点から，趣旨を損なわない範囲で適宜言葉遣いを修正したり一部を省略したりしたことをお断りしておく．当然ながら，その文言や内容についての責任は全面的に著者の2人が負う．また，学生については1人称をすべて「私」で統一した．なお，最後の「授業を振り返って——学生のレポート篇（2016-2018年）」は，3年分のレポートから印象に残った部分や参考になると思われる箇所を藤垣が抜粋して整理・構成したものである．
　本書も前著と同様，大学や高校の授業でいわゆる「アクティブ・ラーニング」の教科書として使っていただくことを一応想定してはいるが，とくにそうした目的がなくても，単なる「読み物」として気軽に読み流していただければ十分である．別に目次の順番に沿って読む必要はないし，関心のある章だけつまみ食いしていただいても一向にかまわない．
　ただ，本書を読めば手軽に役立つ「教養」を身につけられると思って手にとってくださった読者のご期待には，残念ながら添えない可能性が高いということだけは申し上げておこう．確かに「文系でも自然科学についての基本知識は必要だ」とか，「理系でも人文的素養がないと恥ずかしい」といったことが

(「文系／理系」という2分法の妥当性は措くとして）しばしばいわれることは事実であり，そうした需要に応えるような「教養本」的要素が本書に見られないわけではない．いや，むしろ文理とりまぜてさまざまなトピックについて盛り込まれた知識や情報の量は，もしかすると類書と比べて多いほうかもしれない．だが，それはあくまでも2次的なことがらであって，本書の狙いはまったく別のところにある．そしてそれがなんであるのかは，実際に読んでいただければ自然におわかりいただけると思う． 　　　　　　　　　　　　　　　　　（石井）

〈参加学生およびTAリスト〉

2016年度　20名
　Aさん：教養学部教養学科総合社会科学分科　国際関係論コース4年
　Bさん：同学際科学科　科学技術論コース4年
　Cさん：同学際科学科　地理・空間コース4年
　Dさん：同教養学科　超域文化科学分科　文化人類学コース3年
　Eさん：同上
　Fさん：同教養学科超域文化科学分科　比較文学比較芸術コース3年
　Gさん：同教養学科超域文化科学分科　現代思想コース3年
　Hさん：同教養学科超域文化研究分科　学際言語科学コース3年
　Iさん：同上
　Jさん：同上
　Kさん：同教養学科地域文化研究分科　フランス研究コース3年
　Lさん：同上
　Mさん：同上
　Nさん：同教養学科総合社会科学分科　国際関係論コース3年
　Oさん：同上
　Pさん：同上
　Qさん：同上
　Rさん：同上
　Sさん：同学際科学科　科学技術論コース3年

Tさん：文科三類2年生

2017年度　17名
　aさん：教養学部学際科学科　総合情報学コース4年
　bさん：同上
　cさん：同上
　dさん：同学際科学科　国際環境学コース4年
　eさん：同教養学科超域文化科学分科　表象文化論コース3年
　fさん：同教養学科超域文化研究分科　学際言語科学コース3年
　gさん：同教養学科超域文化研究分科　言語態・テクスト文化論コース3年
　hさん：同教養学科地域文化研究分科　北アメリカ研究コース3年
　iさん：同教養学科総合社会科学分科　国際関係論コース3年
　jさん：同上
　kさん：同上
　lさん：同上
　mさん：同上
　nさん：同上
　oさん：経済学部　3年
　pさん：大学院総合文化研究科　広域システム科学系修士課程2年
　qさん：同上
　〈TA〉
　rさん：大学院総合文化研究科　人間の安全保障プログラム　博士課程1年
　sさん：大学院総合文化研究科　地域文化研究専攻　博士課程1年

2018年度　11名
　αさん：教養学部教養学科地域文化研究分科　韓国朝鮮研究コース4年
　βさん：同教養学科総合社会科学分科　国際関係論コース4年
　γさん：同教養学科地域文化研究分科　アジア・日本コース3年
　δさん：同上
　εさん：同教養学科総合社会科学分科　国際関係論コース3年

ζ さん：同上
η さん：同上
ι さん：同上
κ さん：同学際科学科　科学技術論コース 3 年
λ さん：同上
μ さん：同学際科学科　地理・空間コース 3 年

授業内容（各年度の問い）

● 2016 年度
　第 1 回　コピペは不正か
　第 2 回　グローバル人材は本当に必要か
　第 3 回　代理母出産は許されるか
　第 4 回　芸術作品に客観的価値はあるか
　第 5 回　真理は 1 つか
　第 6 回　飢えた子どもを前に文学は役に立つか
　第 7 回　議論によって合意に達することは可能か（学生によるテーマの決定）
　第 8 回　学問は社会にたいして責任を負わねばならないか
　第 9 回　成人年齢は引き下げるべきか
　第 10 回　気候工学は倫理的に許されるか
　第 11 回　絶対に人を殺してはいけないか
　第 12 回　人が生きる意味はあるか（学生の選んだテーマ）

● 2017 年度
　第 1 回　コピペは不正か
　第 2 回　グローバル人材は本当に必要か
　第 3 回　代理母出産は許されるか
　第 4 回　芸術作品に客観的価値はあるか
　第 5 回　軍事的安全保障研究予算をもらってもよいか

第 6 回　芸術に進歩はあるか
第 7 回　議論によって合意に達することは可能か（学生によるテーマの決定）
第 8 回　学問は社会にたいして責任を負わねばならないか
第 9 回　民主主義は投票によって実現できるか
第 10 回　人工知能研究は人為的にコントロールすべきか
第 11 回　絶対に人を殺してはいけないか
第 12 回　プライバシーと治安は両立できるか（学生の選んだテーマ）

● 2018 年度
第 1 回　コピペは不正か
第 2 回　グローバル人材は本当に必要か
第 3 回　代理母出産は許されるか
第 4 回　芸術作品に客観的価値はあるか
第 5 回　速く走れる人間をつくってもよいか
第 6 回　自由と公共性は両立するか
第 7 回　議論によって合意に達することは可能か（学生によるテーマの決定）
第 8 回　学問は社会にたいして責任を負わねばならないか
第 9 回　絶対に人を殺してはいけないか
第 10 回　人工知能研究は人為的にコントロールすべきか
第 11 回　芸術に進歩はあるか
第 12 回　自死は権利として認められるべきか（学生の選んだテーマ）

続・大人になるためのリベラルアーツ──目次

はじめに──「大人になり続ける」ために ……………… iii

本書の構成と使い方 ……………… ix

第 1 章 ● 気候工学は倫理的に許されるか ……………… 1

第 2 章 ● 成人年齢は引き下げるべきか ……………… 23

第 3 章 ● 速く走れる人間をつくってもよいか ……………… 43

第 4 章 ● 芸術に進歩はあるか ……………… 65

第 5 章 ● 人工知能研究は人為的にコントロールすべきか ……… 89

第 6 章 ● 民主主義は投票によって実現できるか ……………… 115

第 7 章 ● 軍事的安全保障研究予算をもらってもよいか ………… 137

第 8 章 ● 絶対に人を殺してはいけないか ……………… 159

第 9 章●——学問は社会にたいして責任を負わねばならないか……… 181

第10章●——自由と公共性は両立するか …………………………… 205

番 外 篇●——議論によって合意に達することは可能か ………… 227

最 終 章●——プライバシーと治安は両立できるか ……………………… 245

授業を振り返って——学生のレポート篇（2016-2018年）…………… 267

おわりに——後期教養教育の展望 …………… 281

参考文献 …………… 293

あとがき …………… 297

第 **1** 章

気候工学は
倫理的に許されるか

図版作成:東辻賢治郎氏

問題提起

　地球規模の気候変動リスクとは，人間の経済活動によって温室効果ガス（二酸化炭素など）が増加し，大気圏のオゾン層の破壊による太陽放射光調節機能が低下することによって地球の平均気温が上昇し，全球的に気候が大きく変わってしまうことを指す．その影響としては，南極の氷の融解とそれによる海面上昇，島国の国土の消失，砂漠の増加，そして生態系や農作物収量の変化などが挙げられている．このリスクの管理は，全球規模の気候変動という点ではグローバルな問題であるが，同時にローカルな課題でもある．地球の気温上昇を抑えるためには，各国の一人ひとりのエネルギー消費削減の行動が必要となるためである．

　2015年末に国連気候変動枠組条約（UNFCCC）の第21回締約国会議（COP21）がパリで開催され，2020年以降の世界の気候変動対策の新しい枠組みが合意された．それは，「産業革命前と比較して世界平均気温の上昇を2℃より十分下回るよう温室効果ガス排出量を抑制し，1.5℃未満に収まるよう努力すること（2℃目標のみならず1.5℃目標への言及）」というものである．気候変動に関する政府間パネル（IPCC）の第5次評価報告書によれば，高い可能性で1.5℃目標をめざすには，今世紀末に向けて世界の二酸化炭素排出量をほぼゼロにまで削減する必要がある．これは容易な目標ではなく，世界がこのために必要な当面の排出削減を実現する目途は立っていない．

　気候変動リスクを管理するためには，大きく分けて2つの策がある．緩和策と適応策である．緩和策とは，温室効果ガス排出を削減し，大気中の温室効果ガス濃度の上昇を抑えて，温暖化の進行を防ぐことを目指すものである．それにたいし適応策とは，気候の変動やそれにともなう気温・海水面の上昇などに，人や社会・経済のシステムを調整することで対応しようとするものである．さらに大きな気温上昇の可能性がある場合，気候工学（気候に人為的に介入するエンジニアリング）をおこなうことを検討することもある．

　まず，緩和策を実施する上では，各国の温室効果ガス削減目標の設定が必要

となる．企業の努力もさることながら，一般市民による理解と行動（エネルギー消費量削減あるいは温室効果ガス削減のために行動すること）も求められている．しかし，気候変動リスクは，他のリスク事象と比べて，一般市民が積極的に対策に関与しようと認識しにくいリスクであることが指摘されている．気候変動リスクは他のリスク事象となにが異なるのだろうか．7つのリスク事象（遺伝子組換え食品のリスク，遺伝子組換え作物のリスク，遺伝子検査のリスク，携帯電話の電磁波の健康影響，携帯電話の電波塔による電磁波の健康影響，放射性廃棄物のリスク，および気候変動リスク）と比較した研究（2002年，英国，12組のフォーカスグループ・インタビュー[1]を2回実施．92人参加）によると，携帯電話電磁波，遺伝子検査，遺伝子組換え食品のリスク管理の責任は個人に帰属すると考えるのにたいし，気候変動，放射性廃棄物，遺伝子組換え作物，携帯電話の電波塔のリスク管理については，個人の行為はほとんど役に立たず，政府が責任をもつべきと考える市民が多いことが示唆された[2]．つまり，気候変動リスクは，「個人や消費者の責任を感じ」つつも，「個人の行動の効用は拡散されてしまい，他の人が行動しないことによって相殺されてしまう」ため，「個人の行動が有意義に解決に貢献するとは（人びとは）信じていない傾向」があることが示唆されたのである．同様に，気候変動リスクについてのコミュニケーションに特有の課題として，1）原因が見えないこと，2）原因と影響が時間的にも地理的にも離れていること，3）都市部の人間が環境の変化から遮断されていること，4）行動をとっても効果を実感できないこと，5）人間が環境に影響を与えていることを感覚的に信じることがむずかしいこと，などの点が挙げられている[3]．

次に，適応策であるが，まず緩和目標（1.5℃，2.0℃，2.5℃など）のシナリオごとに影響評価をおこない，世界平均気温，地域別降水量，農作物生産性，

---

1) フォーカスグループ・インタビューとは，5-12人の一般市民を何組か用意し，一般的な社会問題に関する自由討議を2時間ほどおこなうもの．態度の測定に欧州ではよく用いられている．
2) K. Bickerstaff, P. Simmons and N. Pidgeon, "Constructing Responsibilities for Risk: Negotiating Citizen-state Relationships," *Environment and Planning,* A Vol. 40, No. 6, 2008, pp. 1312–1330.
3) S. Moser, "Communicating Climate Change: History, Challenges, Process and Future Directions," *Wiley Interdisciplinary, Reviews- Climate Change*, Vol. 1, 2010, pp. 1–27.

水資源，洪水などへの影響をシミュレーションを用いて評価する．その上でこれらの影響への適応策（たとえば，渇水対策，治水対策・洪水危機管理，熱中症予防，感染症対策，農作物の高温障害対策，生態系の保全など）を検討し，コストを見積もることが必要となる．各種の不確実性により緩和目標ごとの帰結には幅があり，とくに気温上昇が目標を超えてしまうリスクがあるため，それを考慮に入れながら適応策の検討をおこなうことが重要となる[4]．さらに，大きな気温上昇の可能性が排除できない場合には，気候工学の発動，あるいはその準備が必要となるとされる．

気候工学にはさまざまな手法・技術があるが，太陽放射管理（SRM: Solar Radiation Management）と二酸化炭素除去（CDR: Carbon Dioxide Removal）の2つに大別される．SRMは太陽入射光を減らすことで気温を低下させる．CDRは二酸化炭素量を工学的に回収することを指し，たとえば海洋に鉄を散布し，海洋中の植物の光合成を促進させる手段が提案されている．もっとも有望と見られているのはSRMの1つである成層圏へのエアロゾル注入である．火山噴火後に気温が低下するのは成層圏にエアロゾルが増えることによるため，エアロゾル注入に効果があることは物理的な裏付けがあるといえる．一方でこの注入により，降水の地理的パターンが変わるなどの副作用も懸念されている．

気候工学にたいする倫理的側面からの批判には，大きく分けて2つのものがある．1つめは，「自然」を人為的・意図的に改変する行為そのものへの批判である．そもそも人間活動起源の気候変動が「風，太陽，雨といった自然の意味」を根本的に変化させてしまい，人間から独立した「自然」の存在を不可能にさせてしまった．現在の気候変動が人間の行為の意図せざる帰結であるのに，

---

[4] 各シナリオ（戦略）ごとのシミュレーションの結果，「戦略」間の差は，「戦略」と「まったく対策をとらない場合」との差に比べて小さく，かつ気候予測の違いによる不確実性の幅と比べても小さいことが示されている．またこれらの「戦略」の緩和目標を達成するための技術オプションは，モデルによって大きく異なり，原子力の大規模な導入により達成する方法も，再生可能エネルギーの大規模な導入によって達成する方法もあることが示された．さらに，各目標の緩和にたいして，影響リスクの増加よりも対策コストの減少のほうが敏感である傾向が示された．同時に，既存の体系を前提とした技術の導入や経済コストの問題ではなく，持続可能な方向に社会を大きく転換させることの重要性も示唆されている．このような転換においては，個人やグループの価値判断に依存するため，今後社会的な議論が必要となる．「地球規模の気候リスクに対する人類の選択肢（ICARUS-REPORT2015）」エグゼクティブサマリー，環境省環境研究総合推進費：戦略的研究プロジェクトS-10，2015年9月．

気候工学は人間活動によって変化した気候にたいしてさらに「意図的操作」を加えることになる5)．こうした意図的な気候操作の背後には，気候という「自然なもの」への謙虚さを欠いた人間中心的な価値観があるだけでなく，気候を技術によって操作・制御可能な対象と見る知的な傲慢さがある，と批判される．

　もう1つの批判は，気候工学による「モラルハザード」や先進国の「道徳的腐敗」を指摘するものである．気候工学の研究が進むことで，それが気候変動にたいするひとつの保険とみなされ，温室効果ガス排出の実質的削減など従来の緩和策を推し進めようとする動機や関心が，政府および国民のあいだで大きく低下してしまうこと，そのことによって地球温暖化対策が後退してしまうというものである．気候工学は地球温暖化問題への「技術的解決」にすぎず，現代のエコロジー問題の核心にある先進国の過剰消費やこれを支える経済構造，エネルギー政策など社会的・政治的問題を事実上放置するものだという批判である．こうした批判は「正義」や「公正」といった価値と深く結びついている．じっさい，気候工学の研究・開発・実施を公正さに照らして適切にガバナンスするには，気候工学を誰が（どの国が）主導権をもって推し進めるのか，その意図せざる影響にたいして誰が責任を負うかなど，きわめて複雑で難しい議論や交渉を粘り強く進める必要がある．気候工学の研究・開発が先進国主導で進められたとしたら，緩和策における温室効果ガス排出量の経路決定においても現在すでに発生している先進国への途上国の不信が助長され，グローバルな連帯や世代内の信頼関係に破壊的な影響を及ぼすことになる．これは，先進国の「道徳的腐敗6)」であり，気候変動問題にたいする長期的な取り組みに必要なグローバルな「道徳的連帯」に深刻なダメージを与える恐れがあるだろう．

　現実に，気候工学を社会的に制御するには，気候変動の影響に晒されやすい途上国および貧困層や，いまだ生まれていない将来世代への責任も加味したガバナンスが必要となる．しかし現在，切り札的に気候工学が要請されているのは，まさしく温室効果ガス排出削減の失敗など気候変動対策の適切なガバナンスに失敗しているからなのだ，というパラドキシカルな状況が存在しているの

---

5)　ベル・マッキベン『自然の終焉――環境破壊の現在と近未来』，鈴木主税訳，河出書房新社，1990年．
6)　S. M., Gardiner, "Ethics and Global Climate Change," *Ethics*, Vol. 114. No. 3, 2004, pp. 555–600.

である[7]. (藤)

---

[7] 桑田学,平成27年度環境研究総合研究費「気候変動リスク管理における科学的合理性と社会的合理性の相互作用に関する研究」による研究委託業務,委託業務報告書,18-32頁,平成28年3月,東京大学.

> **論 点**
>
> 1　地球規模の気候変動リスク管理のための国連気候変動枠組条約締約国会議（COP21）の1.5℃目標への言及について，あなたはどう思いますか．
>
> 2　一般市民として気候変動リスクにたいしてなにができると思いますか．
>
> 3　気候工学は倫理的に許されると思いますか．またそう考える理由はなんですか．
>
> 4　今後，気候変動リスク管理（気候工学管理）にはどのようなガバナンスが必要になると思いますか．あるいはリスク選択の判断は誰がどのようにとるべきと考えますか．

....　議論の記録　............................

　本議論は，2016年6月29日におこなわれた．AグループはAさん，Bさん，Dさん，Iさん，BグループはNさん，Oさん，Pさん，CグループはCさん，Lさん，Mさん，Rさん，DグループはFさん，Kさん，Sさん，合計14名である．なお，この日の議論には，気候工学の倫理的側面の専門家として，桑田学先生[8]に加わっていただいた．

〈論点1：地球規模の気候変動リスク管理のための国連気候変動枠組条約締約国会議（COP21）の1.5℃目標への言及について，あなたはどう思いますか〉

---

8)　2016年6月当時，環境省環境研究総合推進費：戦略的研究プロジェクト研究員，2017年より福山市立大学都市経営学部准教授．専門は経済思想・環境思想．

まずAグループからは，達成することがむずかしい目標を設定することに意味はあるのかという点に加えて，こういった数値目標の作成時は議論が目標設定そのものに集中し，目標設定後にどうやってその目標を達成するのかについての議論がおろそかになるのではないかという点の指摘があった．さらに，危機感をもつために2℃ではなく1.5℃目標に言及するというのはありうるのではないかという意見が出た．続いてBグループからは，1.5℃目標はそもそも限りなくむずかしいという点を確認した上で，高めの目標を設定することの意味について議論したことが報告された．たとえば100をめざせば80になることが多いので，80を目標とすれば60になってしまう．そういう意味では80を本当の目標とする場合は100を目標として設定するのではないかという意見が報告された．

　Cグループからは，1.5℃目標に言及したこと自体に危機感が表れているという点，そして言及したとしても達成の見通しが共有できているのかは疑問であるという点が報告された．また，1.5℃目標というのが具体的になにを意味するのかを日常生活に即した具体的数字に還元していかないと，理解しづらいという点が指摘された．Dグループからは，Bグループ同様，高めの目標を設定することの意義が提示された．

　藤垣からは，Cグループが提示した日常生活に即した具体的数字という点について，実際に一般市民が参加する形式のワークショップにおいても，「地球の気温が＊℃上昇するということが自分たちの生活にどう影響するのか，あるいは地球の気温が＊℃上昇することによって世界の小麦生産量が3割落ちるということがなにを意味するのか（入手できなくなるのか，価格上昇なのか）」といった具体的な情報を市民が望んでいる傾向が示されていること[9]が紹介された．また，桑田先生からは，1.5℃が無理で2℃なら容易なのかというとそういうわけではないこと，逆に1.5℃の数値目標の合理性が伝わってない，あるいは1.5℃の根拠が共有されていないということ自体が問題なのではない

---

[9] 八木絵香「気候変動とリスクコミュニケーション」，平川秀幸，奈良由美子編『リスクコミュニケーションの現在』第13章，放送大学教育振興会，2018年，Y. Fujigaki, "Interactions between Scientific and Social Rationality: Recommendation of Intermediate Layer for Transdisciplinary Sustainable Science", *Sustainability Science*, Vol. 13, No. 2, 2018, pp. 369–375.

か，ということが指摘された．

〈論点2：一般市民として気候変動リスクにたいしてなにができると思いますか〉
　まずBグループから，気候変動リスクが今どのような状況なのかという情報を市民が知り，危機意識をもつことが大事であることが示された．続いて市民の行動については，個々人での行動というより，会社や学校など団体での取り組みが大事ではないかという点が指摘された．さらに，人びとの行動を促すためのイメージ戦略の話が出された．

> たとえばヨーロッパで，自転車に乗っているほうが環境にやさしくてかっこいいとか，そういうイメージが紹介されたり，フランスで一時期，車を規制して歩行者天国にしようっていう取り組みがニュースで紹介されていました．そういう取り組みに参加している人のほうが環境に配慮していてかっこいいっていう，そういうイメージが実は大事なんじゃないかという話が出ました．それで，たとえば日本でもクールビズが進んだように，ある程度の宣伝力とかイメージによって，自分たちの行動が変わるようになるんじゃないかなという話になりました．（Pさん）

　Cグループからは，たとえばエレベータを使う，エアコンを使うという1つ1つの行動をするときに目に見える数値，自分がしている行動が数値化されることによってなんらかの形で気候変動に働きかけているということが見えたらよいのではないか[10]という指摘があった．Dグループからは，具体的に行動をとる前のリスクの認識の問題が指摘された．たとえば温暖化の影響でオセアニアの島々が沈んでしまうという情報だけでなく，自分の生活にどう影響するかというところまでの理解が必要であるということが指摘された．さらに，省エネにしても電気代が減るなどの自分のメリットのほうで理解するとモチベー

---

[10]　この種の「見える化」にはさまざまな試みがある．たとえばCFP（カーボン・フット・プリント）は，製品がその一生のうちに排出する温室効果ガスをCO_2に換算した数値で表示することであり，企業の製品開発の指標となる．他にも建物ごとのCO_2排出量の計算，地域ごとの計算などさまざまな「見える化」が可能である．

ションが上がるのではという点が指摘された．Aグループからは，そういうモチベーションのインセンティブチェーンがうまくまわることの重要性が指摘された．

　これらの各グループの報告後，まずOさんから，市民の行動というものは1人でするものというより，みなでするものであることが指摘された．とくに中国で，ある人がドキュメンタリーを作成し，政府や企業の腐敗を指摘することによって政府に働きかけた例を挙げ，集合の力の可能性が示唆された．

　　個人ではなにもできないし，1人でやってもなんにもならないのですが，みんなでネットとかメディアを使って政府や企業に働きかけたほうが，政府が強制的な政策を出して個人に制限する力になれるかなと思いました．（Oさん）

　それにたいしRさんから，気候変動リスクについては一般市民の行動というより，政府がいったん吸い上げて，政府を媒介とした行動が必要という意見が述べられた．

　　一般市民が直接気候変動リスクになにかするような話じゃなくて，結局は政府がいったん吸い上げて，政府を媒介とした行動でしか決定的な行動はとれないんだろうな，というふうに思いました．（Rさん）

　またCさんからは，市民の意識に期待するのではなく，環境に負荷のかかるものは価格を高く設定して買えなくするなど，経済的な面から強制的に行動を変える必要が主張された．

　　一般市民も無意識のうちにCO_2削減に向けたシステムに取り込まれていくような，そういう法体系とか経済体系とかにしていかないとならないと思いました．市民の意識とかそういうところに期待するんじゃなくて，環境に負荷がかかるものは価格を高く設定して経済的に買いづらくするなど，強制的に行動を変えていくやり方のほうが，意識に頼るよりはいいの

かなと．（Cさん）

　Mさんからは，一般市民と政府は別ものというより，政府は理論上は市民の代表と考えたほうがいいのでは，という意見が出された．
　桑田先生からは，市民を経済的利益に受動的に反応する単なる経済アクターとして見るのではなく，能動的な主体として見る視点が必要であること，つまり金銭的インセンティブを用いた経済的手段とは異なって，シティズンシップ[11]に焦点を当てるアプローチにも目を向ける必要があることが紹介された．

　　気候変動を含む環境問題への取り組みを考える上で，市民を単に利己的な経済アクターとして見るんじゃなくて，同時に能動的な主体・行為者として見る視点も重要なのではないか．それがシティズンシップという概念で論じられていることなんですけど．たとえば米国などでも，クライメートジャスティス[12]を主張する運動が盛んにおこなわれています．原子力の問題と同じように，気候変動の問題にたいして市民がデモをやるわけです．現実に地球上で，たとえ自分が生活する場所でなくても，気候変動の影響に脆弱な途上国の人びとの生活が脅威にさらされており，そこではもはやカタストロフというような事態さえ生じていると．破局的な状況なわけですね．1.5度の目標っていうのも，そういうある種の破局的な状況はもう訪れているという危機感ともつながっているわけです．そしてそれは，当然に先進国の視点だけで考えて良い問題ではない．大量にエネルギーを消費し，そこから大きな経済的利益を得ている先進国側こそがクライメー

---

11) 市民が市民としての権利と義務を行使し，広い意味での政治参加をおこなうことを指す．エコロジカル・シティズンシップ（アンドリュー・ドブソン『シチズンシップと環境』，福士正博・桑田学訳，日本経済評論社，2006年），ジェネティック・シティズンシップ（Deborah Heath「ジェネティック・シチズンシップとは何か」，仙波由加里訳，特集＝生存の争い：医療・科学・社会；遺伝子工学の行方，『現代思想』Vol. 32, No. 14，2004年11月号，173-189頁）などがある．
12) 気候の公平性．温暖化問題の背景にある大量生産と大量消費や貧富の差を見直し，公平で平等な社会を作ることで温暖化問題の解決を図ること．たとえば以下を参照．明日香壽川『クライメート・ジャスティス――温暖化対策と国際交渉の政治・経済・哲学』，日本評論社，2015年．

「クライメートジャスティス」運動
©AFP/MUJAHID SAFODIEN

トジャスティスを推し進めていく義務を負っているはずだと．つまり，先進国が大量のエネルギーを消費しCO_2を大量に放出して地球上のあらゆる人びとの暮らしを脅かしている，こうした今地球上で起きている出来事にはある種の不正義が含まれている．そのように現在の問題を理解し，クライメートジャスティスを唱え，市民の側から世界を変えていこうとする動きもあるのです．(桑田先生)

このように米国には，クライメートジャスティスを唱え，自国をふくむ先進国の行動はある種の不正義である，と訴える運動がある．そのことによって米国政府や多国籍企業を動かそうとする．そういったことを能動的におこなうのがシティズンシップの実践である．このように，市民の側から世界を変えていくことが，政府の側から変えていくこととは異なる側面として紹介され，双方の面から考える必要性が示された．

〈論点3：気候工学は倫理的に許されると思いますか．またそう考える理由はなんですか〉

この論点の議論に入る前に藤垣から，学生たちの世代が幼少期だった頃に流

行った漫画『ONE PIECE』[13] の「アラバスタ」のシーンで，砂漠に雨を降らせるために人工降雨の砂についての言及があったことが示され，それが現実に技術的に可能な社会に私たちは生きているのだという点が強調された．議論ではまずCグループから，気候工学は倫理的に基本的には許されるが，だからといって全部いいわけではない，という意見が紹介された．とくに後世の人，次世代への不可逆性という点を考慮すべきではないかという意見が出された．次にDグループからは，まず「倫理的とはなにか」を議論したのちに，問題提起文中にある「気候工学にたいする倫理的側面からの批判」の2つを順に検討したことが報告された．

> すでに自然の現状に人間活動が問題を生じさせているので，自然に人間が影響を与えているって考えること自体が，そもそも傲慢なことだと思います．それで倫理の問題を持ち出すとするのであれば，ある種自然の現状というなんらかの状態を仮定した場合，そこに人間の行動や産業活動が影響を与えてしまっているっていうのが，すでに倫理的な逸脱状態です．その逸脱状態を回避するために管理しなくてはならない状況でそれをさらに悪化させる気候工学は問題外だろうという話になりました．2つめの批判に関しては，あくまで運用における問題であって，それは気候工学自体の倫理面に関わるものではないだろうという話になりました．人間自体も自然にふくまれるわけで，人間の行動自体もある種自然の中での行動ということもできるので，するとそもそも自然ってなんだろうという話になる．自然にたいして影響を与えることの倫理ってなんだろうっていう問いが出てくる，そこが問題になるんじゃないかなといった話をしました．(Kさん)

Aグループからは，やはり「倫理的」の倫理の中身を議論したことが報告さ

---

[13] 『ONE PIECE』(ワンピース)は，尾田栄一郎による日本の少年漫画作品で，1997年より『週刊少年ジャンプ』(集英社)で連載開始，1999年よりフジテレビ系列でアニメが放映された．海外では翻訳版が42の国と地域で販売されており，全世界の累計発行部数は2017年10月時点で4億3000万部以上とされる．海賊の主人公ルフィとその仲間たちがONE PIECE(ひとつなぎの財宝)を求めて冒険する物語．アラバスタ編は，冒険の中で立ち寄った1つの国の物語を指す．

れた．その上で，「創造主への冒瀆」といった意味での倫理的な問題が指摘された．

　倫理っていうのを僕らの主観あるいは感覚としてとらえると，各人の感覚の違いがある．でもたぶん決定的に違うのは，私たちの日本人的な感覚と，神が世界を創造したというユダヤ教だったりキリスト教だったりという世界観をもつ人たちとの感覚との差だと思います．というのは，私たちの感覚からしたら世界はある程度こういうふうに科学で証明できるみたいな感覚にそんなに違和感はないかもしれないけど，キリスト教の信者にとっては世界は神が創造していて，それを説明するものとして科学があるというような感覚があると思うので，神が創造したもの，創造主にたいしての冒瀆になっているっていう感覚は強くあると思います．クローン技術にたいして考えることと同じです．これが倫理的に許されるか許されないかっていったときに，まあ倫理っていうのは主観だったり個人の感覚だっていうのであれば，人のバックグラウンドによるだろうという話になってしまいますね．（Aさん）

Bグループからは，グループの中で意見が2つに分かれたことが報告された．

　やっぱり日本人っていうのは，自然への尊敬などがあって自然に手を出すのは良くないっていう感覚をもっているようです．でも気候工学だけじゃなくて他にもこういう人為的なものがあるのに，これだけ許さないっていうのも変だなという話になりました．あと，気候工学を頼ってしまったらみんな努力しなくなってしまうというのは，そのとおりだという意見が出ました．私個人としては，倫理的に許すと思います．倫理的に許すかどうかは，国によって違うのかもしれません．私は日本に来る前に自然への尊敬とか自然の摂理という言葉を聞いたことがないというか考えたこともありませんでした．やっぱり中国ではみんな神とか信じていないので，自然に手を出したらダメとかそんな考え方がなくて，逆に手を出すことで私たちの生活が良くなるなら出してもいいんじゃない，みたいな考え方にな

っています．（Oさん）

　ここで参考のために挙手で，「気候工学が倫理的に許されるか」について YES または NO の分布を調べた．YES が 9 名，NO が 5 名であった．さらに石井から，「すでに自然を加工するということはこれまでも人間がやってきていることであり，森林伐採などもこれに入る．なぜ気候だけはいじってはいけないのか，そのラインはどこにあるのか，NO の意見の人に尋ねたい」という質問が出た．この問いにたいしては学生から，「気候の場合，1 か所に作用を加えると，必ず別の作用が起きるのであって，1 か所の操作が全体に行き渡ることが十分あるため，そうなるともはやもう人間がコントロールできる領域ではなくなってしまって，神の領域に入ってしまう．気候工学はこのような性質をもつから」という回答が出た．
　これを受けて藤垣から，気候工学だけでなく，生命工学においても，遺伝子操作はここまではいいけれど，あるところ以降は許されないという線引きの議論があることが示された．石井からは，代理出産のときの議論[14]との同型性が指摘され，どこまで人間が操作したり介入したりしていいのかについての議論と似ていることが示された．

〈論点 4：今後，気候変動リスク管理（気候工学管理）にはどのようなガバナンスが必要になると思いますか．あるいはリスク選択の判断は誰がどのようにとるべきと考えますか〉

　まず D グループからは，「そもそも，地球温暖化にたいするガバナンスが成立しなくて困っているなか，気候工学管理のガバナンスやリスク選択の判断を誰ができるのか，という状況が現実問題としてある」ことが示された．A グループからは，誰が判断するのかという点について，「国を超越した強制力のある機関」が決定すべきという話が出た．現在はその機関は政府間パネルである IPCC が役割を果たしているが，IPCC の強制力はそう高くはない点が強調された．B グループからは，そのような政府間パネルの強制力がないこと，目標を

---

[14] 石井洋二郎，藤垣裕子『大人になるためのリベラルアーツ』，前掲書，第 5 回参照．

作っても協定から国が抜けることが可能であることが示された．その上で，やはり国ではなく「厳正なる第三者の目が必要」という点が強調された．Cグループからは，気候工学は全球的問題なので，ある国でエアロゾルを使うということをすれば，他の国に悪影響や被害が出る可能性が強調された．

　たとえばツバル[15]が自分の国土が沈んでしまうからなにかしようっていったときに，気候工学を使うことにしたら，かの国がしたことが全世界に影響を及ぼしてしまう．自国の救済のためになにかをしたはずなのにそれが全球的なマターになってしまう点で，やっぱり全球的な取り組みっていうところから始めないとどうしようもないかなっていう話です．（Cさん）

4つのグループの発表のあと，桑田先生より論点4についてのまとめがあった．第1に，気候工学がモラルハザードを招く点．これまでCO_2排出削減のために国際的になされてきた，さまざまな政治的・社会的な努力が掘り崩されてしまい，削減へのインセンティブも急速に弱まってしまうという懸念である．このことは，さらに，先進国が削減策を回避する口実として気候工学を利用しかねないという，道徳的腐敗の問題にもつながる．第2に気候工学を使えるのは一定の経済力をもつ先進国であるという点．途上国を含めた国際的なガバナンスなしに先進国主導でこの技術が用いられれば，公平性の問題とともに，気候変動をめぐって新たな政治的緊張が生じるという問題がある．第3に，気候工学は一度実施すると，それで終わりではなく，CO_2濃度が安定化するまで継続的に用いなければ，急激に温度上昇が生じる可能性があるという点（終端問題と呼ばれる）．つまり，気候工学は緩和策（排出削減）にとって代わるものではありえず，しかも気候工学を使った後も恒久的に技術的に気候をコントロールすることが求められるということである．第4に，第3の点から，気候工学によって意図的に改変された気候条件のもとで，どの国が恩恵を受け，どの国が不利益を被っているか，ということがつねに政治的な問題になってしまうと

---

15)　ツバルは南太平洋に位置する島国．海抜が最高でも5mと低いため，広域気候変動で海面上昇が起これば，国の存在そのものが脅かされることになる．

いう点である．というのも，これまでは異常気象は意図せざる行為の結果とみなすことがある程度可能であったが，気候工学を使えば異常気象はつねに人為的な改変の結果とみなされうるためである．第5に，そのように恒久的に気候を技術的にコントロールし，かつ倫理的に公正な仕方で技術をガバナンスするためのむずかしい政治交渉をやり続けるほどに人間や国際社会はそもそも賢明なのか，という点が問題になる．この第5の点は，気候工学にとって本質的な問題である．

　最後に石井から，気候を人間がコントロールすることによって生じるさまざまな問題というのはきわめて政治的なことがらであり，それを人間が管理し続けることができるのかというのは，非常に大きな問題であることが述べられた．そののち，気候をコントロールすることによって文学や人間の感性も変わるのではという意見が提示された．

> 気候を人間がコントロールできるようになると文学は変わるんじゃないか．文学のみならず，人間の感性そのものも．たとえば「恵みの雨」という概念はなくなりますよね．あとは宮沢賢治の「雨ニモマケズ風ニモマケズ」．これは意味がなくなっちゃう．だって，負けようがないわけですからね．それから日本語では「雨が降る」っていいますけど，英語では it rains という．フランス語だったら il pleut．これ，it も il も，わけのわからない非人称的なものが雨を降らせるっていう発想になっているわけ．でも気候工学で人間が雨を降らせるようになると，主語が人間になってしまう．これは人間と世界の関係そのものが変わってしまうことですね．つまり気候工学は人間の感性，思考，さらにいうと自然観や世界観まで変えてしまう可能性がある．私はそういう問題までふくんでいるテーマだなというふうに思ったということを，最後にちょっと一言．（石井）

宮沢賢治

気候を変えるということが技術的・倫理的な問題にとどまらず政治的な問題を引き起こすことに加えて，人間の感性にも影響を及ぼすことに気づかされ，この課題に含まれる問題の多層性を実感した回であった．　　　　　　（藤）

議論を振り返って

　今回は気候工学の倫理的側面を研究している桑田学先生の参加を得て，議論は随時，専門的視点からの示唆を受けながら進行した．

　論点1はかなり的を絞った問いだったので，COP21における1.5℃という数値目標の妥当性・実現可能性に議論が集中したようだ．その中では，その数字が実生活においてどのような影響をもたらすものであるのかが具体的に示されないと，そもそも妥当であるかどうか考えられないという意見に共感を覚えた．確かに私たちは，物価が何%上昇したとか，金利が何%引き下げられたとかいわれても，数字だけではなかなか生活実感として受けとめることができない．これは専門家が一般市民にたいしてなにかを説明するときに心しておくべきことであろう．

　論点2をめぐる議論では，論点1とも通じることだが，気候変動が現在どのような状況にあり，市民生活にどのような具体的影響を及ぼしているかが意識されることが重要であるという意見が共有されていたように思う．じっさい，ただ「気候変動」とか「地球温暖化」とかいう言葉を聞かされても，私たちは即座にそれを自分の問題として考えることができないが，自分の居住地域で海水面が何センチ上昇したとか，米の収穫高が年々減っているとか，豪雨の回数が目立って増えたとか，なんらかの目に見える変化が出てくると，このまま放置してはおけないという問題意識が否応なく生まれてくるであろうし，リスクを回避ないし緩和するために自ら行動を起こそうという機運も自然に高まってくるであろう．

　そうして引き起こされる市民の行動については，単独ではなく集団でなされるべきものであり，そうであってこそ一定の有効性を発揮するという意見が複数の学生から出されたが，その中で注意を引かれたのは，ある人がドキュメンタリーを作成して政府や企業の腐敗を指摘することによって世論を動かしたと

いう，中国でのエピソードである．これは最初から集団行動だったわけではなく，もともと個人の行動だったものがネットやメディアによって集団レベルへと拡大した例であるから，その意味ではいかにも今日的な市民運動のあり方を示すものかもしれない．

ただし気候変動のような問題に関しては，むしろ政府を媒介とした形でしか有効な措置はとれないであろうという意見もあって，これはこれで納得のいく見方であった．問題の性格によって市民のとるべき行動の筋道も変わってくるということだろう．

この点については，市民を単なる受動的・利己的な経済アクターとして見るのではなく，シティズンシップに立脚してみずからの権利と義務を遂行する能動的な行為者とみなす視点が必要であるというゲストの桑田先生の発言が，示唆に富むものとして印象に残った．その意味で，先進国のエネルギー消費が大量の CO_2 放出によって発展途上地域の生活を脅かしているという「不正義」を前にして，クライメートジャスティスの推進義務は先進国こそが負うべきであるという議論が米国で生まれているのは健全なことである．ただし，この授業がおこなわれた2016年6月29日からおよそ7か月後の2017年1月20日に就任したドナルド・トランプ大統領が，同年6月1日にパリ協定からの離脱を表明したという経緯を見ると，米国におけるシティズンシップがトランプ政権下ではなかなか有効な政治的影響力を発揮できていないことがうかがえる．

本章の中心をなす論点3では，どのグループでも気候工学に向けられた2種類の倫理的批判（問題提起文参照）を踏まえた議論がなされたようだが，人間が意図的に「自然」にたいして手を加えるという行為そのものの是非が焦点になったという意味では，第3章でとりあげる遺伝子操作の問題をめぐる議論ときわめて似通った展開になった．対象は人間と（いわゆる）自然という違いはあるが，あるがままの状態を人為的に改変することがどのような場合にどこまで許されるか，という問いの構造は一致しているからだ．

となると，病気や障害の除去あるいは緩和という目的でのゲノム編集が許容されるのであれば，台風や豪雨によるダメージを縮減するという目的での気候改変も許されるべきではないか，というロジックが当然浮上してくるであろう．日本でも天候不順が年々激しくなり，大型の台風や極端な集中豪雨によって各

地に甚大な被害がもたらされている現状を見ると，気候工学によってこうしたリスクが少しでも回避できるのであれば，これを応用しない手はないようにも思われる．

　しかしながら，遺伝子操作がともすると「神の領域」に踏み込みかねない危険をはらんでいるのと同様に，気候工学にもやはり「創造主への冒瀆」という倫理的問題が含まれているのではないか，という意見が教室では提起された．あるいは「創造主」という宗教的観念はもちださないまでも，気候工学は1か所に加えた操作がそのまま全体に影響を及ぼす可能性があるので，人間にはコントロール不可能な領域に拡大してしまう恐れがあるという指摘があった．授業で学生たちから提起されたこれらの視点は，問題提起文で示された1番めの倫理的批判，すなわち気候工学は人間活動によって変化した気候にたいしてさらに「意図的操作」を加えるものであり，「自然なもの」への謙虚さを欠いた人間中心的な価値観に基づいているという批判につながるものである．

　気候工学にたいするもうひとつの批判，すなわち，この技術が気候変動にたいする保険とみなされてしまう結果，かえって政府や国民の関心が薄れて地球温暖化対策が後退してしまうという指摘については，学生からのコメントもあるように，気候工学そのものに向けられた倫理的批判というより，むしろそれを運用する側の姿勢に関わる問題と考えるべきだろう．確かに先にも触れたトランプ政権のパリ協定からの離脱宣言などは，まさに先進国のモラルハザードを物語る典型的な事態であるように思われるが，その責任はけっして気候工学それ自体にあるわけではない．

　気候変動リスクにたいするガバナンスのあり方を問うた論点4では，当然ながら政治的・社会的観点からの議論が中心となった．気候には国境がないので，課題を解決するには必然的に国家の枠を越えた仕組みが必要であるし，ある操作が加えられると未来の世代にも影響が及ぶので，世代の枠を越えた展望と継続性も要求される．つまり空間的にも時間的にも限定されない，広域的・長期的なガバナンスが求められることになるわけだが，学生たちの議論にはそうした問題意識が確かに反映されていたし，ゲストの桑田先生の総括にはこの点もふくめて多様な問題点が明快に整理されているので，あとは「議論の記録」に譲ることにしたい．

私としては，最後に教室で言及した文学との関係について少し補足しておきたいと思う．授業では人口に膾炙している宮沢賢治の「雨ニモ負ケズ，風ニモ負ケズ……」の例を挙げておいたが，もちろん雨や風などを題材とした作品はこのほかにも無数にある．それらは基本的に，自然現象を人間には統御できないもの，人為的なコントロールの対象にはなりえないものとして受けとめ，そこから生まれる畏怖や崇敬，感謝や詠嘆，歓喜や悲哀といったさまざまな感興を言語化しているわけだが，もし人間がみずからの意思によって自由に雨を降らせたり風を吹かせたりすることができるようになったとしたら，こうした文学的な営みそのものまでもが変質してしまう可能性があるのではないか，というのが私の発言の趣旨であった．
　たとえば，古いところで大伴家持の次の和歌などはどうだろう．

　　　我が欲りし雨は降り来ぬかくしあらば言挙げせずとも年は栄えむ [16]

　これは「私が望んでいた雨が降ってきた．これならとくに言葉に出していわなくても実りは豊かになるだろう」の意で，いわゆる「恵みの雨」を詠んだ歌であるが，人間が自由に雨を降らせることができるようになれば「恵みの雨」という概念は消滅するであろうし，必然的に「雨乞い」という行為も意味をもたなくなってしまうであろう．旱魃で作物の実りが心配であれば，気候工学によって必要なときに雨を降らせればいいのだから．
　もうひとつ，私の専門であるフランス文学から例を挙げておくと，ポール・ヴァレリーの詩編「海辺の墓地」に次のような1行がある．

　　　Le vent se lève !...Il faut tenter de vivre ! [17]
　　　風が起こる！　生きようと試みねばならぬ！

　堀辰雄の小説『風立ちぬ』のエピグラフ（巻頭の銘文）では「風立ちぬ，いざ生きめやも」と訳されて有名になった1節であるが，この「風」はあくまで

---

16) 『万葉集』巻18-4124．「年」は稲の稔りを指し，「稔」の字を当てることもある．
17) Paul Valéry, *Œuvres* 1, Bibliothèque de la Pléiade, Gallimard, 1957, p. 151.

も，地中海を望む静謐な墓地で，連なる墓石のあいだから不動の空気を貫いてふとたちのぼる，生命の息吹そのもののような風でなければならない．ひっそりと眠り込む死者たちの沈黙をそっと揺り動かして湧き起こる，純粋な自然の風でなければならない．そうでなければ，「生きようと試みねばならぬ！」という次の一句は絶対に出てこないであろう．だからいかなる意味でも，これは人間が意図的に起こした風であってはいけないのである．

　このように，雨は自然に降ってくるもの，風は自然に吹いてくるもの，という観念が昔から人びとの感性を培ってきたわけだが，そこに人間の意思が介入してくれば，文学的感性そのものが必然的に変容せざるをえない．したがって，作品の内容もそれに応じて変わってこざるをえない．「どっどど　どどうど　どどうど　どどう」という風の音を背景に村の小学校に現れ，伝説の「風の又三郎」ではないかと噂されながらすぐに転校してしまう謎めいた少年高田三郎は，登場させようと思えばいつでも自由に登場させられるありふれた存在になってしまうわけだ．冗談のように聞こえるかもしれないが，科学技術の進歩の尋常でない速さを踏まえてみれば，これはけっして冗談ではないのである．

（石）

第 2 章

成人年齢は引き下げるべきか

写真:吉澤菜穂/アフロ

問題提起

　人は何歳で「大人」になるのだろうか．
　精神的成熟度にも，肉体的成熟度にも，大幅な個人差があることはいうまでもない．とくに前者についていえば，15歳ですでに成熟した人間もいれば，40歳になっても未成熟の人間もいるので，「大人」の年齢を一律に定義することは不可能である．しかし法律上は個人差をとりあえず括弧に入れて，一定の年齢を「成人」とする境界線として設定せざるをえない．日本では従来，民法第四条に「年齢二十歳をもって，成年とする」という規定があり，20歳がその境界線とされてきたが，これを引き下げるべきとする声は各方面からあがっていた．そして2018年6月13日にはようやく改正民法が可決され，およそ140年ぶりに成人年齢が18歳に引き下げられることになった[1]．ここでは選挙，飲酒，犯罪の3つをとりあげて，この問題について考えてみよう．
　まず選挙についていうと，民法改正に先立つこと3年，2015年6月に公職選挙法の一部が70年ぶりに改正され，「日本国民で年齢満二十年以上の者は，衆議院議員及び参議院議員の選挙権を有する」という第九条第一項が「満十八年以上」に改められた．これによって，改正法の施行日（2016年6月19日）以降は18歳以上のすべての国民に選挙権が与えられることになり，高校3年生も選挙の時点ですでに誕生日を迎えていれば投票できるようになった．
　少子高齢化の進行にともなって有権者に占める高齢者の割合が高くなれば，必然的に高齢者に受けのいい政策が優先的に打ち出されて若者の声が政治に反映されにくくなるという，いわゆる「シルバー民主主義」の問題がクローズアップされている．こうした現状に鑑みれば，この改正には十分な理由があったといえよう．
　他国の状況を見てみると，日本の対応はむしろ遅すぎたという印象さえある．

---

[1]　施行は2022年4月1日．この改正内容には，従来16歳であった女性の結婚可能年齢（18歳未満の場合は親の同意が必要）を，男性と同じ18歳にする（当然ながら親の同意は不要になる）こともふくまれているので，この点に関しては年齢の引き上げになる．

世界の選挙権年齢（2015年5月現在）

16歳	17歳	18歳	19歳	20歳
アルゼンチン オーストリア キューバ キルギス ニカラグア ブラジル	インドネシア 北朝鮮 スーダン 東ティモール	アメリカ イギリス 中国 ドイツ フランス ロシア ⋮	韓国	カメルーン 台湾 チュニジア ナウル 日本 バーレーン モロッコ リヒテンシュタイン
6か国	4か国	160か国	1か国	8か国

　上の表を見てみれば一目瞭然のように，2015年の時点で選挙権年齢を20歳に設定していた国は日本を含めてわずか8か国にすぎず，大半の国はすでに18歳になっていた（韓国の19歳は当面の経過措置で，近く18歳に引き下げられる可能性が高い）．また，16歳または17歳としている国も10か国あるので，18歳までに選挙権が与えられる国はこの時点でも170か国に及んでいた．この表には掲げていないが，オマーン，クウェート，パキスタン，レバノンなど12か国は21歳，アラブ首長国連邦は25歳という年齢設定になっているので，必ずしも日本だけが例外だったわけではない．しかしそれでも世界の趨勢は明らかに，18歳選挙権を標準とする方向に収斂しつつある．その意味で，今回の法改正は当然の流れであったといえるだろう．

　ところで選挙権年齢の引き下げにともない，文部科学省は2015年10月29日付で，初等中等教育局長名の通知「高等学校等における政治的教養の教育と高等学校等の生徒による政治的活動等について」を発出した[2]．その第2項，「政治的教養の教育に関する指導上の留意事項」に読まれる「教員は個人的な主義主張を述べることは避け，公正かつ中立的な立場で生徒を指導すること」という一節について，少し検討してみたい．

　教育は政治的に中立でなければならないというのは，教育基本法第十四条第二項にも明言されているところであるから，上の通知でいわれていることはごくまっとうな注意喚起に見える．これに従えば，「先生自身はどの政党を支持

---

[2] http://www.mext.go.jp/b_menu/hakusho/nc/1363082.htm

するのですか」といった質問が生徒から出たとしても，教師は明確に答えてはならないことになる．だが，他人がどのような意見を述べようと，それに左右されることなく，自分の頭でものを考え判断できる人間のことを「大人」と呼ぶのであるならば，今回の法改正によって選挙権を与えられた高校生たちは，他人の見解を鵜呑みにしたりせず，数ある意見のひとつとして批判的に受けとめながら自らの投票行動を決定できる自立した「大人」として認められたわけだから，教師が支持政党を表明したとしても，またどんなに偏った主張を述べたとしても，別になんの支障もないはずだ．

　もちろん，高校1・2年生はもとより，3年生の中にも選挙権年齢に達していない生徒が少なからず含まれているので，上の通知はそうした事情を踏まえたものかもしれない．しかし考えようによっては，むしろ教師も教室で率直に個人的な主義主張を述べ，フランクに生徒たちと議論する機会をもったほうが「政治的教養」も高まるのではないかという見方もできる．形だけの公正性や中立性を装うよりは，教師もひとりの有権者として振る舞い，生徒と対等な立場で向き合ったほうがよほど教育的ではないかと思うのだが，どうだろうか．

　以上は選挙権に限定した話だが，飲酒についていえば，未成年者飲酒禁止法の第一条第一項に「満二十歳未満の者の飲酒を禁止する」という規定があり，依然として境界線は20歳に据え置かれたままである[3]．しかしアルコール耐性も個人差が大きいので，必ずしもこの年齢設定に科学的な根拠があるわけではない．選挙権はあるのに酒は飲めないというのもいびつな感じがするので，こちらも18歳に引き下げるべきとの主張がある一方，健康上の理由から反対する意見も根強く，当面は両論の拮抗状態が続きそうだ．

　ちなみに他国の事情を調べてみると，アメリカは21歳（州によって細部は異なる）と比較的遅いが，世界的に見れば地域を問わず16歳から18歳くらいの国が圧倒的に多いので，日本の飲酒年齢はやや高めに設定されているといえるだろう．サウジアラビアやクウェートではそもそも飲酒自体がご法度であるが，中国ではいっさい制限がないので，子どもでもアルコールを飲むことができる．飲酒ひとつとっても，文化の違いが反映していて興味深い．

---

3) 飲酒のほか，喫煙，競馬，競輪などの年齢制限も20歳のままである．

ところで毎年，成人式で酔っ払った若者たちが暴れて顰蹙を買ったとか，コンパで酔いつぶれた学生がアルコール中毒で救急搬送されたといった話は跡を絶たない．中には不幸なことに，死に至った事例もある．だから安易に飲酒年齢を引き下げるべきではない，という議論にも一理あるが，過度のアルコール摂取が事故を招いたり，数々の迷惑行為を誘発したりするといった事態は，別に若年層に限ったことではなく，中高年にもしばしば起こりうることなので，法律上の年齢制限とは直接関係のない話である．むしろ問題は，飲酒を強要したり，強要はしないまでも，無理に飲まざるをえない場の雰囲気をことさら作ったりしてしまう誤った習慣にあるだろう．

　飲めない体質であれば飲む（飲ませる）べきではないとか，限度を越えて無理に飲む（飲ませる）べきではないといったことは，いわば社会的常識の範疇に属することがらであり，「大人」であれば十分に判断がつくはずだ．その意味では，いっそ年齢制限を選挙権と同じ18歳に引き下げた上で，正しい飲み方や飲酒の作法を教えるほうがよほど有効ではないかという考え方もできる．いずれにせよ重要なのは，一気飲みの危険さ，飲みすぎて理性を失うことの怖さ，酒量を競うことのばかばかしさなどを十分心得た上で，それぞれに適量を楽しむ「健全な飲酒文化」の醸成である．

　さて，3番めのテーマは未成年者の犯罪を罰するさいに適用される少年法の問題である[4]．少年法第二条では「この法律で『少年』とは，二十歳に満たない者をいい，『成人』とは，満二十歳以上の者をいう」と定義されており，この定義はまだ改正されていないので，適用対象は20歳未満の男女ということになる．そして同法第五十一条第一項では「罪を犯すとき十八歳に満たない者に対しては，死刑をもって処断すべきときは，無期刑を科する」とあるので，18歳未満の者についてはどんなに凶悪な罪を犯しても死刑にはならない．さらに第六十一条では，少年犯罪者については「氏名，年齢，職業，住居，容貌等によりその者が当該事件の犯人であると推知できるような記事又は写真を新聞紙その他の出版物に掲載してはならない」という規定があり，実名報道は法的に禁止されている[5]．こうした事情から，18歳までならどうせ死刑にはな

---

[4] ここにいう「少年」は，当然ながら男女の性別には無関係である．
[5] もっとも現在では，新聞に実名が出ていなくてもネットではすぐに突きとめられて拡散さ

らないからとか，20歳までなら「少年（少女）A」としか報道されないからといった理由で未成年者が犯罪に走りやすいという主張が根強くあって，少年法も民法にあわせて改正すべきであるという議論が目下の検討課題となっている．

　これにたいして，日本弁護士連合会は 2015 年 2 月 20 日付で「少年法の『成人』年齢引き下げに関する意見書」と題する文章を公表し，安易な引き下げには反対する立場を明確にしている[6]．詳細は当該文書の本文を読んでいただきたいが，選挙権年齢の引き下げと連動してこの問題が浮上している背景にたいしては，「少年法の適用年齢は，資質上や生育環境上のハンディを抱え，対人関係形成能力や社会適応能力が十分身についていないために社会からの逸脱行動をとったとされる若者に対してどのように対応することが，当該若者の更生及び再犯防止に効果があり，社会の安全確保に有効かという観点から判断されるべきであって，選挙権の承認とは全く異なる視点から検討されなければならない」という文章にその趣旨が集約されている．要するに選挙権年齢と少年法の適用年齢はまったく別種のことがらであるから，一方が 18 歳に引き下げられたからといって，単純にもう一方もこれにそろえるべきという考え方は間違っているという主張である．

　この問題は高度に法律的かつ政治的な論点を含んでいるので，ここでは賛否両論が併存している現状を確認するにとどめておくが，いずれにしても「大人」をどう定義するかという問題は，法学，政治学，経済学，哲学，文学，歴史学，心理学，教育学，生物学，医学等々にまたがる広汎な観点を必要とするものであり，単一の分野の知見だけではとうていアプローチすることができない．その意味で，これは文字通り「大人になるためのリベラルアーツ」そのものなのである．

（石）

れてしまうケースが相次いでいるので，この規定はほとんど実質的な意味をもたなくなっている感がある．
6)　https://www.nichibenren.or.jp/library/ja/opinion/report/data/2015/opinion_150220_2.pdf

> **論点**
>
> 1　選挙権が18歳に引き下げられたことを，あなたはどう思いますか．また，今度の選挙は投票に行くつもりですか．
>
> 2　飲酒年齢は18歳に引き下げるべきだと思いますか．その理由は？
>
> 3　少年法上の成人年齢は18歳に引き下げるべきだと思いますか．その理由は？
>
> 4　「大人になる」とはどういうことだと思いますか．また，あなた自身は自分が「大人」であると思いますか．

……………………………………　**議論の記録**　……………………………………

　とりあげたテーマが学生たちの世代にとって身近なものだったので，今回は例外的に，問題提起文をあらかじめ配布せずに直接討論するという形をとってみた（本章の問題提起文は事後的に書かれたものである）．したがって，学生たちはいっさいの予備知識や情報ぬきで議論に臨んでいることをまずお断りしておく．授業は数名ずつの4グループ（Aグループ：Dさん，Kさん，Qさん，Tさん，Bグループ：Hさん，Lさん，Nさん，Oさん，Cグループ：Cさん，Eさん，Pさん，Rさん，Dグループ：Aさん，Fさん，Gさん，Mさん，Sさんの合計17名）に分かれて論点ごとにまず話し合い，次いでその経過を全員の前で発表してからフリーディスカッションをおこなうという手順で進められた．なお，以下は2016年6月22日の授業記録なので，論点1にある「今度の選挙」とは，選挙権年齢の引き下げが初めて適用された同年7月10日の第24回参議院議員通常選挙のことを指す．

〈論点1：選挙権が18歳に引き下げられたことを，あなたはどう思いますか．また，今度の選挙は投票に行くつもりですか〉

　少子高齢化社会における「シルバー民主主義」の問題は学生たちにも共有されていたようで，基本的には選挙権年齢の引き下げに賛成という声が多かった．その反面，高校生にたいしてはこれを機に主権者教育が普及していく一方で，大人にたいしてはその種の教育が行き届いていないため，18歳・19歳の層の投票率ばかりが高くなってシルバー民主主義とは逆の現象が起きる恐れもあるのではないか，という声もあった．また，同じ高校3年生でも誕生日によって選挙権のある者とない者が出てくるのはいびつであるから，いっそ学年で一斉にそろえてしまったほうがいいのではないかという意見も表明された．

　いずれにせよ，選挙権年齢の引き下げによって若者の政治意識は高まると思うが，それには政策自体も若者向けにシフトしていく必要があるだろうし，若者だけでなく，周囲の大人も政治意識を高めていかなければならないだろうというのが，大方の共通した見方であったようだ．なお，投票には行くという学生が大半で，全般に政治的関心は高いように見受けられた．

　だが，「政治的関心」とひと口にいっても，その内容はさまざまである．今の若者たちは，具体的にどのような問題に関心があるのだろうか．

　ある学生は，小さな子どものいる同年代の友人の悩みをまのあたりにして，保育園の待機児童問題は他人ごとではないという感想を口にした．こうした身近な問題について候補者がどういう見解を示しているかは，投票にあたっても気になるところだという．

　ここで石井が，やがて国論を二分するにちがいない憲法改正問題についてはどうかと尋ねてみたところ，これについては，改正自体の是非を論じる前に，まず高校教育の現場において，学校と政治の関わりをどう考えるべきかという問題が派生するという指摘があった．憲法問題はもちろんだが，たとえば歴史教育においても，教師が自分の個人的な意見を述べれば，そこにどうしても政治的な要素が入り込んでこざるをえない．とくに投票権をもつようになった18歳以上の生徒もまじっている教室で，いったい教師はなにを語ればいいのか，あるいはなにを語ってはいけないのか．

学生たちはこの時点で，問題提起文で触れた文部科学省初等中等教育局長名の通知文書の存在をはっきり知っていたわけではないと思われるが，にもかかわらず高校教育の現場で起こりうるこの種の問題を自ら提起したのは，やはり歴史認識をめぐってすでに教室で類似のケースに立ち会った経験が多かれ少なかれあったせいだろうか．さまざまな社会問題に関して，中学高校を通じてずっと日常的に教師から情報を与えられる立場にあった彼らが，情報を与える側の守るべき「政治的公正性・中立性」の困難さに思いをいたしたことは興味深い．
　この点に関しては，在外経験のあるLさんから次のような発言があった．

　　私はフランスの高校にいたんですけど，当時の経験と日本の現状を比べてみると，やっぱり日本は後進的だなって思います．というのも，フランス文学とか哲学とか歴史の授業だと，どうしても政治的背景についての知識が必要になるんですけど，先生方は，学校では教師が政治的なカラーを示したり特定の主張を広めたりしてはいけないという前提をきちんと生徒に伝えていて，それを生徒もきちんとわかった上で先生の話を聞いているから，双方のあいだに相互的な理解がなされているという土台がある．その点では，やっぱり日本とはちょっと違うのかなと思います．（Lさん）

　これを受けて石井は，18歳になったら選挙権を与えるということは「大人」としての判断力があると認めることであるのに，なぜ高校の教室では教師が個人的な主義主張を控えるべきであるといった通知を出す必要があるのか，という疑問を提起した（問題提起文参照）．またこれに関連して，新聞は中立である（べき）というのも幻想で，偏っていない新聞など存在しない，政治的カラーがあるのは当然であり，むしろあらゆることがらは政治的であるという前提を知ったほうがいいのではないかと述べた．
　その後，藤垣はあらためてシルバー民主主義の問題に触れ，すでに65歳以上の人口が4分の1を超え，やがては3分の1を占めるような時代に，そうした世代を中心になされた意思決定が本当に次世代への責任を果たせるのか，という問いを具体例とともに提起した．

たとえば原発の核廃棄物処理をどの市町村がひきうけるかという問題があります．地下に埋蔵しても地震の影響で30年後40年後には危機にさらされるかもしれません．そのとき，今70代以上の人はもう自分はこの世にいないから関係ないと思う人もいるかもしれないけれども，自分の孫の代とかひ孫の代のことをちゃんと考えて判断を下しているのかっていうことですよね．あと，地球温暖化の問題についていえば，二酸化炭素が増えることによって地球の温度がどんどん上がるわけですが，それで暑い思いをするのは，70代以上の人にとっては自分ではないかもしれない．しかし，次の世代のことを考えたら無責任なことは言えなくなります．（藤垣）

　要するに若者世代だけでなく，高齢層も含めた全世代が30年後，40年後の社会を見越した政策決定に責任をもって関与することが重要であるということだろう．

〈論点2：飲酒年齢は18歳に引き下げるべきだと思いますか．その理由は？〉
　この論点に関してはまずBグループから，医学的に見て何歳が適当かということはわからないが，酒を飲むか飲まないか，飲むとしてもどれくらい飲むかということは基本的に自己責任で決めるべきことなので，大人としての判断力がそなわっていれば許可してもよい，したがって選挙権が18歳で認められるのであればこれにそろえてもよいのではないか，という意見が紹介された．
　この点ではどのグループも似たり寄ったりで，議論の大筋はこの見解に集約されるが，それ以外のユニークな提案として，たとえば運転免許と同様に「飲酒免許」のようなものを発行してはどうかというアイデアもCグループから出された．

　　お酒に関しては体に負担があるかないかっていうのが大きな問題になると思うんですけども，それは18歳でも20歳でも関係ないですよね．それなら車の免許みたいに飲酒免許みたいなものを作って，これにパスすれば12歳でも飲んでもいいし，パスしなかったら30歳でもダメっていうのは

どうかと，年齢で区切ることがどれくらい意味があるのかなというのを，お酒に関しては感じました．（Cさん）

確かにアルコールに関しては体質や個人差の要素が大きいので，この発想には一理ある．また，文化圏によって飲酒のとらえ方も大きく異なるのだから，そもそもその可否を法によって決める必要があるのだろうかという疑問も呈された．さらに，飲酒可能年齢が20歳に設定されているのは，健康上の理由のほかに，18歳に設定されている運転免許の取得可能年齢とあえてずらすことで飲酒運転を減らすねらいがあるのではないか，という穿った指摘もあった．

次に，実際に飲酒を強要されたことがあるかと尋ねてみたところ，経験者はやはりかなりいたようだ．酒が飲める学生も，無理強いされたときは不愉快だったというし，中には全然飲めないのにウーロン茶だと偽って飲まされそうになったという悪質なケースもあった．たとえ冗談半分であっても，ここまでいくとほとんど犯罪だろう．

若者の飲酒事故が跡を絶たないのは，年齢制限の問題というよりも，無理な飲み方を強要する，あるいは強要はしないが飲まざるをえない雰囲気を作ってしまう悪しき風習の問題ではないかという話になったところで，藤垣は「私はお酒は無制限に飲めるんですけど」と前置きしつつ，「自己責任」と「管理責任」の線引きが国によってまったく異なる実例を紹介した．ハワイの海岸を訪れたところ，下手をすると足が滑って転落しそうな危ない岩場に，柵もなにも設置されておらず，ただ〈At your own risk〉と書かれた看板だけがあったという話である．これを見ると，良し悪しは別として，日本ではさまざまな制限をかけて自己責任のウエイトを小さくし，管理責任を国や組織に負わせようとする傾向があるのではないかという．そういえば，日本の歩行者は車が来ていなくても信号が赤であればじっと待っているが，フランスでは安全だと自分が判断したら赤信号でも平気で道路を横断するという話を石井が付け加えたところで，議論は一段落した．

〈論点3：少年法上の成人年齢は18歳に引き下げるべきだと思いますか．その理由は？〉

選挙や飲酒に比べて，犯罪は（幸いなことに）身近なことがらではないので，自分の問題として考えるのはむずかしかったようだが，18歳に達していれば判断能力があると認められるので引き下げてもいいのではないか，という意見が多数を占めたようだった．そのさい，Dグループではそもそも少年法の意義はどこにあるのかという議論から始めた上で，具体的な犯罪を例にとって考えてみたという．

　　責任を負う存在としての大人，分別をもっている存在としての大人と，分別をもたない存在としての子どもの区別という線引きを便宜上作った上で，分別のある大人にたいしては実名報道したり社会的な制裁を加えたりするけれども，子どもにたいしては加えない，その線引きとして少年法が機能していると考えました．その上で，中学生時代に凶悪犯罪を犯した少年Aが仮に18歳で罪を犯して実名報道された場合，当然激しいバッシングを受けると思うんですけども，それでも成人として扱うべきか，それとも少年法のもとに守るべきかという例を考えてみると，18歳というのはもう十分大人である年頃なんだから実名報道してもいいんじゃないかという意見が出ました．（Aさん）

　またAグループからは，多くの人は18歳まで高校にかよっていて自立した存在ではないので，育った環境や家庭の事情が影響する面が強く，中には親から虐待を受けていたケースなどもあることから，犯罪の責任がすべて本人にあるとはいえないが，18歳になって高校を出たらもう判断能力があるとみなされるので，社会的制裁を加えることが正当化されてもいいのではないか，という意見が紹介された．前半に述べられている認識は，問題提起文で紹介した日本弁護士会の声明と共通している[7]が，結論そのものはDグループと同様，少年法適用年齢の引き下げを容認するものである．
　いっぽう同じAグループの中では，次のような議論もあったという．

[7) ただし冒頭に記した通り，学生たちはこの声明を知らないまま授業に臨んでいたので，そこから影響を受けたわけではない．

少年犯罪者は凶悪犯でも更生することは多いし，少年法ではそういった更生を目的にして刑を軽減したりしていると思うんです．実名報道されてしまうと，圧倒的に社会復帰へのハードルを高めてしまうので，少年法の適用年齢を引き下げるのはどうなんだろうという話にはなりました．（Tさん）

　これは更生可能性の担保を重視するという点で，ほぼ弁護士会の見解と一致しているが，だからといって，少年法の適用年齢を20歳のまま据え置くべきであるという強い主張にまでは展開しなかったようだ．
　なおこれに関連して，論点1でも提起されていた疑問——そもそもなぜ「学年」ではなく「年齢」で区切るのかという疑問——が再度提起されたことも付け加えておきたい．これは「同じ学年の者どうしは同じ扱いを受けるのが自然である」という感覚から発したものと思われるが，高校まではほとんど飛び級も落第もなく全員が同時に進級していくのが当たり前である日本ならではの意見だろう．また，引き下げに賛成する理由として，選挙権年齢と少年法の適用年齢に齟齬が生じたままだと，19歳の人間は投票によって政治参加することができるのに，どんなに重い罪を犯しても実名では報道されないという矛盾が生まれてしまうという点も挙げられた．
　では，どうせ死刑になる心配はないからという理由で18歳未満の者が凶悪犯罪に走ったとき，それでも犯人は少年法によって守られるべきだと思うかと尋ねてみたところ，Mさんからは次のような答えが返ってきた．

　それは守られるべきだと思います．なぜかというと，権利とか資格とかがその人に認められるということと，その人がそれに足るだけの素質や中身をもっているかということは別問題だというのが，これまで議論してきてわかったことだと思うんですね．そうすると，その違いは機械的に認めるというか，ある種の厳しい線引きをして，それに徹するのでなければ，法は法としてありえない．だから恣意性を排除するという意味で，そういう人間でもやっぱり守らなければならない．ただしこうした措置にたいする批判や疑問を含めて，あらゆる意見は十分に喚起されてしかるべきだと

思います．（Mさん）

　これは法というものの本質に触れた重要かつ的確な指摘だろう．確かに法は恣意性を排除して，あらゆる人間にたいして平等に適用されなければならないので，その限りでは条文の適用対象に例外を作ることは許されない．だから例外を作るほうが正しいという議論になれば，「こういう犯罪については少年法を適用しない」という法を作るのが本筋ということになる，と石井はコメントした．

〈論点4：「大人になる」とはどういうことだと思いますか．また，あなた自身は自分が「大人」であると思いますか〉
　前者の問いについては，まずDグループから，内面的な意味と外面的な意味を分けて整理した意見が表明された．

　　内面的なものと外面的なものという2つの軸で考えたんですけども，まず前者についていうと，責任とか規律という概念を自分の中に落とし込んで内面化している存在というのが大人といえるんじゃないか．その場合，他者の存在をどういうふうに自覚するか，他者とどう関わっていくかという視点を内面化したときに，大人と子どもという区別が生まれてくるんじゃないか．もうひとつの外面的な話のほうは，けっきょく経済的に自活しているかどうかという話に落ち着いたんですけれども，自分の家にこもってトレーディングとかで自活していて，他者との関係はまったくないという存在は大人なのかっていわれたら，それは内面的な観点から見た場合は大人じゃないと考えられる．つまり外面的な軸と内面的な軸は相互に連関していて，経済的に自活していれば責任や規律という軸も育ちやすいし，逆に内面的な軸が確立されていれば経済的に自活しようという意思も生まれてくる．だからどちらか一方の軸があれば大人になっていくことができるんじゃないか，という話をしていました．（Gさん）

　この意見は問題の要点を明快にまとめたものになっていて，全体の議論もお

おむねこれに沿って展開した．Aグループからは，先の選挙権の問題とからめて，単に社会的権利を行使するだけでなく，自分が下した判断に責任をもつこと，すなわち「社会的義務」を負うことに大人になることの意味を見出すという意見が出されたが，一方で20歳になっても親に仕送りしてもらっている人間が果たして大人といえるのか，という経済的自立の側面もとりあげられたということで，ほぼDグループと同様の結果であったようだ．

また，フランス滞在経験者と中国人留学生が含まれるBグループでは，国による違いも話題になったという．フランスでは「大人になる」というのはひとりの市民になるということで，善悪の区別ができて自己責任をもって社会に働きかけることができることが大人の条件として考えられているが，中国では経済的自立が第一条件になっているように思われる．たとえば中国には「啃老族[8]」という言葉があって，結婚した後にも親に経済的に頼っていたら，それは「親を食べる連中」とみなされ，大人とは呼ばれない．これはまさに「脛をかじる」という日本語と対応した表現だろう．ちなみに中国では成人年齢は18歳だが，結婚可能年齢は男性が22歳，女性は20歳で，日本（2018年時点で男性18歳，女性16歳，2022年以降は男女とも18歳）と比べてもかなり遅くなっている．

たまたま「市民」という言葉が出たので，石井は『大人になるためのリベラルアーツ』という書名の英語訳が «Liberal Arts Education for Developing Mature Citizens» になっていることに注意を促し，「大人というのは成熟した市民である」というコンセプトがここにこめられていることを紹介した．

Cグループでは「成人であっても大人ではない人は存在するのか」という話題が出たようで，それは結局，責任能力の有無というところに帰結するのではないかという意見が述べられた．

次に，自分自身は「大人」であると思うか，という第2の問いにたいする答えを聞いてみたところ，イエスと答えた学生はどちらかといえば少数であった．ノーと答えた学生に理由を尋ねてみると，「これまで選挙権があっても選挙には行っていなかったので」「社会にたいしてなんの責任も果たしていないから」

---

[8] 「老いた親を食いつぶす者」という意味で，成人しても自活できず，経済的に親に依存している若者のこと．いわゆる「一人っ子政策」以降の世代についていわれるようになった．

「経済的に自立していないから」といった回答があった．とくに3番めの要素はやはり大きいようで，すでに成人していて選挙にも何回か行っている学生からも，経済的に親に依存している状態が続いているあいだはなかなか大人になりきれない，という実感が表明された．いっぽうイエスと答えた学生からは，「経済的には自立していないけれども自分の判断に責任はもてるから」という回答があり，その意味では高校1年生の頃からもう大人だったと思うという感想が述べられた．

ここで「藤垣先生は大人ですか」と話を振ると，「もう大人をやらなきゃいけない」という前置きがあってから，まず親の視点から見て子どもが「大人になった」と感じられるのはどんなときか，という経験談が披露された．その節目はいくつかあって，最初は自分よりも背が高くなったとき，2度めは選挙に行ったとき，そして3度めは就職して自分の給料で親にプレゼントを買ってくれたとき，という話である．また自分自身については，親が庇護してくれる立場からこちらが庇護しなければならない対象に変わったとき，自分が本当に大人にならざるをえないと感じたという．同じことは，研究者として師と仰ぐ指導教員との関係についてもいえるということで，「やっぱり子どもとの関係とか，師との関係とか，その関係性によっても大人かどうかっていうのが変わるんだなっていうのが，今ずっとみなさんの話を聞きながら抱いた感想です」．

最後に石井が，1度大人になったらそれで終わりというのではなく，大人になっても子どもに戻ったり，もう1回大人になったりすることはある，だからつねに「大人になり直す」ことが必要なのではないかと発言し，今回の授業は終了した．　　　　　　　　　　　　　　　　　　　　　　　　　　　　（石）

議論を振り返って

論点1では，選挙権が18歳に引き下げられたことによって必要となる高等学校レベルでの公民権教育で，いかにして政治的公正性・中立性を保つかが話題となった．憲法問題はもちろんのこと，歴史教育においても，教師が自分の個人的な意見を述べれば，そこにはどうしても政治的な要素が入り込んでこざるをえない．フランスで高等教育を受けた学生が，フランスでは「先生方は，

学校では教師が政治的なカラーを示したり特定の主張を広めたりしてはいけないという前提をきちんと生徒に伝えていて，それを生徒もきちんとわかった上で先生の話を聞いているから，双方のあいだに相互的な理解がなされているという土台がある」と述べていたが，日本でもこのような相互的な理解を構築していくことが必要となるだろう．そのさい，政治的立場を明確にしないのではなく，政治的カラーがあるのは当然であり，むしろあらゆることがらは政治的であるという前提のもとで相互的理解を作っていく必要があるだろう．ドイツ語の Wertfreiheit（価値自由）[9] は，いかなる価値にもコミットしないという意味ではなく，己の価値を知り制御することを意味する．したがって，集団における「中正」とは，ある政治的立場の人間だけが多数偏って存在することを避け，さまざまな政治的立場をもつ人がバランスよく組み込まれていることを意味する．政治的立場を明確にしたとしても，それに偏ることなく，別の政治的立場もあることを生徒に示した上で，相互的な理解を作っていくことが重要になる．

　論点１の最後では，民主主義における未来世代への責任の話となった．現在，民主主義を実現するために採用されている選挙では，多数決の原理がとられている．ただし，多数決では，現在選挙権をもっている世代の決定権が基礎となる．となると，未来世代への責任は，いったい誰が担うことになるのだろう．たとえば，現在および過去の世代が蓄積した温暖化ガスが，将来世代の住む地球の温暖化を促進する場合，現在の世代は未来世代への責任を果たすために，今なにができるだろうか．自分が生きているうちは地球は大丈夫といって問題を先のばしして温暖化ガスを出し続けることは許されるだろうか．あるいは，原子力発電所の廃棄物を地中に埋めて処理する場合，何百年，何千年先の将来世代の土地が汚染される可能性について，現在の世代はどう考えるのだろう．孫の世代やひ孫の世代が成人して選挙権をもったときに問題となるようなことを，現在世代の人間は選択していないだろうか．このような点が，現在選挙権をもっている世代の決定権を基礎とする民主主義のしくみの課題となっている．

---

[9]　「価値自由」は，マックス・ウェーバーが提唱した社会科学の方法論．客観的立場を追求しても自らの主観的価値評価から離れることはできないため，自らのよって立つ価値を自覚して距離を置く自由な態度を指す．

続く論点2の飲酒年齢の議論では，ハワイの海岸の「At your own risk」の看板をめぐって，自己責任と管理責任の境界が議論となった．危ない岩場を歩くことはそれなりに楽しいことでもある．ただ，転落の危険性は自らの責任で制御しなくてはならない．そのような自らの責任を問うことなく，柵をめぐらせて「立ち入り禁止」の看板を立てる管理責任との対置である．日本で後者の管理責任を問う傾向は，実は前者の自己責任を考える能力を奪いとっている可能性もある．

　じっさい，市民がリスクを選択する場面というのは近年増えてきている．たとえば予防接種は数十年前は全員受けることが国によって義務化されていたが，現在は親が判断する．副作用の危険性と接種によって得られるメリットを考慮し，親自らの責任において選択する．そのようなとき，自ら情報を集め，利点と欠点を吟味し，判断を下さねばならない．ここで必要となる情報収集能力，知識を「自分ごと」化し，判断を下す能力は，リベラルアーツと無関係ではない．

　自らリスクを引き受ける自己責任論は，公民権教育においても必須であろう．ただ，自己責任論には2種類あることにも注意が必要である．A) 自らリスクを引き受ける自己責任論と，B) 他人に迷惑をかけない責任論である．B) の中には，「家族のことは家族で面倒をみる」「最後まで何にも頼らずに生きることを課す」責任論が入り，介護などの場面で家族にどっとのしかかる責任が入る[10]．日本には，A) の責任論が欠けていて，B) の責任論が跋扈する傾向がある．あるいはA) のほうに管理責任が幅をきかせ，自らリスクを引き受けるマネジメント能力が鍛えられずにいるのにたいし，B) のほうの管理責任がまだ行き届かず，共倒れになる家族がいるということかもしれない．自己責任と管理責任の境界の引き方が分野によって異なるのか，安全・安心の場面ではA) の責任論が欠けていて，介護の場面ではB) の責任が強調されるのか，さらなる吟味が必要である[11]．

---

10) 「"助け合い"を美徳としてきた日本の社会が，経済のひっ迫で実にすさんだ空気に包まれている．不思議なことに，徹底した個人主義でさぞかし自己責任論が強いと思われる欧米のほうが，宗教の影響もあるのかもしれないが，実は他者に頼ることになんら抵抗がない」（安藤優子「お互いさまを見直しませんか？」，『Precious』，2012年11月号，406頁）．
11) 一方で，イスラム過激派組織に拘束された安田純平氏やイラクで拘束された高遠菜穂子

論点4では,『大人になるためのリベラルアーツ』の原題の「大人になる」ことの意味を学生自ら考えることとなった.「大人になる」ことの定義をめぐっては,経済的自立の側面と,自らの下した判断に責任をもち,社会的義務を果たすと同時に権利を行使する側面が語られた.フランス滞在経験者と中国人留学生が国による違いを指摘したことも興味深い.フランスでは「大人になる」というのはひとりの市民になるということで,善悪の区別ができて自己責任をもって社会に働きかけることができることが大人の条件として考えられているが,中国では経済的自立が第1条件と考えられている.

　フランスで,「ひとりの市民になるということで,善悪の区別ができて自己責任をもって社会に働きかけることができること」が大人の条件として考えられていることは,同国のシティズンシップ教育と関係している[12].同国では,市民教育の一環としての教養が大事にされており,教養教育の主眼は,成熟したよき市民(シトワイアン)になることに置かれている[13].

　シティズンシップとは市民性を指し,市民が市民権を責任もって行使することを指す.したがって,公民権教育とシティズンシップ教育は重なり合う部分もあると考えてよいだろう.米国では,第1章でも議論したように市民を単なる経済活動の中の受動的アクターとして見るのではなく,能動的な主体として見る見方が強調される.気候変動の公平性(クライメートジャスティス)を唱え,自国をふくむ先進国のCO_2排出量規制をめぐる行動は負担の公平性という意味である種の不正義であると訴え,政府を動かそうとする活動がある.そ

氏らに「自己責任論」が声高に叫ばれる日本の状況は,外国人から見ると特徴的に映るらしい.(たとえば「フランス人記者が見る,安田純平氏「自己責任論」の根底にある社会的背景」.https://wpb.shueisha.co.jp/news/politics/2018/11/09/107495/)この日本の状況は次のように説明できる.日本ではA)のほうのAt your own risk領域に政府による管理責任が浸透しすぎているために,安田氏らが自分自身の責任(At my own risk)において危険地帯に出向いているにもかかわらず,それが政府による管理領域を増やす行為とみなされて批判されるという構図である.つまり安田さんたちはA)のリスクを覚悟の上で出かけたにもかかわらず,A)の政府による管理責任を増やしたと批判される.そして,B)の他人に迷惑をかけない責任をもおびやかした,という論の立て方が日本において優勢なのだと考えられる.

[12] シティズンシップ教育とは,「市民としての資質・能力を育成するための教育.他人を尊重すること,個人の権利と責任,人種・文化の多様性の価値など,社会の中で円滑な人間関係を維持するために必要な能力を身につけさせる」ことを指す(『デジタル大辞泉』).

[13] 山折哲夫,鷲田清一「教養をめぐる,経済界トップの勘違い」. http://www.kokoro-forum.jp/report/toyokeizai0911/

ういったことを能動的におこなうのがシティズンシップである[14]．

　じつは，公民権教育やシティズンシップ教育の話と，論点2で出てきた市民がリスクを選択することや自己責任の話はつながっている．成熟した（mature）市民は，自己責任をもって社会に働きかけることができる必要がある．したがって，単に選挙に行って一票を投じるだけではなく，日々の生活の中で生じるさまざまなことにたいして自分で判断できる力をもつことが必要となる．不確実性にたいして情報収集し，最良の手段を選び，リスクをコントロールすること．これは，自分の選挙区で適切な政治家を選ぶだけではなく，自らのお金をコントロールするだけでもなく，環境問題や健康に関する問題において最先端の情報収集をして自己判断を下すこと，そして未来世代になにを残すかを考えながら行動をおこすことにも関係する．そのような意味で，第2章の「成人年齢は引き下げるべきか」の議論は，第6章の「民主主義」，第10章の「自由と公共性」の議論に関係するだけでなく，第1, 3, 5章にあるような先端科学技術の話題，科学技術の発展とそれにともなうリスクをどのようにコントロールし，どのような社会を選択していくかの議論と関係してくるのである．

(藤)

14）　アンドリュー・ドブソン『シチズンシップと環境』，前掲書．

第 3 章

速く走れる人間を
つくってもよいか

写真：Darren Wilkinson

問題提起

　近年急速に発展した生命科学の分野では，遺伝子を操作する技術としてゲノム編集[1]技術が普及しつつある．具体的には，CRISPR-Cas9[2]といった技術の普及によって，ゲノムの特定の箇所を「切る」ことが正確かつ簡便にできるようになった．たとえば，病気をひきおこすタンパク質が特定された場合，そのタンパク質をつくり出す遺伝子配列を特定し，その遺伝子配列を切除，あるいは置き換えることによって，病気の発症を抑えることが可能になる．また，iPS細胞[3]とゲノム編集を組み合わせることによって，いろいろなことができるようになる．最先端科学を用いて病気を治療するという点では，この技術は多くの期待を集めている．しかし，ゲノム編集を生殖細胞などに応用することによって知能の高い人間や速く走れる人間，背の高い人間をつくることは許されるだろうか．このような技術を社会としてどのようにコントロールするか，どこでどのように規制をかけるのかについては，市民に開かれた議論が必要と考えられる[4]．

---

1) 特定の塩基配列を切断し細胞に備わるDNA修復機構を利用して，修復時に改変を加える技術．ここでゲノムとは，細胞にある生物のもつすべての核酸上の遺伝情報を指す．古典遺伝学では，「ある生物をその生物たらしめるのに必須な遺伝情報」として定義され，遺伝子「gene」と，染色体「chromosome」あるいはgene（遺伝子（ジーン）の）＋-ome（総体（オーム））＝genome（ジーノーム）をあわせた造語とされる．

2) DNA分解酵素．CRISPRは細菌の免疫システムを意味し，Cas9はヌクレアーゼ（核酸分解酵素）の名前である．細菌がもつCRISPR獲得免疫システムを構成するタンパク質であるCas9を応用することで，遺伝子配列の改変が高い精度で可能となった．

3) 人工多能性幹細胞（induced pluripotent stem cell）のこと．人間の皮膚などの体細胞に，人工的にごく少数の因子を導入し，培養することによって，さまざまな組織や臓器の細胞に分化する能力とほぼ無限に増殖する能力をもつ多能性幹細胞をつくることができる．世界で初めてiPS細胞の作製に成功した京都大学iPS研究所所長の山中伸弥教授は，2012年にノーベル賞を受賞した．

4) たとえば，NHKクローズアップ現代「"いのち"を変える新技術──ゲノム編集最前線」（2015年7月30日放送）における山中伸弥・京都大学iPS細胞研究所所長の言葉を参照．また，2018年11月には，中国の研究者がゲノム編集技術をヒトの受精卵に使い，双子の女児が誕生したことを報告し，世界中から議論がまきおこった（『日本経済新聞』2018年11月27日朝刊）．日本では，ゲノム編集をヒトの受精卵に施す研究についての指針案は，不妊治療などの基礎研究に限ってのみ認めている（『日本経済新聞』2018年12月14日朝刊）．

遺伝子操作をめぐる議論は今にはじまった話ではない．1973年にコーエンとボイヤーが遺伝子組換え技術[5]を開発したときから，社会での議論ははじまっていた．過去の議論と現在の技術をめぐる議論との違いは2点にまとめられる．1つめは，1970年代以降の遺伝子操作をめぐる議論が，主に市場にでまわる作物をめぐるもの（食品／農業分野）であったのにたいし，現在の議論が人間の性能にかかわるもの（医療分野）に，しかも広範囲の実用レベルでの可能性が開かれている点である．もちろん，1973年の遺伝子組換え技術開発直後から医療分野での遺伝子治療の研究はおこなわれてきた．ゲノム編集技術も1996年に第1世代のZFN（Zinc Finger Nucleases）[6]，2010年に第2世代のTALEN（Transcription Activator-Like Effector Nuclease）[7]が開発された後に，2013年に第3世代のCRISPR-Cas9が開発され，特定の塩基配列の切断が高効率，安価，簡便になった．また従来の遺伝子治療は，治療遺伝子を細胞に導入して過剰発現させる方法が主であったが，ゲノム編集の方法であると遺伝子そのものを改変できる．以上のことから，従来の遺伝子治療よりも効率が向上し，対象となる疾患の拡大が期待されるようになった[8]．過去に遺伝子組換え技術が作物に応用されはじめた時期には，消費者側からの不信感が提示され，市民をパネルとしたコンセンサス会議[9]が各国で開かれた．たとえば，オランダでは1993年に，イギリス，ノルウェー，フランス，スイスではそれぞれ1994年，1996年，1998年，1999年にGMO（遺伝子組換え作物，脚注5参照）についてのコンセンサス会議が開かれている．2000年に開催された日本におけるGMO

---

[5] 自然の中でも遺伝子は変化するが，これを人為的におこない，人間が利用できそうな性質をもった遺伝子を別の生物のDNAの中に組み込むこと．遺伝子組換え作物（GMO：Genetically Modified Organism）とは，作物に遺伝子操作をおこない，新たな遺伝子を導入し発現させたり，内在性の遺伝子の発現を促進・抑制したりすることにより，新たな形質（除草剤耐性，病害虫耐性，貯蔵性増大）などが付与されたものを指す．
[6] 亜鉛を中心としたかたまりとDNA切断をになうかたまりからなる人工制限酵素．前者は任意のDNA塩基配列を認識するように改変可能で，これによってゲノムの中の単一の配列を標的とすることができる．
[7] 転写活性化様エフェクター核酸分解酵素．
[8] 医学書院『週刊医学界新聞』，第3261号，2018年2月19日．
[9] コンセンサス会議とは，科学技術に関する特定のテーマについて，専門家ではなく一般の人びとから公募された市民パネルが，公開の場でさまざまな専門家による説明を聞き，質疑応答をへて，市民パネル同士で議論をおこない，市民パネルの合意（コンセンサス）をまとめ，広く公表すること．参加型テクノロジー・アセスメントの1つの形態．

に関するコンセンサス会議では，市民の考えとして，GMOのメリット，環境影響（近隣植物への交雑，昆虫への影響，生物多様性への影響），人体影響（影響評価，毒性試験のあり方），制度としくみ（被害を被ったときの責任のあり方，安全性検討のしくみ，悪用された場合のしくみ），表示のあり方，農業の未来，国際関係（特許，知的所有権のあり方），消費者への情報提供など多岐にわたる意見がまとめられた[10]．こういった議論の歴史の上に現在がある．現在では，ゲノム編集技術を用いて，マッスルマダイ[11]，低アレルギー性の鶏卵，芽に毒性のないジャガイモなどの開発もおこなわれている．従来のGMOと異なって，ゲノム編集作物の場合は1塩基単位に近い改変が可能である．そのことにより，改変されているにもかかわらず改変の痕跡が残りにくい作物が生じるため，新しい規制モデルが提唱されている[12]．現在のところ，食の未来を切り開く研究者と食の安全を求める消費者とのあいだのギャップが完全に埋められているとは言い難い状況にある．

　2つめは，現在のゲノム編集技術は，特定の遺伝子を狙ってピンポイントで切断が可能で，成功率が高く，コストも低く，効率性が高い点である．高額の予算をとらなくても，低予算で簡単にできてしまうため，技術レベルの閾値が下がり，より多くの研究者がこの技術を使用可能となった．このことは逆に，生命倫理に関する議論がごく限られた技術レベルの高い研究者に施されればいい，という状況ではなくなったことを意味する[13]．

　日本では，ゲノム編集の臨床研究に関するガイドライン[14]作成が，平成27

---

10) 「遺伝子組換え農作物を考えるコンセンサス会議報告書」，平成13年1月，(社)農林水産先端技術産業振興センター，https://www.jataff.jp/project/download/pdf/01-2006051018003523147.pdf
11) 食用の魚肉部分の多いタイのこと．
12) 荒木素子，石井哲也「社会は遺伝子改変の痕跡がない作物を受け入れるか――ゲノム編集作物の規制と表示に関する提言」，北海道大学，2015年2月26日，https://www.hokudai.ac.jp/news/150225_general_pr.pdf
13) ゲノム編集では，オフターゲット (off target) 作用という特有のリスクがある．オフターゲット作用とは，目的とする遺伝子以外を切断してしまうことで生じる変異のことで，がん化の原因ともなる．オフターゲットリスクは，臨床試験において患者とのあいだでインフォームドコンセントを確立する上で重要な情報となる．
14) 国際的には，2015年12月に米国科学アカデミーと米国医学アカデミー，英国王立協会，中国科学院が国際ヒトゲノム編集サミットを開催し，体細胞のゲノム編集は従来の遺伝子治療の指針を踏襲する結論となった．受精卵や生殖細胞など次世代に伝わる遺伝子改変につい

(2015) 年 7 月に厚生科学審議会ではじまっている[15]. また, 日本学術会議でも, 「我が国の医学・医療領域におけるゲノム編集技術のあり方」という提言を 2017 年 9 月 27 日にまとめた[16]. 体細胞ゲノム編集治療と被験者の権利保護及び臨床研究の規制整備, 体細胞ゲノム編集治療製品開発の支援体制構築, ゲノム編集を伴う生殖医療の臨床応用に関する暫定的禁止を含む厳格な規制, 社会的理解と透明性を踏まえた, ヒト生殖細胞・受精胚ゲノム編集を伴う基礎研究の規制の 4 点がまとめられている. これらは, 研究者レベルでなにをしてはいけないかの行動基準であり, 専門家として「この技術はこのレベルでは使ってはいけない」といった判断基準が示されている. このように研究者による自律的自主管理として基礎研究の規制を考えることは重要なものである. しかし同時に, こういったルールは誰が作るのか, あるいは答えを出すのは誰かについては, もう少し議論が必要であろう. 科学者や倫理学者だけで閉じた空間で決めるのではなく, 社会全体で決めていく必要があり,「みなでルールを作る」という感覚が今後必要となってくる.

　臨床の現場の研究者からは, 実際に治療を待っている患者さんで恩恵を受ける人もあるため, ただ単に研究をとりあえずとめておこうということではすまないであろうこと, しかし同時に社会一般として不安もあること, そして研究者と一般の人, そしてその研究が進むことによって恩恵を被るかもしれない患者さんとで, 立場によってかなり考え方が違うため, 誰が決めるというのではなく, みなの意見を集約していく必要があることが指摘されている[17]. みなの意見を集約する場をどのように設計するかが問われている.　　　　　(藤)

ては慎重論が多い.
15) 2017 年 7 月 5 日, 厚生科学審議会再生医療等評価部会が厚生労働特別研究事業として「ゲノム編集技術を取り入れた遺伝子治療等臨床研究における品質, 安全性確保等に関する研究」実施を了承した. http://www.mhlw.go.jp/stf/shingi2/0000170143.html
16) http://www.scj.go.jp/ja/info/kohyo/pdf/kohyo-23-t251-1.pdf
17) 山中伸弥「iPS 細胞と私たちの未来——持続可能な研究のために」,『現代思想』6 月臨時増刊号, 2017 年, 18 頁.

> **論 点**
>
> 1　ゲノム編集という言葉であなたが思い浮かべるものはなんですか．
>
> 2　遺伝子組換えという言葉であなたが思い浮かべるものはなんですか．
>
> 3　速く走れる人間をつくってもいいと思いますか．ゲノム編集技術によってどこまでのことが許されると思いますか．
>
> 4　論点3のようなことを考える上でどのようなしくみの構築が必要と考えますか．

議論の記録

　この議論は，2018年5月16日におこなわれた．Aグループは，γさん，δさん，μさん，Bグループは，βさん，ηさん，ιさん，λさん，Cグループはαさん，εさん，ζさん，κさん，合計11名である．なお，この日の議論には，ゲノム編集に関する知識を有する専門家として，東京大学大学院総合文化研究科広域科学専攻生命環境科学系の渡邊雄一郎先生に加わっていただいた．

〈論点1：ゲノム編集という言葉であなたが思い浮かべるものはなんですか〉
　Aグループからは，研究に使われるノックアウトマウス，問題提起文に出てくるマッスルマダイ，アレルギーを起こさない鶏卵などの例が挙げられた．その上で，ゲノム編集という言葉は聞きなれない言葉であるが，その技術の用途はさまざまに開けていることが議論によって明らかになったと報告された．Bグ

ループからは，論点1と論点2の違い，つまりゲノム編集と遺伝子組換えの違いについて考え，定義上の違い／対象の違い／言葉の受容度の違いという3つの側面の違いがあることを議論したことが報告された．定義上の違いについては，ゲノム編集はピンポイントで編集をおこなうのにたいし，遺伝子組換えというのはそれほどピンポイントでない点．対象の違いについては，ゲノム編集は人を対象としたイメージがあるのにたいし，遺伝子組換えのほうは食物を対象としたイメージがある点．言葉の受容度の違いについては，ゲノム編集のほうが新しい単語でまだ抵抗感があるのにたいし，遺伝子組換えはすでに食物に応用されている例が多々あるので言葉の受容度としては高いという点が報告された．

Cグループからは，ゲノム編集はまだ研究段階であるのにたいし，遺伝子組換えは食品に代表されるようにすでに産業化されているというイメージがあることが報告された．また，ゲノム編集と遺伝子組換えという言葉については，以下のような議論が報告された．

　まずゲノム編集の「編集」，なぜこれが「組換え」でなく「編集」なのかなという話になりました．編集というのは英語では edit になるわけですけど，編集をするということは問題提起文にも書いてあったように一部改変ということで，オリジナリティは残されつつも，一部を変えるというようなイメージがあるのにたいして，組換えというのはここでは modify という単語が使われているんですけども，ゼロから変えるのではないかという意見がありました．

　一方で，modify というのは「緩和する，緩める」という意味もあります．ゲノム編集が，人間を対象とした言葉で，オリジナリティを尊重しつつも一部の情報を改変することで能力を向上させることを意味する一方で，遺伝子組換えというのは，modify という言葉に「標準化」という意味があることとも関連して，人間がもっているような基準に合わせること，人間外のものを人間側の基準に標準化することを意味するのかなというような……ちょっと次の論点とも重なっちゃってるんですけど，そういう議論でした．（αさん）

ここで渡邊先生から以下のようなコメントが入った．まずゲノム編集，遺伝子操作，どちらもDNAが舞台となる．同じ生物を対象としても前後で変化が大きくなるのが遺伝子組換えであるのにたいし，ゲノム編集はピンポイントで狙い撃ちをして変えるため，変化のサイズとしては小さい．遺伝子組換えは，技術ができて40年ほど経過し，論争もすでにおこっているが，DNAの上でそれなりに大きな変化を与えてしまっている．それにたいし，できればピンポイントで変化を与えればすむような技術ということで，ゲノム編集が出てきた．対象についていえば，倫理的に人間にたいする応用は基本的にNOであり，人間は遺伝子組換えの対象になっていない．だから食品（家畜，野菜，穀物）が対象となってきた．それにたいし，ゲノム編集はピンポイントで治すことが可能なので人間の病気を対象としたものが可能になっている．

　また，もとの表現ではgene editingとgene modifiedでどちらもgeneなのに，なぜ日本語ではゲノム編集と遺伝子組換えと言いわけるのかという質問については，以下の回答があった．

　　ゲノム，遺伝子，DNAというのはなんか似たような雰囲気をもっていて，厳密な区別ってちゃんとしてないのかもしれないですね．ゲノムというと，対象となっている生物がイメージとしてある．ヒトのゲノムっていったら，「これだけないとヒトらしく生きていけない最小限の情報」，そういうイメージが濃い言葉です．実質，物質としてはDNAなんですけど．そういう意味づけをしたDNAの情報の塊をゲノムといっている．ゲノムの定義ってたぶんネット上にも出てくると思うんですけど，ある生物を構成するのに最小限の情報になっているDNAあるいはその塊といった，そういう概念だと思います．物質的には，それはヒトがもつ，ある一定量のDNAです．遺伝子っていったら，人間の場合2万ぐらい，数え方にもよるんですが万単位で遺伝子があります．それが全部揃ってゲノム単位の遺伝子の集まりです．遺伝子っていうと1個単位で見る場合もあるし，万単位で見る場合もある．どこに注目するかでぼくらは微妙に使い分けていて，非常にみなさんにわかりにくいのかもしれませんね．一応の使い分けはしています．（渡邊先生）

また，ゲノム編集で他種他個体遺伝子を入れこむことを扱うかどうかについては，渡邊先生はゲノム編集は基本的には 1 つの個体で閉じていて，他個体のものを用いる場合は移植というという立場を示した．

　　渡邊先生「ただし，30 年来やってきた遺伝子組換えというのは，ぼくはちょっとわかりやすくいうために『遺伝子の移植』といったほうがいいと思うんですけど．A という生物から有用と思われる遺伝子の情報をもった DNA 断片を，ほかの生物に移植する．情報をちゃんと発揮できるかたちで移植するっていう感じがあります．ただ，入ったら事実働き出すんだけど，もともとレシピエント，受容した細胞のどこに入るかというのはまたランダムなんです．入られた先に大事な遺伝子があったりすると，それがつぶれちゃったりするので……」
　　γさん「今の段階だと制限酵素[18]ってわりと特異的にできないんですか？」
　　渡邊先生「入れるさいには制限酵素は使えないのです．それを克服する意味でゲノム編集が出てきたのです．ゲノムのここなら入れていいっていう狙い撃ちをして切れ目を入れて，切れたところに入れたい DNA を入れられる技術なのです．でも実際に双方の違い，境界[19]というのは意外にはっきりしないかもしれない」

〈論点 2：遺伝子組換えという言葉であなたが思い浮かべるものはなんですか〉
　B グループからは，遺伝子組換えの例としてやはり遺伝子組換え植物が思い浮かぶこと，気候変動や害虫への対処など食物生産を効率的におこなうための必要手段として用いられてきたというイメージがあることが報告された．また，遺伝子組換えについては安全性の議論が先行してきたが，ゲノム編集はまだあ

18）　制限酵素は，酵素の一種．2 本鎖の DNA を切断する．
19）　ゲノム編集と遺伝子組換えの境界を指す．ゲノム編集は他種他個体は扱わず，遺伝子組換えは他種他個体を扱うという境界線の引き方もあるが，技術的にはゲノム編集も他種他個体を扱うことが可能なので，やや無理があるという考え方をここでは示している．

メッシ
写真：Pressinphoto／アフロ

まり倫理的な議論になっていないのではないかという意見が出た．Cグループからは，遺伝子組換えというとやはり遺伝子組換え作物が思い浮かぶこと，そして環境への影響，生物多様性への影響が議論となっているイメージがあることが報告された．また，ゲノム編集はまだ研究・学問のイメージがあるが，遺伝子組換えはお金がからんで少々俗っぽく，人間中心的な感じがあるという意見が出た．

藤垣「えっと，遺伝子組換え作物のほうがお金がからんでいる？」
κ さん「はい，お金がらみ」
藤垣「商業主義みたいな？」
κ さん「そうです」
藤垣「ゲノム編集のほうは？」
κ さん「医療で役に立つみたいなイメージがあるかなって．ゲノムっていうカタカナ言葉のおかげなのかもしれないですけど」

Aグループからは，遺伝子組換えというと遺伝子組換え作物，除草剤に強い作物などの例が思い浮かぶこと，また糖尿病治療のためのインシュリンを作るために，インシュリンを作らせる遺伝子を組換えた大腸菌の例などが挙げられた．
渡邊先生からは，遺伝子組換えにお金がからむことについて以下のコメントがなされた．

遺伝子組換えにお金がからむというのはいろんな要因があって．作物に応用されたということで，みなさんの議論からもちょっと聞こえてきたんですけど，世界の大きな企業が，独占的に「農薬＋それに強い遺伝子組換

えの作物」をつくるというので，そこでなにか世界を席巻して占有している戦略，それが強く見えてしまったがために多くの国で反発を招いたというのはあると思います．（渡邊先生）

また，アルゼンチンのサッカー選手メッシの例が紹介され，論点 3 につながるような次の話が紹介された．

> メッシなんですけど，彼は生まれたときから，小人症といって身長が大きくならなかった．彼がアルゼンチン出身というのはご存知かと思うんですけど，アルゼンチンは経済的に苦しくて治療をやれる環境になかった．身体を大きくしたいわけですよ．で，体の中でなにが足りないって成長ホルモンなんですね．かつてはどうしていたかというと，亡くなった方から脳下垂体の提供を受けて，そこから成長ホルモンをとるわけです．それでそのときに遺伝子組換え技術が出てきた．ヒトの遺伝子をとってきてヒトに作らせると倫理的に問題があるので，場所を変えて，大腸菌でヒトの遺伝子を組換えして大腸菌で成長ホルモンを作った．それで今はたぶん，それを用いた治療がされて，恩恵を被れるんです．手法はリッチに聞こえるんですけど，コストはかつてに比べたらずっとずっと安く，管理もしっかりしていて，安全性もあるかたちで成長ホルモンが処方できて，それを注射するのかな……．ただメッシが小さいときは，まだアルゼンチンはそこまでいっていなかったので，バルセロナがそういうのを抱きかかえて，経費をもって，スペインに来いといったわけです．で，今になってみるとアルゼンチンでは「あいつはスペイン人だ」みたいなことを陰でいわれているところがあるんですけど，タイミング的にラッキーな境遇だった部分がある．だから選択肢の 1 つを提供している技術だとぼくは思っています．リッチなイメージということでそれを思い出しました．お金があればそういうことがこの時代，可能なんですね．（渡邊先生）

〈論点 3：速く走れる人間をつくってもいいと思いますか．ゲノム編集技術によってどこまでのことが許されると思いますか〉

Cグループからは，まず生まれる前にこの技術を使って速く走れる人間をつくってしまうと，つくられた人間は生まれた時点で速く走らなくてはならないという役割を与えられてしまって，将来の選択肢を限定してしまうのではないかという話が出た．また，スポーツの文脈に限定すると，もしゲノム編集によって速く走れるようになった人たちが速度を競う競技ができたら，それは果たして走るという競技なのかという疑念が提示された．走ることを競っているのではなく，編集技術がどれだけ優れているのかを競うことになるのではないかということである．さらに，生まれた後にゲノム編集をする場合，生まれもったオリジナリティを変えていいのか，あるいは努力するプロセスを省いてしまって速く走れるようにしてしまうと競技性の醍醐味を減らしてしまうのではないかということが議論された．最後に，ゲノム編集で強化された人間で競わせるとスポーツの公平さが失われてしまうので，もし競わせるなら，ゲノム編集で強化された人間だけを集めた競技会とか，ゲノム編集していない人間だけの競技会など，そういった区別が必要なことが指摘された．

　Aグループからも，先天的にやるか，後天的にやるかという区別が必要という論点が報告された．先天的にやる場合には，ゲノム編集によって親の意思を反映させることで子どもの将来が規定されてしまうという一面がある．後天的だと本人が選択することはできる．しかし，速く走れる人間に限れば，ドーピングとの区別が問題になり，それがスポーツとして成り立つかという別の側面が出てくる．ただすべて規制すべきというわけではなく，医療の現場で本当に必要としている患者にこの技術を使う場合は倫理的にも許されるのではという議論になった．さらに，ゲノム編集の倫理については，自然（なにも手を加えないで生まれたままの状態）にどこまで手を入れることを許すかという議論がある．ゲノム編集が一般的になっていくにつれて，時間が経てば「自然」が忘れられてしまうという部分もあることが指摘された．

　藤垣からはAグループの意見を受けて，先天的と後天的という言葉の使い方にたいして注意が必要であることに加えて，以下の指摘があった．つまり，速く走れる人間のつくり方として，先ほどのメッシのように生まれた後の成長ホルモンを投与するときに遺伝子組換え技術を使うのと，生殖細胞を用いてデザイナーズベイビーをつくるために技術を使うのとでは意味が違うという点で

ある．さらにゲノム編集の倫理については，今回だけでなく，広域気候変動の回（第1章参照）でも気候工学で気候現象に技術を用いることにたいし，「自然」についての問いが喚起されていることが紹介された．「そもそも自然とはなにか」「自然にたいする冒瀆といっても，もうすでに人間が自然に手を入れてしまっていて，それを自然と呼んでいるのではないか」という問いである．そういった点でゲノム編集の議論と気候工学の議論とのあいだに同型性があることが指摘された．

Bグループからは，競技としてどうかという論点と，人間としてどうかという論点が出た．競技としてどうかについては，速く走れる人間をつくった場合，不公平になるのではないかということである．ただ，ドーピングは禁止されているが食事制限は認められている．食事とドーピングの違いはなにか，あるいは薬物と治療とどう違うのかと考えると，それらのあいだにグレーゾーンが出てくることが指摘された．またお金の差から出てくる問題点もあり，お金がある人は治療を受けられるがない人は治療が受けられないという場合，競技としては問題なのではという話が出た．人間としてどうかという論点については，感覚的に「速く走れる人間」をつくるのはよくないのではという議論がおこなわれた．「感覚的によくない」と「合理的によくない」は別物であるが，Bグループでは感覚的抵抗が強く主張された．なにが感覚的な抵抗なのかというと，そもそも人間の身体を変えていいのかという点である．これは上記Aグループの自然についての意見とつながる．ただBグループでは，変え方にいろいろあることが議論された．たとえば，ロボットアームはそんなに違和感がなく，腕を失った人がロボットアームをつけるとものが掴めるというのは違和感がない．それにたいしてゲノム編集が出てくると感覚的抵抗があるのはなぜなのか．また，人間の身体を変えるというのは，変え始めたら際限なく変えようとしていくのではないかという点が報告された．さらに，こういった感覚的なことは100年くらいのオーダーで変わっていく可能性も示唆された．

石井からは，まずは「できる」ことと，それから「やる」ということのあいだにバリアがあるという点が指摘された．

　　科学技術の進歩によって「できる」ことは限りなく増えていく．でも，

それを実際に「やる」かどうかという問題になると，単なる科学技術の問題ではなくなって，社会科学や人文科学の領域がからんでくるんだと思います．そうすると選択肢が数あるなかで，どれをやってどれをやらないのかという問題が当然浮上してくる．そこで決断しなければいけないし，社会的なルールが作られなければいけない．最終的には科学技術の目的はなにかということだと思うんですね．（石井）

さらに石井は，医療で患者にゲノム編集技術を使うことには抵抗が少ないが，「速く走れる人間をつくってもよいか」となると抵抗がある理由として，やはり「自然とはなにか」という問いがあることを指摘した．なにも手を加えないで生まれたままの状態が自然であると仮定すると，病気や障害を除去したり軽減したりするために技術を使うことには抵抗が少ないけれども，なんらかの能力を人為的にプラスにするような改変は不自然な感じがして抵抗がある．速く走れる人間だけでなく，知能指数の高い人間をつくっていいのかという問いも出てくる．ゼロを起点として考えると，マイナス[20]をゼロにすることには抵抗がないけれども，ゼロにさらに人為的にプラスを加えることは果たして許されるのかということが課題になるという点が指摘された．

もうひとつは哲学的な問題として，「私というのはどこまで私なのか」という問いも出てくる．身体についていうと，われわれの細胞ってどんどん入れ替わっているわけでしょ．ボートが古くなるとどんどん新しい部品に入れ替えていって，最終的に全部新しくなっちゃったんだけど，それでもそのボートはもとのボートと同じかっていう話があるけれども，それと同じで，私たちのアイデンティティっていったいなんなのか．そうなると，たとえば内臓移植は許されるというけど，脳の移植が可能になったときにそれは許されるのかという話ですよね．私は私でありつづけられるのか，結局「私」とはなんなのかという問いに行きつく．答えがあるわけではあ

---

20) ここで用いた「マイナス」という言葉は，あくまでも物事をわかりやすく説明するための便宜的な用語であって，病気や障害を負の属性としてとらえる趣旨ではまったくないことをお断りしておく．（石井注）

りませんけど，そんなことを考えて聞いていました．（石井）

〈論点4：論点3のようなことを考える上でどのようなしくみの構築が必要と考えますか〉

　この論点は，論点3で出た「できる」ことを実際に「やる」場合の仕組み作りの話である．まずAグループからは，あくまで患者さんの自己決定権が大事であり，ゲノム編集による利益を受ける人とそのリスクを被る人が一致している必要があることが指摘された．続いてBグループからは，国内のしくみ作り（市民参加による）と国際的しくみ作り（専門家による）の話が出された．

　　ηさん「Bグループで出たのは，こういうしくみの構築はその社会における人びとの倫理みたいなものがけっこう決定の要因になっていて，その社会を構成している人びとの参加が必要じゃないかということです．なので，国際制度レベルでいうと，各国にゆだねるというような方向性もありますが，ただその上で，暴走しないようにというか絶対的禁止事項みたいな感じで，『この技術にたいしてこのような使い方を絶対にしてはいけない』という規範みたいなものを専門家のあいだで作ったほうがいいのではないかという話になりました」
　　βさん「一点補足します．先進国と途上国というか，先進国と政治的な制度が確立していない国の話がちょっと出て，先進国に話を限定した場合は，民主的な社会に属している各人がしくみの構築に参画すればよいのですが，そのような市民参加をどのように非民主的な国に適用するかという問題がある．そのためには先にルール作りをしておいて，非民主的な国についても縛らないといけないという話になる．そこでも対立はどうしても生じる．後進国の利益が先進国の思惑で左右されることになるので，最低限合意できる範囲での条約なり規範が必要なんじゃないかという話になりました」

　このように，Aグループはあくまで自己決定する主体が決めるという形で議論が進んだのにたいし，Bグループはまずは国内における市民参加というとこ

ろから議論が始まった．しかし，国内における市民参加のしくみは先進国と途上国とで異なる．そのため，社会的ルール作りには各国共通の条約などを作成する必要が出てくる．国内でのしくみ作りと国際レベルのしくみ作りの両方の視点が必要となってくるわけである．

　Cグループは，ゲノム編集と美容整形となにが違うのかという議論から，遺伝子に手を加えている以上，次の世代にも影響を与えるという議論になった．下の世代にとっては先天的に遺伝子が変わることになるので，先天的か後天的かという区別自体がむずかしくなる．また，下の世代にとっては先天的なことになってしまうので，自己決定権だけで議論するのは問題だということになる．さらに，現在は人間のクローン技術が禁止されているという状況があるが，仮にゲノム編集を許した場合，だんだんクローンも禁止されないような状況に近づいていく可能性があるのではないか，という点が指摘された．基本的にやってはいけないことを社会として決めるさい，その基準を明確にするのがむずかしい点がある．かつ，ゲノム編集の問題は，市民レベルでの議論がまだ少なく世論が形成されていない．本来なら世論を待ってから制度設計をすればいいのだが，世論が出てくるまでは制度作りが専門家だけによってなされるべきという考え方もある．しかし，結果的にこれがビジネスになりうることもあるため，専門家だけによるルール作りも問題を抱えるという点が指摘された．

　このように，論点4のしくみ作りの話は，Aグループは自己決定権の話，Bグループは国内レベルの市民参加および国際レベルでの条約の話，Cグループは自己決定権にとどまらない次の世代への責任の話，とそれぞれ違う論点を出した．これにたいし渡邊先生から次の指摘があった．

　　　最後の部分の議論はいろいろ方向の違う論点から聞かせてもらって私も勉強になりました．そういうことがまだ議論されていないというのは私も思っていたことですけど，みなさんも思っていらっしゃるということは，これをきっかけになにか生まれるといいなという刺激になりました．私自身は研究者としてなにか新しい食べものを作ろうとかそういうことはぜんぜん意図していませんが，さきほど石井先生も指摘されたのですけど，なにか新しい技術が出たときに，社会あるいは人文学の観点も踏まえてどう

いうふうに技術を応用するかを含めて一般の方と議論するということが必要だと思います．それができない，場がない，作ってないといわれるかもしれませんけど．それを改めて感じました．

　ぼくら研究者は，やってみたというよりは，その前になにができるかというのを実証する前に「こういう可能性がある」というのをいろんな人に広く知ってもらう努力，場を作る必要があるんだなというふうに強く感じました．今日は速く走れるというスポーツに関する話で議論が始まって，これはこれで1つの論点だと思いますけれども，いろんな技術の応用の先に出口というかアウトプットっていろいろあるので，ケースバイケースで，「スポーツだったら，こう．でも同じ技術でも違うことに使ったら結論が変わってくる」ということがあるので，これはもう明らかに自然科学者だけでは決められない．社会との接点というのが必要であるというのを改めて感じました．（渡邊先生）

　この渡邊先生の指摘を受けて藤垣から，新しい科学技術の進展において「こういう可能性がある」と広く知る必要に関連して，米国ではELSI（Ethical, Legal and Social Implications；技術の倫理的・法的・社会的側面）という予算枠が1990年代から作られており，欧州ではRRI（Responsible Research & Innovation；責任ある研究・イノベーション）という概念の中で試みが展開されていることが紹介された．「この最新の科学技術は突き詰めていくとこういう可能性がある」という予見（anticipation）を，研究の初期段階から市民を巻き込んで議論する場を作ろうという動きがあり，それに予算投資するという動きである[21]．ただ，Bグループの指摘にあったように，これらはあくまで先進国が作ろうとしている制度の話なので，途上国を巻き込んでしくみを作ろうとしたときにはまた別の課題が出てくるだろう．

　先端科学技術の社会的影響を予見して予防的に対処するか否かについては，以下の応酬があった．

21）　藤垣裕子『科学者の社会的責任』，岩波科学ライブラリー，岩波書店，2018年．

ηさん「市民参加での議論をするにしても，このゲノム編集とかに関して判断材料としてのサンプルがまだ少ないなということがあって，こういうのって試行錯誤でポジティヴな例とネガティヴな例が両方出てきて初めて議論が成り立つような気がしていて，判断材料としてのサンプルがない状態で話しても進まない気がするので，今の過渡期みたいなところはいろいろ試していいんじゃないかなというのが個人的な意見です」

κさん「私はこれはインパクトがどうしても大きいので予防策で動いたほうがいいと思います．そのためにはリスクの考え方については専門家のほうが市民よりも大きいときもあるし，逆に市民のほうが大きいときもあるし，どちらもあるので，そこに関して，なにかが起こる前からオープンに議論する場があったほうがいいかなって思います」

最後に石井から本日の議論の締めくくりとして先端科学技術と人文社会科学の役割についての指摘があった．

「できる」ことと「やる」ことでいえば，「できる」ことが自然科学者のすることで，「やる」ことは人文社会科学者の考えるべきことという切りわけはよくないと思います．自然科学者も同時に「やる」べきかどうかを考えるのは当然で，逆に人文社会科学に関わっている人もなにが「できる」のかを知らないといけない．だからこういう問題はまさにオープンで，ここからは文系，ここからは理系というのではなく，ひとりの人間が両方の視点をもつ必要があるということで，異分野交流の意義を再確認できましたね（笑）．（石井）

以上のように，この回は，ゲノム編集と遺伝子組換えの概念の差異，「自然」とはなにか，「できる」ことと「やる」こととのギャップ，およびその差を埋めるための制度設計のあり方から科学技術と人文社会科学の役割に議論が及んだ．

(藤)

議論を振り返って

「速く走れる人間をつくってもよいか」という問いは，「速く泳げる人間をつくってもよいか」「高く跳べる人間をつくってもよいか」「力の強い人間をつくってもよいか」等々，さまざまな問いのヴァリエーションに置き換えることができる．要するに，人間の身体能力を人為的な操作によって増強することは許されるか，というのがその趣旨であるが，これをさらに知的能力にまで拡大すれば，「知能の高い人間をつくってもよいか」という究極的な問題にまで行きつく可能性をはらんだ危険な問いでもある．遺伝子操作の技術が急速に進歩を遂げ，対象が植物や動物から人間そのものへと拡大し，医療分野での応用可能性が大きく開けてきた現在，問題は生命科学の領域を越えて，明らかに倫理学や哲学の領域へと踏み出している．

とはいえ専門知識の十分でない（私のような）人間にとっては，まず問題提起文にある「ゲノム編集」と「遺伝子組換え」の正確な違いが定かではなかったし，そもそも「ゲノム」「遺伝子」「DNA」といった用語の差異も明らかではなかった．そこで今回は当該分野の専門家である渡邊雄一郎教授の協力を得て，その明確な区別についての認識を共有した上で議論がおこなわれたのが大きな成果であったことを確認しておきたい．私たちはあらゆる分野の専門家ではありえないので，自分の守備範囲外のことがらについてはとかく不正確で生半可な定義に基づいていい加減な，しばしば誤った推論を展開しがちであるが，どのような問題について論じるにしても，やはり最低限の知識は前提として所有しておかなければならないという当たり前のことが再認識された回であった．

というわけで，論点1と論点2ではおもに概念規定を確認し共有する作業が中心となり，本格的な議論は論点3から始まった．学生たちのやりとりを聞きながら考えたのは，「議論の記録」にもあるように，「自然とはなにか」という問いである．

人が生まれたままの状態を「自然」と考えるならば，その時点でなんらかの先天的な病気や障害を負った人たちについては，それが「自然」であるということになる．しかしその病気や障害が本人の生命に関わる場合はもちろんのこ

と，日常生活になんらかの不自由をもたらす場合には，しかるべき医療技術を用いてその原因をできるだけ除去し，可能な限り生命の危険を回避したり生活の不自由を解消したりすることは，倫理的に許されるばかりか，むしろ当然の社会的責務でさえあるだろう．いずれにせよ，これを「自然」にたいする不当な改変であるという人はまずいないはずだ．

　一方，後天的な病気や事故によって身体機能の一部を失ってしまった人の場合には，たとえば義手や義足をつけたり，車椅子を用いたり，場合によっては内臓を移植したりして，少しでも元の状態に近づけようとすることも，ごく当たり前におこなわれていることである．その手段の1つとしてゲノム編集が有効なケースがあるならば，これを用いることを「自然」に反する行為として非難する人も多くはないにちがいない．

　つまり，目的が生命の維持や円滑な日常生活の確保といったものである限り，人間の身体に人為的な操作を加えることは医療行為の一環として許容されるのがふつうである．しかしその目的が「スポーツ競技で勝つこと」であったりすると，やはりこれは「自然」にたいする行き過ぎた介入であり，倫理的に見て抵抗があるという意見が多かった．

　たとえば授業では，ゲノム編集によって特定の身体能力を強化された人間をそうでない人間と競わせるとスポーツの公平さが失われてしまうという話があったが，そもそも競技においてはドーピングによる筋肉の増強でさえ不正行為とみなされるのだから，これは当然の感覚だろう．訓練によって鍛えられた身体は「自然」の範疇であるが，薬物等の使用によって一時的に運動能力を高められた身体は「不自然」であるというのが，大方の共通了解である．だからスポーツにおいてはいっさい加工されていない「自然な」身体をもって競うことが求められるのであり，遺伝子操作によって恒久的に特定の能力を増進させるなどという行為は論外ということになる．

　ではスポーツを離れて，一般に社会的有用性のために遺伝子操作技術を用いることは許されるか，という問いを設定してみるとどうなるか．たとえば災害救助のために，速く走れる人間や高く跳べる人間，あるいは重いものを持ち上げられる人間をつくることは，果たして許されるであろうか．

　とくに教室で議論があったわけではないけれども，これはなかなか微妙な問

題である．もちろんそのような改変を施される当事者の人格や意思を無視するわけにはいかないが，そのことをとりあえず括弧に入れてしまえば，ゲノム編集によって特殊能力を付与された人間の集団を自衛隊や警察組織に置いておけば災害時の対応や社会秩序の維持に大いに役立つであろうから，これを妨げる理由はないという考え方も，さほど奇異なものではないように思えてくる．

　授業の中で私は「できる」ことと「やる」こととのあいだにあるバリアについて発言し，それが最終的には科学技術の目的はなにかという問いに帰着するという趣旨のことを述べた．遺伝子操作によって速く走れる人間をつくることが「できる」としても，それが純粋に身体能力を競う目的であれば「やる」ことは許されない．しかし社会の要請に適った目的，たとえばより迅速で確実な人命救助を実現するためといった目的であれば許されるのではないか——この問いは，まさにその典型的なケースである．

　遺伝子組換え技術によって農作物の品種改良がおこなわれてきたのは，より美味で，より病気に強く，より栄養価の高い食材を作るという，まさに社会的有用性に適った目的のためであった．とすれば，これを人間にも適用して，正当な目的のためであれば品種改良ならぬ「人種改良」をおこなうことが許されてもいいではないか，というわけだ．

　けれどもこうした発想にたいして，私たちの多くは本能的な抵抗感を覚えるにちがいない．それはやはり，対象が農作物ではなく，あるいは家畜でもなく，私たち人間そのものであるからだろう．病気や障害を除去したり軽減したりする医療行為は別として，それ以外の目的で人間が人間を遺伝子レベルで改変することは，たとえそれがなんらかの能力を高める「改良」であっても，また目的がいくら社会に益することであったとしても，けっして許されてはならないというこの感覚——これは究極的には「人間は神の領域に踏み込むべきではない」という，きわめて古典的な倫理観に由来するものかもしれない．

　確かに格別の宗教心をもっていなくても，生命の誕生にまつわることは人智の及ばぬ「神のわざ」であり，そこに科学技術の介入する余地はないと考える人は少なくあるまい．そうした立場からすれば，人間の遺伝子を人間自身が操作することは傲慢の極みであり，自然の摂理にたいする冒瀆であるということになる．しかし一方で，遺伝子レベルでの人為的な介入によってある種の病気

や障害が除去されたり軽減されたりする可能性が開けていることも事実である．両者の境界線はいったいどこに引くべきなのか．そしてそれを決定するのはいったい誰であるべきなのか．

　論点4ではこの問いをめぐって多角的な検討がなされたが，けっきょくのところ特定分野の自然科学の専門家だけでなく，異なる分野（とくに人文社会科学）の専門家，さらには世論を形成する一般市民をも巻き込んだ広範な議論の場が必要であるというところに落ち着いたのは，まず妥当な成り行きであったというべきだろう．いずれにせよ，科学技術の進歩が加速すればするほど「できる」ことの範囲はまちがいなく広がってくるので，それをどのようなケースで，どのような目的で，どの程度まで「やる」べきかを決定するには，多様なステイクホルダーを統合するなんらかの社会的制度が整備されなければならない．そしてそれは，遺伝子操作の問題に限らず，前著『大人になるためのリベラルアーツ』の第3回で扱った原子力発電であれ[22]，本書の第1章で扱った気候工学であれ[23]，あらゆる科学技術についてあてはまることである．その意味で，これはまさに科学技術社会論の典型的なテーマのひとつであったわけだが，最後に「人間とはなにか」「私とはどこまでが私なのか」といった，すぐれて哲学的・倫理学的な問いがそこに内包されていたことに，あらためて注意を促しておきたい．

（石）

---

[22] 「福島原発事故は日本固有の問題か」，石井洋二郎，藤垣裕子『大人になるためのリベラルアーツ』，前掲書，46-63頁．
[23] 藤垣は「議論の記録」の中で，本章と第1章の議論の同型性を指摘している．

第4章

芸術に進歩はあるか

©AFP / Roger-Viollet / Collection Roger-Viollet

© ユニフォトプレス / akg-images

問題提起

「科学技術は進歩する」という命題であれば，大方の人が躊躇なくうなずくだろう．たとえば2つの地点間を移動するために，人間は19世紀初頭に鉄道を開発し，19世紀末に自動車を，20世紀初頭に飛行機を発明した．これらさまざまな交通手段のおかげで，私たちはより速く，より遠くまで移動することができるようになっただけでなく，より多くの物資をより手軽に運ぶことができるようになったのだから，これを「進歩」と呼ぶことに抵抗を覚える人はほとんどいないはずだ．あるいは近年のICT（Information and Communication Technology）の発達によって，私たちは膨大な情報をより短時間で，より簡単に処理したり通信したりできるようになった．その象徴ともいうべきスマートフォンの普及した現在，功罪はともかくとして，人びとの生活は明らかに便利になったのだから，これを「進歩」と定義することにもなんら問題はないように思われる．

では，「芸術は進歩する」という命題についてはどうか．こちらに関しては，無条件にうなずくことのできない人が多いのではなかろうか．

たとえばここに，ラファエロとピカソの描いた2枚の母子像がある．ルネサンス絵画を代表する前者の絵は1504年，めまぐるしく作風を変えた後者が「新古典主義時代」と呼ばれる時期に描いた絵は1922年の作品であるから，両者のあいだには400年以上の時間が流れている．では，ラファエロの描いた古い母子像に比べて，ピカソの描いた新しい母子像はそれだけ「進歩」しているといえるのだろうか？

美術史の教科書を開いてみれば容易に確認できるように，両者を隔てる400年のあいだにはバロック絵画（17世紀）があり，ロココ絵画（18世紀）があり，19世紀に入ってからは新古典派，ロマン派，写実派，印象派，ポスト印象派等々，さまざまな芸術傾向が次々に交代して，おびただしい数の画家たちが無数の作品を描いてきた．だからラファエロが見ることのできた絵画に比べて，ピカソが目にすることのできた絵画は量も種類も圧倒的に多いはずであり，当

ラファエロ『大公の聖母』(1504年)　　　ピカソ『母と子』(1922年)
パラティーナ美術館所蔵　　　　　　　The Alex L. Hillman Family Foundation 所蔵

然ながらそこから得られた情報も格段に豊かであったはずだ．また，この400年間には絵具や絵筆やキャンバスの種類も飛躍的に増えたであろうし，描写の技法という点でもさまざまな発見や改良があったであろう．

　したがって，両者のあいだに知識面や技術面での「進歩」は確かにあったにちがいない．しかし鑑賞者の立場からすれば，ピカソの母子像に独特の面白さや斬新さがあることを認めながらも，ラファエロの母子像のほうが品格があって好きだという人は少なくないのではなかろうか．いや，おそらく一般的にはラファエロの作品を高く評価する人のほうが多いのではなかろうか．となると，400年以上も新しいピカソの絵がラファエロの絵よりも「進歩」しているとは言い難いことになる．

　農業技術の進歩は作物の品種を多様化したり生産量を増大させたりするし，医療技術の進歩は病人の数を減らしたり死期を遅らせたりする．それらはいずれも定量化可能な変化をもたらすものであるから，「進歩」の概念は明確に定義することができる．ところが芸術に関しては，そもそも作品の価値を定量化することが不可能なので，なにをもって「進歩」と定義するかを一義的に決定することができない．だからラファエロの絵画とピカソの絵画の差異をこの単

ピカソが8歳のときに描いたデッサン
http://www.pablo-ruiz-picasso.net/work-12.php

ピカソ『初聖体拝領』（1896年）
ピカソ美術館所蔵

語で表すことには，もとより無理がある．というより，そもそも両者を同一の尺度で比較すること自体が無意味であるというべきだろう．

　では，2人の画家の関係はどのようにとらえればいいのか．この問いを考えるさいに参考になるのは，ピカソが残したといわれる「私は12歳の頃にはラファエロのように描いていた」という有名な言葉である[1]．つまり彼は少年の頃から，古典的な絵画を描こうと思えばいくらでも描けるだけの天分に恵まれていたというのだ．じっさい，彼が子ども時代に描いた作品はすでに均斉のとれたオーソドックスな美しさを完璧にそなえており，この言葉がただの大言壮語やは・っ・た・り・ではないことを証明している．

　たとえば左の絵はピカソが8歳のときに描いたとされるデッサンだが，その造形や筆触の確かさを見ると，彼がこの時点で早くも子どもとは思えない高度な技術を身につけていたことがうかがえる．また，右の絵はカトリック儀式の風景を描いた14歳のときの作品だが，ラファエロ風ではないものの，構図の安定感といい，描写の的確さといい，配色の巧みさといい，すでに有名画家の作品さながらの完成された技量が発揮されている．これらを見ると，彼はその

---

[1] この言葉はピカソの名言としてしばしば引用されるが，あくまでも語り伝えられたものなので正確な出典は明らかではなく，資料によっていくつかのヴァリエーションもある．

気になりさえすればいくらでも古典的絵画の傑作を産み出せたにちがいないという印象を誰もが受けるだろう．

ところが周知の通り，ピカソはそのまま「ラファエロのように描く」ことを続けなかった．なぜか？　それは，彼が正統的な絵画の伝統に連なることをよしとせず，ある時期からさまざまな実験的作品を制作する方向に転じたからにほかならない．いかなる芸術創造も過去の蓄積の上に立ちながら新しい展望を切り拓くことに価値があるのだとすれば，彼のこうした方向転換はある種必然的な展開であったように思われる．しかしそれは，直線的な「進歩」という概念で把握されるような事態とは根本的に異なるできごとなのではあるまいか．

先に引用したピカソの言葉には，「ラファエロのように描くには 4 年かかったが，子どものように描くには一生かかった」とか，「ようやく子どものように描けるようになった．ここまで来るのにずいぶん時間がかかったものだ」といった続きがある．つまり彼にとっては，「ラファエロのように描く」よりも「子どものように描く」ほうが何倍もむずかしかったということだ．そして彼は，あえてその道を選択した．ピカソにとって重要だったのは，古典的な作風の完成をめざして直線的に進むことではなく，むしろ伝統的な「美」の規範から逸脱し，芸術を呪縛する既成概念を破壊する方向に進むことであり，伝統的な「進歩」の観念には真っ向から逆行する道を歩むことであった．

同様の進路をたどった画家は，彼だけではない．具体的な肖像や風景をキャンバスに写し取る旧套墨守の営みから絵画を解放し，一見したところなにを描いているのかわからない抽象的な昨品や，子どもの稚拙な絵と見分けのつかない作品を大量に産み出した「前衛絵画」の数々は，それぞれに理念や意匠を異にするとはいえ，全体として大きな潮流となって 20 世紀初頭以降の芸術界を席巻したのである．

ここまで絵画について見てきたことは，もちろん他の芸術ジャンルにも多かれ少なかれあてはまるであろう．エリック・サティの『ジムノペディ』はベートーヴェンの『月光』よりも「進歩」しているのか？　村上春樹の『ノルウェイの森』は紫式部の『源氏物語』よりも「進歩」しているのか？　そしてそもそも，芸術において「進歩する」とはどういうことなのか？

このように考えてみると，「科学技術は進歩する」というのも本当に疑う余

地のない命題なのか，という問いがあらためて浮上してくる．私たちは芸術と科学技術を対比的にとらえることで，そもそも人間にとって「進歩」とはなんであるのか，という根本的な問いに直面せざるをえないのである． 　　　（石）

> **論 点**
>
> 1 あなたはラファエロとピカソの母子像を比べてどちらが好きですか．また，どちらが「進んで」いると思いますか．理由とともに答えなさい．
>
> 2 絵画は歴史とともに進歩してきたと思いますか．また，絵画以外の芸術（音楽，文学，映画，演劇，等々）についてはどうですか．
>
> 3 芸術における進歩と科学技術における進歩はどう違うと思いますか．
>
> 4 「科学技術は進歩する」という命題はつねに正しいと思いますか．もし「正しくない」ケースがあると考える場合は，具体的な例を挙げてください．

.... 議論の記録 ....

　本授業は，2017年5月31日におこなわれた．Aグループはbさん，fさん，jさん，mさん，Bグループはiさん，lさん，nさん，oさん，Cグループはaさん，cさん，kさん，pさん，qさん，Dグループはdさん，eさん，gさん，hさん，合計17名である．今回は少し趣向を変え，いきなりグループ討論に入るのではなく，まず導入として，問題提起文に掲げたラファエロとピカソの母子像を学生たちに見せて全員に感想を聞くところから始めた．といっても，もちろん本物の絵を見ての感想ではないし，配布したコピーも白黒印刷だったので，あくまでも大まかな構図や人物の表情だけを眺めた上で直感的な印象を語ってもらったにすぎない．

〈論点1：あなたはラファエロとピカソの母子像を比べてどちらが好きですか．また，どちらが「進んで」いると思いますか．理由とともに答えなさい〉

　最初に挙手してもらったところ，予想通りというべきか，この時点での出席者全員がラファエロのほうが好きと答え，ピカソの支持者はゼロだった．その理由を個別に尋ねてみると，表現の仕方に多少の違いはあっても，大多数に共通していたのは「ラファエロの絵のほうがリアルである」という感想である．

　　ピカソのほうは線が浮き彫りになっているというか，人物の輪郭とかがはっきり描かれていてリアルじゃないなと思ってしまって．ラファエロのほうは輪郭がぼやっとしているぶん，やわらかい印象を受けて，こちらのほうがリアルに近いのかなということでこちらのほうが好きですね．（jさん）

　　写実的でリアルに近いもののほうが私はいい絵だなと思ってしまうし，単純に2つを比べたときに，私はラファエロのほうが圧倒的に美しい絵だなと思うのでこちらのほうが好きです．（oさん）

　この延長線上で，両者の差異を技術の差に結びつけた次のような発言もあった．

　　ラファエロのほうがうまいなと純粋に思います．この絵を中学生が描いたら「めっちゃ，うまいな」と思うのですが，ピカソの絵は中学生が描いたっていわれたら「まあそんなもんかな」と思っちゃいそうで，絵を描く技術がラファエロのほうがありそうかなって思いました．（pさん）

　これらの素朴な印象は，おそらく「絵画とは現実を忠実に写し取るものである」という伝統的な芸術観から出てきたものと思われる．したがって現実に近い（リアルである）ほどいい絵であり，それだけ画家の技量もすぐれているという評価に結びつくことになる．これは前衛的な絵画を見たときに多くの人び

とが抱くにちがいない「なにが描いてあるのかわからない」という感想の基盤にある一般的な価値観に根差したものだろう．

ラファエロ支持者の口からはこのほか，「ラファエロのほうが母と子の関係というか，母親のあたたかさみたいなものが感じられる」（iさん）とか，「具体的にはいえないのですが，ラファエロのほうが母親の母性を感じるなと．ポージングや筆のタッチですかね」（cさん）といった発言もあり，「母性」「母親らしさ」という視点も出てきた．ただしこの点に関しては，絵としてはラファエロのほうが好きだけれどもという留保つきで，「母と子というイメージでいえばピカソのほうがいいのかなと思います」（aさん），「母と子の関係ならばピカソのほうがよく描けていると思います．子どもが母親にじゃれついている様子がうまいと思います」（gさん）という意見もあって，解釈は2つに分かれた．

こうして感想をひとわたり述べてもらっている途中で2名の学生（eさん，bさん）が遅刻してきたので，同じ質問をしてみたところ，2人とも期せずしてピカソ支持であった．その理由はいずれも先に挙げた「親子の愛」「母親のイメージ」というものである．またTAにも意見を求めたところ，これまた2人ともピカソのほうが好きだという．rさんは赤ん坊が世界を学習するために母親の顔に向かって手を伸ばす様子を絵にしたピカソの感性が好きだという理由，sさんはピカソのほうが生きている人間を描いたという躍動感があるという理由で，ラファエロのほうは蠟人形を描いても同じように描けてしまいそうな気がするということであった．

こうしてしだいにピカソが支持を拡げていったところで，石井は次のようにコメントした．まず「リアル」というキーワードについては，ラファエロのほうがリアルであるという意見が圧倒的だったが，TAの指摘にあるように，彼の母子像は蠟人形のようであまり生きた人間を描いている感じがしないという意味では，じつはリアルではないという考え方もできる．一方，ピカソのほうは確かに一見したところリアルではない印象を受けるが，ラファエロの絵が静的であるのに比べると躍動感があって，その意味ではこちらのほうに生命のリアリティを感じる人もいるかもしれない．つまりどちらが本物の人間に近いかということは即座に断定できないのであって，ここに「絵画におけるリアリテ

ィとはなにか」という問いが出てくるような気がする．

　次に石井は問題提起文に即して，「子どもの頃はラファエロのように描いていた」ピカソがあるときからあえて子どものように描こうとしたこと，すなわち，ふつうは子どものように稚拙な技術で描いていた人がだんだん技術的に完成されてラファエロのように描くようになるという順番に進むものだが，ピカソは意図的にその逆の方向に進んだという事情に触れ，ではいったい絵画における「進歩」とはなんなのか，という問いを発して論点2につないだ．

〈論点2：絵画は歴史とともに進歩してきたと思いますか．また，絵画以外の芸術（音楽，文学，映画，演劇，等々）についてはどうですか〉

　まず，「好き嫌い」とは別に，ピカソの絵のほうがラファエロの絵より「進んでいる」と思う人はと尋ねてみたところ，手を挙げたのは2名だけであった．「写実というだけならギリシア彫刻にもあったので，それをうまく崩して描いているという意味で進歩しているといえる」（aさん），「写実的なものという概念を超えて，ちょっと抽象的な感じで母と子を表しているところに新しい観念がある」（nさん）というのがその理由説明である．そこで今度は，絵画に限定せずに，芸術一般について歴史とともに進歩してきたと思うかどうか，というテーマで4つのグループに分かれてグループ討論をおこなった後，それぞれの報告をしてもらった．

　Aグループからは，進歩の基準として「技術」と「斬新さ」という2つの観点が提示された．

> 　進歩の定義はどうなのかという点から2つの基準が出ました．「技術」と「斬新さ」です．技術面では，絵画は写実的に描く技術や絵の具の種類で進歩しているかもしれない．音楽もエレキギターなども出てきているから，技術的には進歩しているかもしれない．文学は文字しか使えないという点で，あまり進歩していないのではないか．映画については3Dとか4Dなどもあって，技術的な進歩がわかりやすいという話になりました．
> 　次に斬新さという点では，絵画においてはダイナミックな構図など，今までになかった新しい可能性を開いていくものを新しい発見ととらえるなら

ば進歩しているといえるのではないか．音楽についても，たとえばビートルズなど「ジャンルの創始者」がいるわけで，こうしたケースは新しい道を切り開いている点で進歩といえるということになりました．（jさん）

　Bグループからはこれに加えて，1本の軸ではなく，ジャンルの拡大という観点から「進歩」をとらえることもできるのではないか，という見方が紹介された．つまり「系統図のようにジャンルが拡がっていくことも進歩ととらえられるとすれば，さきほどのピカソの絵なんかはこのジャンルの拡がりに寄与しているのではないか」（nさん）という意見である．これは絵画以外の芸術についても同様で，「音楽なども優劣をつけるのがむずかしく，同じ音楽を聴いても感想は違うので，進歩という1つの軸ではとらえられないのではないか，あるいはジャンルの拡がりという点で進歩というものが見られるのではないか」（同）という．

　この観点は，期せずしてCグループからも別の言い方で提起された．つまり，純粋な「進歩」というのは目指すゴールがあって，それに一歩一歩進んでいくというものだが，絵画は進歩ではなくて，「拡張」してきたのではないかということである．

　　ラファエロの時代だったらピカソの絵を見せても「こんなの絵画じゃない」といわれたと思うんですけど，ピカソの時代だと「これも絵画だ，これも芸術だ」とみんなが認めるようになった．音楽でも「4分33秒[2]」とかフィールド・レコーディング[3]とか，今まで音楽と認められなかったものも認められるなど，表現の拡がりがある．（pさん）

　Dグループからはさらに，絵画については技術的な意味での「進歩」は思い

---

[2] 前衛的な試みで知られるアメリカの作曲家，ジョン・ケージ（1912–92）の作品．すべてが休符で，ピアニストが4分33秒演奏を停止するだけの作品．ピアノの「音」ではなく「沈黙」を聴くというコンセプトによる．
[3] スタジオやステージなど通常の録音環境ではなく，その外部でおこなわれる自然音や環境音の録音．「フォトグラフィー」（写真）とのアナロジーで「フォノグラフィー」と呼ばれることもある．

浮かべにくいが，映画については新しいテクノロジーの登場によってこれまで表現できなかったようなリアリティが表現できるようになったという意味で「進歩」があるといえるのではないか，という意見が提示された．芸術の進歩と科学技術の進歩をどこまでシンクロナイズさせてとらえるかという観点から，この問題をジャンル別に検討してみる必要性をあらためて感じさせる見方だろう．

ひととおり各グループの意見が出そろったところで自由討論に入ると，まず，たとえば音楽に視覚的要素が加わることで映画に接近するというように，ジャンル同士の混合という現象も見られるのではないか，そしてこれは拡張というよりも，すべての芸術がより五感すべてに訴える方向に収斂していると考えられるのではないか，という見解が提起された．この観点からすれば，「拡張」とはむしろ，各芸術がそれぞれのジャンルにしかできないことを追求して細分化していくことを意味することになる．

また，文学は使用媒体が文字に限定されているので発展性がないとする意見（Aグループ）にたいして，aさんからは，シュルレアリスム文学などでは多様性が出てきており，必ずしも「進歩」を技術的な面からのみとらえるべきではないのではないか，という反論が示された．これはまさに，文学というジャンルが固有の可能性を「拡大」していった例だろう．

ここで石井は，「進歩」という概念を定義せずに「進歩しているか」という問いには答えようがないので，どのグループも必然的に「進歩」とはなにかという問いに行き着いたことを確認した上で，次のようにコメントした．

> ある地点からほかの地点に到達する時間が短くなれば進歩している，というのはわかりやすい．ではそういう事態が芸術に想定できるのか？ もし想定できるならば，究極の到達点がどこかに想定されるはずですよね．絵画ならば「究極の美」と呼べるものがどこかにあって，それに向かって近づいていくのが進歩であると．しかしみなさんが感じているのは，どうやらそういうことではなさそうですね．技術的な進歩はありうるけれども，芸術の場合はむしろ拡張としてとらえるべきだという意見がだいぶ出てきたように思います．ベクトルがあっちにもこっちにもいく，その選択肢が

拡がっていくことも芸術の場合は進歩であると，その辺が共通したところかなという感じです．（石井）

また「リアル」の概念をめぐっては，絵画と比べて本物により近いものとして写真があり，この技術が登場したとき，絵画は存在意義を問われることになったこと，しかしそれでも絵画芸術は消滅しなかったことを踏まえてみると，絵画の本質はけっして実物に近づくことではないということを述べて，論点3に移った．

〈論点3：芸術における進歩と科学技術における進歩はどう違うと思いますか〉
　まずBグループは，2種類の進歩の違いを3つにまとめて報告した．1つめは基準の曖昧さの違いで，科学技術では到達すべきゴールが明確だが，芸術では価値判断の軸が定まっていない．2つめは過去の蓄積との関係で，科学技術は過去の蓄積の上に新たなものを付け加えていくが，芸術は最終的には自己完結的なものである．3つめは「なにが求められるか」という視点から見た違いで，科学技術にたいしては進歩が求められるが，そもそも芸術は進歩が求められるようなものではない．
　Cグループは相違点ではなく，両者の共通点を考えてみて，一般化され大衆化されるところに進歩が見られるという点を指摘した．科学技術だけでなく，芸術でも，単なる写実性ではない新たな技術がより大衆に広がるというところにはひとつの進歩が見られるのではないかという．また第2の共通点として，先人の積み上げてきたものを使ってそれをさらに発展させるという点を挙げた．これはBグループが相違点として2番めに挙げていたのと同じ内容であるが，Cグループは芸術においても従来の型やコンテクストに則って新たな創作をおこなうのだから，その点ではむしろ科学技術と共通しているという意見であった．
　ただし，科学技術においては利便性が高くなることが必然的に進歩につながるので，技術の使用者によって評価ができるのにたいし，芸術は評価されるために創るものではなく，作者の自己表現を高めていくところにモチベーションがあるので，もとより「前より進歩した」と評価する者の存在が前提とされて

いない．その点において，両者の「進歩」の基準はおのずと違ってくるであろうという．

Dグループが注目したのも，Cグループと同じく「有用性」という観点であった．科学技術においてもなにが有用であるかは一義的には定めがたいが，芸術はそもそも直接には人の役に立たないので，結局，いわゆる「歴史」に残らない社会の側面をどれだけ反映して後世に残していけるかという点に価値があるのではないかという．したがってその進歩の基準は，対象の広がりと手法の洗練度にあるのではないかという意見であった．

Aグループは，科学技術における進歩はゴールがはっきりしているが，芸術はゴールが見えにくいという話から，もし芸術にゴールを設定するとすれば，作り手が伝えたかったものを理解してもらうことではないか，したがって自己表現の手段が増えることが芸術の進歩なのではないか，という見方を提示した．また，科学技術の進歩と芸術の進歩は結局のところ表裏一体なのではないかという意見も紹介された．映画における3D技術のように，明確な芸術の進歩は結局のところ科学技術の進歩なのではないかということである．

自由討論に移ると，まずkさんから，この最後の点にたいして，芸術の進歩というのは従来の視点を変えるところにあるのであり，可能な技術をすべて使えば芸術が進歩するわけではないのだから，科学技術の進歩と芸術の進歩を結びつけるのは乱暴ではないかという意見が出された．これにたいしては，新しい技術によって表現方法が増えればそれだけ新たな可能性が開けるのだから，単純にこれを「進歩」ととらえていけない理由はないのではないか，という反論がbさんからあり，その点ではkさんも納得したが，そこから次のようなやりとりがあった．

> kさん「3Dの話でも，本質は科学技術が進歩したから3Dができたというよりは，逆に3Dの視点をもったことで科学技術の開発も進んだし映画も進歩したと思うので，それは科学技術が発達したからという方向からとらえると，順番が違ってくるのかなと思います」
> mさん「ああ，3Dという新たな視点を与えたのは芸術の進歩のほうだということですね？」

kさん「そうですね」
  bさん「おおー．それは面白い」

　ここで石井は，映画が初めて作られた当時，汽車が 2D の画面の奥から手前に向かって走ってくるシーンがあって，観客が本気で怖がって一斉に逃げ出したというエピソード[4] を紹介し，今はそんな人はいないが，人間にとって感覚が慣れてきたものを科学技術の発展が追いかけて，それが芸術そのものの進歩になるということは確かにあるかもしれないとコメントした後，藤垣に発言を求めた．

　藤垣はまず，「進歩」という概念が『広辞苑』(第七版，岩波書店，2018 年)では第 1 に「すすみ，あゆむこと」，第 2 に「物事が次第に発達すること．物事が次第によい方，また望ましい方に進み行くこと」と定義されていることを紹介し，前者の時間軸に加えて後者の価値判断が入っているところに科学と芸術の違いが出てくるという見解を述べた．たとえば問題提起文にある「食料の質の向上」「生産量の増大」「病人の数を減らす」「死期を遅らせる」等々のことがらをもし「良いこと」とみなすのであれば，それは科学技術の進歩であるということができる．また，重力波の測定によって 100 年前の一般相対性理論が実証されたというようなケースでは，理論が実証されることが世界の理解を進めたという意味で「良いこと」であり進歩であるということができる．しかし芸術の場合はおそらく「なにをもって良いとするか」の価値判断が違うので，そのあたりに科学技術との相違点が出てくるのであろう．

　しかし両者には共通点もあって，それは「斬新さ」を追求するという点ではないか．藤垣によれば，日本学術振興会主催の日米・日独・日仏などによる FOS（先端科学シンポジウム）では必ず，ある分野における「斬新さとはなにか」，つまり «What is cutting-edge?» ということが問われるという．つまり芸術において「斬新さ」が進歩の一形態であるとすれば，科学技術においても同じことがいえるのではないかという見解である．

---

[4]　1895 年にリュミエール兄弟が製作した『ラ・シオタ駅への列車の到着』．上映時間 50 秒の白黒サイレントフィルムで，フランスの海岸沿いの町であるラ・シオタ駅に列車が入ってくる情景を映したもの．ただし，観客が逃げ出したという話の真偽は定かではない．

図1

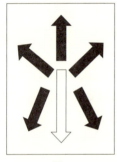

図2

　ここで藤垣から,「進歩」という概念をめぐって石井にたいする批判が提起され,議論はにわかに熱を帯びてきた.

藤垣「さきほど石井先生が『進歩にはある種の究極的な到達点がある』とおっしゃったんですが,危ない発言だと思って聞いていました.これは進歩史観のあらわれなんですね.進歩史観というのは,歴史を人間社会のある最終形態に向けての発展のプロセスと見ることを指します.みなさんの議論の中にも,ゴールがあるかどうかというのが大変な議論になっていましたね.科学に究極の到達点があるかというのは,ひとつの重い問いなんですが,«What is cutting-edge?» と聞くときには究極のゴールは設定していないんです.むしろ微分が大事で,$t-1$ から t までのあいだになにが変わったのかというのが «cutting-edge» ですよね.それにたいして,究極の到達点があるというのは,微分値ではなくて決まったゴールを目指すわけだから,かなりの違いがあります.科学においてもどちらを進歩と定義するのかという問いに関係してきますので,なかなか重い問いを含んでいると思います」

石井「はい.では,反論させていただきましょう.私は『最終的なゴールがある』といったわけではなくて,そういうものが想定されているからこそ『進歩』という概念が生まれるということをいったわけです.ゴールがあるのかないのか,それはわからない.でもなんらかの到達点に向かっていると思わない限り『進歩』という概念は出てこないですよね(図1).これは『進歩史観』とはまったく別の話です.

　しかし,さっきから各グループで出ているのは,芸術の場合は『こういう可能性もある,ああいう可能性もある』というふうに拡がっていくという発想です(図2).つまり,なにか想定されているものに直線的に向かっていくわけではないけれども,選択肢が増えていくこと自体が進歩だと

いう言い方もできる．絵画についていうと，たとえば遠近法の発明というのは，リアリティへの接近という意味では確かにひとつの進歩なのだろうと思います．しかし写真が登場すると，絵画の本当の価値はなにかという問いが出てこざるをえない．それでピカソがなにをやったかというと，自分はリアリティに近づけることはいくらだってできるけれども，あえてそうはしない．むしろ逆に，子ども

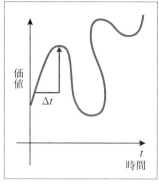

図3

のように描くことを目指すベクトル（図2）の白い矢印を選んでああいう絵画を創造した．でも，私はこれも進歩だと思うわけです．つまり，一定の方向を目指すベクトルにたいして別のベクトルを提示することも，芸術においては進歩である．だから場合によっては，『後退する進歩』もありうるということですね．藤垣先生，いかがでしょうか？」

藤垣「はい，反論しましょう（笑）．最終的に向かう先が問題なのではなくて，ある種の価値があって，それがプラスである限り進歩であるという定義の仕方があるんですよ．その場合，これは直線である必要はなくて，こんなふうになっていてもいいし，あっちに向かわなくてもいいわけですよ（図3）．だから，この Δt，微分値が大事なのか，それとも最終目標を目指すのかというのには，かなりの違いがあるとわたしは思っています」

というわけで，ここからしばらくは教員2人のあいだで論戦が繰り広げられる展開になったが，すべてのやりとりを再現することはできないので，このあたりで切り上げておこう．要するに問題は「究極的な到達点を直線的に目指すより微分値における進歩が重要」とする藤垣の主張と，それは認めながらも「究極的な到達点を（たとえフィクションであっても）想定しなければ，そもそも座標自体が設定できないので，進歩という概念が成立せず，矢印も描けない」とする石井の説明方法の食い違いにあったようで，「最終的なゴールはあってもなくてもよい」という点では基本的に認識のずれはなかったように思わ

第4章　芸術に進歩はあるか

れる.

　教員同士の議論を聞いていた学生も加わって,「微分」と「ゴール」をめぐる議論がしばらく続いたが,たまにはこうして教員同士が本気でぶつかってみるのも刺激になっていいのではないかという感想を抱きつつ,時間の関係で最後の論点に移ることにした.

〈論点4:「科学技術は進歩する」という命題はつねに正しいと思いますか.もし「正しくない」ケースがあると考える場合は,具体的な例を挙げてください〉
　この論点はグループごとの議論を省略して,はじめからフリーディスカッションの形で進行した.まず,科学技術に関しては基本的に「退歩」という事態はありえないのではないか,という問いを投げかけてみたところ,bさんからは「新しい物事を人類が知るということを進歩ととらえた場合,別のある分野の議論が閉じてしまう場合があるのではないか」という答えが返ってきた.ただしその例として挙げられたのは自然科学の話ではなく,邪馬台国の所在をめぐる歴史学上の論争である.

> 邪馬台国がどこにあったかという議論で,有力な候補が近畿地方に出てきた結果,九州地方の研究が廃れたとします.そうすると,本当は九州にあったのに,奈良地方を研究しすぎて九州で今後見つかっていたかもしれない遺跡の発見が遅れてしまったという場合,人類が遠回りしたことになるのではないか.(bさん)

　この例に関しては,「遠回りしつつも進歩している」と考えるべきではないかという反論があった一方,完全に九州地方の研究がなくなってしまったらやはり進歩とはいえないのではないかという意見もあり,さらに学問の「停滞」という概念も提起されたが,いずれにしても科学技術の問題とは少しずれた話になったようである.
　そこで本題に戻って次に挙げられたのは,「ロストテクノロジー」の問題である.これは過去には存在したが現在では消えてしまった技術を指し,たとえば現在ではもう戦艦大和は造れないという例が挙げられた.これにたいしては,

科学技術の問題ではなくて単にアーカイブ不足の問題ではないか，という指摘があったが，たとえアーカイブが存在しても，有限なリソースをどこに割くかは根本的な問題ではないかという反論がなされた．

ここで藤垣から，原発事故は科学技術の進歩にたいする反例かと問われたらなんと応えるか，という問題提起があった．これにたいしては，「事故が起こるまで人間は原発の利益を受けていたので反例ではない」（dさん），「原発事故が起きなければ，原子力がそういう可能性を孕んでいることを理解しえなかったので，どちらにせよ通らなければいけない道だった」（bさん），「人間にとってより良い価値を目指して作ったものが甚大な被害をもたらしていたら，それは退歩というか，進歩の反例といえるのではないか」（eさん），「安全性の軸でいえばたぶん退歩していたと思うが，利便性の面では原発が二酸化炭素とかを排出しないのは事実だし，そういう面では進歩だったと思う」（kさん）等々，さまざまな意見が出された．

ここでqさんから，「工学的側面は別として，原発を作るに値するかという政策的なリスクとベネフィットという問題は，科学技術というよりも社会科学の分野に属するような気がする」「原発事故が人類にたいする害をもたらしたとすれば，それはたぶん社会科学の退歩だったのではないか」という重要な指摘があった．石井は，自動車ができたことは進歩だが，それで毎日相当数の人間が死んでいるのも事実である，しかしそれでも人は自動車の発明自体を「退歩」とはいわないという例を出し，あらゆる科学技術の進歩はそれ自体が進歩であっても必ずリスクがともなうので，まさにリスクマネジメントのあり方が問題になると述べたところで時間となった[5]．　　　　　　　　　　　　　　　（石）

議論を振り返って

この課題では，まず論点1で具体的な絵画作品についての感覚を言語化し，それをもとに論点2で芸術の進歩とはなにかについてより抽象化して考えるという形で議論を進めた．論点1では，石井も指摘するように「絵画におけるリ

---

[5] もちろん自動車と原発では生じうるリスクが人間にとってコントロール可能かどうかが根本的に異なるので，両者を同一レベルで論じることはできないことを補足しておく．

アリティとはなにか」をめぐってさまざまな意見が出た．写実的であること，生きている人間を描いている感じがすること，躍動感があって生命のリアリティを感じること，などさまざまな軸が提示され，それらがラファエロとピカソの絵の評価軸となって議論が展開された．

続く論点2で芸術の進歩の定義として出てきたのは，まず「技術的向上」と「斬新さ」の基準である．これに加えて出てきたのは，「ジャンルの拡大」という概念である．ジャンルの拡大は「拡張」と言い表すことができ，「今まで音楽と認められなかったものが認められるなど，表現の拡がり」を指す．ここでいう「ジャンル」とは，固有の芸術（音楽，映画，文学といった固有の芸術）における既存の枠組みを意味すると考えられる．固有の芸術において，既存の枠組みを越えて拡張するイメージである．

その後の自由討論で出てきたのは，「ジャンル同士の融合」である．各ジャンル（音楽，映画，文学といった芸術の固有ジャンル）同士が，より五感すべてに訴える方向に収れんすることを「ジャンル同士の融合」と呼んでいる．したがって，上記の「拡張」とは，芸術の各固有ジャンルにおいて，それぞれのジャンルにしかできないことを既存の枠組みを越えて追求していくことになるのにたいし，「融合」はそのジャンル間の融合である．

これらの議論を経た後に，論点3で芸術における進歩と科学技術における進歩との違いの議論に移った．従来の型をのりこえる斬新さの追求という意味では，芸術の進歩と科学技術の進歩には同型性がある．しかし，ゴールの明確さ，利便性，有用性という側面では違いがあるという意見が出た．

論点3の議論でもっとも重要な点は，進歩の定義である．『広辞苑』（第七版）を引くと，①すすみ，あゆむこと，②物事が次第によい方，また望ましい方に進み行くこと，とある．一般に直線的な時間変化の中で良いと評価される変化を進歩と呼び，その逆を退歩と呼ぶ．なにをもって「良い」あるいは「望ましい」と呼ぶかには価値観が混入する．その意味で進歩は多義性をふくむ言葉である．フィンランドの学者ゲオルグ・ヘンリック・フォン・ライトは，進歩を3種類に分けている[6]．1つは科学技術の知識の進歩である．2つめは1

---

6) G. H. von Wright, "Progress: Fact and Fiction," A. Burgen *et al.* (eds.), *The Idea of Progress*, Berlin Walter de Gruyter, 1997, pp. 1–18.

つめの進歩に基づいて個人および社会の物質的幸福が増大することである．3つめは道徳的完全性が増すことである．これらの進歩の定義の前提にあるのは，「時間が直線的に進む」という時間感覚（liner sense of time）であり，円環的時間感覚（古代バビロニア，ギリシャ，ヒンドゥー教，仏教で見られる）とは異なる仮定である[7]．

議論の中でも話題になっている進歩史観（progressive view of history）は，歴史を人間社会のある最終形態へ向けての発展の過程とみなす歴史観である[8]．1つの目標に向かう定向進化を考える．そのため，「目標に向かうかどうか」が問題となる．

ちなみに進歩と進化は異なる概念である．進歩は一般に，1つの目標に向かう定向的な変化を考えるが，生物進化はそのような目標をもたない．ゲノム上に生じたランダムな突然変異によって，個体がある形質を獲得し，そのような形質をもつ個体の子孫が，ある環境のもとで生き延びることに成功すると，そのような形質をもつ次世代の個体数が増える．つまり，その形質が次代に継承される．ミクロで見るとこのようなメカニズムで動いているのだが，大きな視点から見ると「環境に適応できない集団が淘汰される」ということになる．したがって，マクロから「環境に適応するという目標に向かう定向進化」に見えても，実際におこなわれているのは，最初から目標があるわけではなく，少し変わった遺伝子が出てきたとき，それを受け継ぐ個体が生き残り子孫を残すか否かのプロセスの積み重ねであり，それが集団として多数派を形成するのか否かなのである．

論点3における石井と藤垣の論戦は，究極的な到達点（ゴール）を想定するか否かをめぐって展開されたわけだが，藤垣が「究極的な到達点を直線的に目指すのではなく微分値における進歩が重要」と主張した背景には，上記のようなミクロなプロセスについての考慮があったことをここで指摘しておく[9]．科

---

7) S. Oki, " "Innovation" as an Adaptation of "Progress", Revisiting the Epistemological and Historical Contexts of These Terms," in *Innovation beyond Technique*, Springer, 2019（in press）.
8) たとえばホイッグ史観では，現体制を理想の最終形態とし，過去の歴史をこの現在の体制に至るまでの漸進的発展とみなすことで現体制を正当化する．一方，唯物史観では未来に最終形態である共産制を設置し，現在の社会をそこに向かう途中の一時的な段階であると解釈する．

学者の日々の研究活動は，必ずしも究極的な到達点を想定しているわけではない．目の前の問いを解きたい，謎を究明したい，という知的衝動を基盤とした毎日の研究活動の積み重ねが，論文の出版という形で公開され，他者からの引用の積み重ねをへて，科学的知見として構築されていくのである[10]．それをマクロな視点でみると，ある目標にむけた科学技術の進歩としてとらえられるのである．

　最後に論点4であるが，この議論は，科学技術をどうとらえるか，進歩をどう定義するかによって論の進め方が異なってくる．「原発事故が科学技術の進歩にたいする反例か」という問いにたいしての多様な意見は，教師の側にとっても興味深いものだった．「どちらにせよ通らなければならない道だった」「進歩の反例である」「安全性の軸では退歩でも利便性の面では進歩である」に加えて，最後にある「原発事故が人類にたいする害をもたらしたとすれば，それはたぶん社会科学の退歩だったのではないか」という意見については，これを起点として，新たなる問題提起文が書けそうである．もし原発事故の責任を自然科学や工学ではなく社会科学の側に押し付けることが目的であるのなら，そのような言説は批判されるべきだろう．一方で，原発事故の背景にあるさまざまな事実を考察する上で，この言説はひとつの手掛かりとなる．たとえば，日本では原子力の研究も津波の研究も地震の研究も世界のトップクラスにあったにもかかわらず，それらの知識の連携がうまくいかなかったのはなぜなのか，あるいはそれら学術レベルの知見と行政とのあいだの連携がうまくいかなかったのはなぜなのか[11]．これらの問いから，次なる問いが導出される．なぜ日

---

9) 同じようなことがオートポイエーシスという思想の中にも表れている．13人の職人からなる2つのグループを作り，家を建てる場合を想定する．一方のグループには，ひとりひとりの職人に完成時の家の見取り図を示し，リーダーの指示に従って，職人は，見取り図に示された情報プログラムを解読する．職人は情報プログラムにそって行為し，やがて見取り図に示されたような家ができる．もう一方のグループには，家の見取り図も設計図もなく，ただ職人相互が相互の位置や関係によってなにをすべきかがわかるような指示が与えられているだけだとする．……最終的にこの場合でも同じ家ができる（H. R. マットゥラーナ，F. J. ヴァレラ『オートポイエーシス——生命システムとはなにか』，河本英夫訳，国文社，1991年）．前者が究極的な到達点を想定した家の作り方であり，後者は微分値のみに注目した考え方である．

10) Y. Fujigaki, "Filling the Gap between the Discussion on Science and Scientist's Everyday's Activities: Applying the Autopoiesis System Theory to Scientific Knowledge", *Social Science Information*, Vol. 37, No. 1, 1998, pp. 5–22.

本では分野と分野の壁が高く，異分野間交流がうまくいかないのか，なぜ日本では固定された組織や制度に責任をおしつけて組織を攻撃することに終始するのか．なぜ日本では組織や制度をどのように再編すればいいのかをみなで考えることができないのか．壁を再編する力はどのように育成可能か[12]．そして，これらの次なる問いは，社会科学の社会貢献の話とつながる．知識の連携や学術と行政の連携や壁を再編する力の育成に，日本の社会科学はどのように貢献できたのか，あるいは貢献するべきだったのか．社会科学の進歩とはそもそもどういうことか．このように考えてくると，上記の言説はたくさんの思考を誘うことが示唆される．

（藤）

---

11) 添田孝史『原発と大津波——警告を葬った人々』，岩波新書，2014年．
12) 藤垣裕子『科学者の社会的責任』，前掲書．

第 5 章

人工知能研究は人為的に
コントロールすべきか

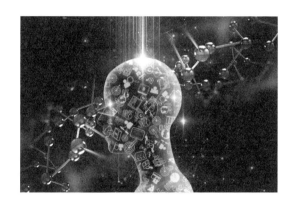

問題提起

人工知能（Artificial Intelligence, 以下 AI）研究は，1940年代から50年代にかけて，数学，心理学，工学，経済学，政治学出身の科学者が，人工頭脳（Artificial Brain）を作る可能性を議論したのがはじまりとされる．ダートマス会議（1956年）でニューウェルとサイモンが Logic Theorist（『プリンキピア・マティマティカ』の最初にある52の定理のうち38の定理を証明してみせた）を公表し，ジョン・マッカーシーがこの分野の名称を Artificial Intelligence にしようと主張したことが AI という語の誕生とされる[1]．

ジョン・マッカーシー
写真：AP／アフロ

---

1) ダートマス会議とは，1956年の夏に10人の人工知能研究者がニューハンプシャー州ハノーバーのダートマス大学に集まって約1か月のあいだブレインストーミングをおこなったもので，人工知能という学術研究分野を確立した会議といわれる．アレン・ニューウェル（Allen Newell, 1927–1992）は，米国の計算機科学および認知心理学の研究者で，初期の人工知能研究者．ハーバート・アレクサンダー・サイモン（Herbert Alexander Simon, 1916–2001）は，米国の政治学者・認知心理学者・経営学者・情報科学者で，大組織の経営行動と意思決定に関する生涯にわたる研究で，1978年にノーベル経済学賞を受賞した．Logic Theorist は，人間の問題解決能力を真似するよう意図的に設計された世界初のプログラムであり，世界初

1956年から1970年代のはじめには，手段目標分析[2]を基本アルゴリズム[3]として採用し，代数や幾何の問題を解いたり，英会話を学習するなどのプログラム[4]が可能となった．1980年代にはエキスパートシステム[5]が複数開発され，専門的技能の代行のための宣言的知識と手続き的知識をどう表現するかの研究が発展した．

　現在の人工知能ブームは，機械学習系 AI（これまでの論理・推論・探索系 AI と対置される）の興隆によるところが大きい．囲碁や将棋におけるプロとの対戦報告などが新聞をにぎわせているが，これらも機械学習系アルゴリズムを用いている．機械学習とは，人間がおこなっている学習と同じような機能をコンピュータで実現することであり，大量の入力データ（画像，棋譜，遺伝子情報，医学論文など）に対応する答え（たとえば，ある画像にたいして「ネコ」というのが答えとなる）から反復的に学習し，特徴（パターン）を見出す．これまでは人間が特徴抽出をおこなった上でプログラミングしていたが，その特徴抽出もコンピュータがおこなうのである．その中でもとくに深層学習では，人間の脳神経網を模擬した多層のニューラルネットで処理をおこなっている．このような学習をおこなうためには，もととなる大量のデータと大量の計算を瞬時におこなう計算速度が必要となる．近年のインターネットおよび GPS（Global Positioning System, 全地球測位システム）他のデジタルデータの蓄積によるビッグデータと，コンピュータの計算速度の増加が現代の AI を支えているのである．

　機械学習を用いて，囲碁や将棋における人間のプロとの対戦のほか，たとえ

　の人工知能プログラムといわれる．『プリンキピア・マテマティカ』（*Principia Mathematica*: 数学原理）は，アルフレッド・ノース・ホワイトヘッドとバートランド・ラッセルによって書かれ，1910年から1913年に出版された，数学の基礎に関する全3巻からなる著作である．ジョン・マッカーシー（John McCarthy, 1927–2011）は，米国の計算機科学者・認知科学者で，初期の人工知能研究の第一人者．

2) ゲームに勝つ，定理を証明するなどなんらかの目標を達成するために，推論や位置の移動などによる探索を重ねて一歩一歩進み，袋小路に入ったらバックトラッキングをおこなうやり方．
3) 問題を解くための手順を定式化したもの．コンピュータで計算するときの計算方法．
4) コンピュータにたいする命令（処理）を記述したもの．
5) 特定領域の知識について質問に答えたり問題を解いたりするプログラム．専門家の知識から抽出した論理的ルールを使用．

ば米IBMが開発したAI「ワトソン」に，東京大学医科学研究所がある患者のがんに関する遺伝子情報を入力し，その患者への治療法への助言をAIから得る[6]，農家で出荷前のキュウリの形状判別をAIを用いておこなう，などといった応用例が報告されている．その他にも，自動運転のための画像認識，バラ積みロボットの学習，異常検知などが応用例として挙げられている．

　AIの急速な発展をめぐっては，シンギュラリティ（特異点）[7]の議論や，ドローンなどの無人操縦機にAIを組み込んだ無人殺戮兵器開発への脅威の議論がなされている．また，人工知能やロボットの発達によって人間の仕事の代替がおこなわれ，職が奪われる，といった報道もある[8]．さらに，与えられた目的と枠組みの範囲内とはいえ自ら学習して行動するAIには，暴走の懸念がつきまとう[9]．「人工知能研究は人為的にコントロールすべきか」という議論は，このような背景があって生まれていると考えられるだろう．

　総務省および内閣府では，AI開発のガイドラインや原則を作りはじめている[10]．人工知能学会では倫理委員会を作って2016年に公開討論をおこない，会員とのコメントのやりとりをへた後，2017年2月28日に倫理指針を公表した．倫理指針作成の意図は，「人工知能研究者は何をするか分からないと世間からは思われている．決してマッドサイエンティストではなく，よりよい社会のためにと思って研究していることを，まずはきちんと表明すべき」[11]ということにある．倫理指針は，9条からなる．

---

6)　『日本経済新聞』2016年8月5日朝刊．
7)　シンギュラリティは，「急速に発展するAIが2045年に人間を追い越し，人間の手に負えないものになる」といった文脈で語られることが多いが，もとは，「人間がAI等技術の進歩を用いて，人間としての生物学的進化の限界を超え，進化曲線の傾きが無限大になる」という意味である（NikkeiBPnet, 2016年8月8日）．
8)　たとえば，人が携わる約2千種類の仕事（業務）のうち，3割はロボットへの置き換えが可能ということが報道されている．『日本経済新聞』2017年4月23日朝刊．
9)　『日本経済新聞』2017年6月4日朝刊．
10)　総務省「AIネットワーク社会推進会議」，内閣府「人工知能と社会に関する懇談会」．総務省では，開発ガイドライン，使用のガイドラインを報告している．http://www.soumu.go.jp/main_sosiki/kenkyu/ai_network
　　内閣府のレポートは，開発原則のほか，倫理，法，経済，社会，教育の各論点別，移動，製造，個人向けサービス，対話・交流などの分野別にまとめている．http://www8.cao.go.jp/cstp/tyousakai/ai/summary/index.html
11)　人工知能学会倫理委員会「人工知能学会　倫理指針について」．http://ai-elsi.org/archives/471

1　人類への貢献

2　法規制の遵守

3　他者のプライバシーの尊重

4　公正性

5　安全性

6　誠実な振る舞い

7　社会に対する責任

8　社会との対話と自己研鑽

9　人工知能への倫理遵守の要請

　海外では，IEEE[12]が「倫理的に調和したデザイン」という名のレポートを出しており，自律知能システムへの価値観の組み込み，倫理的研究と設計を導く方法論，個人情報と個別アクセス制御，自律型兵器システムの見直しなどが論点別にまとめられている他，システム設計における透明性確保やプライバシー管理に関する「標準」を作ろうとする意図がある．また，FLI（Future of Life Institute）[13]が「AI アシロマ原則」[14]を出しており，研究課題，倫理と価値，長期的な課題について原則をまとめている[15]．このように，開発原則，国際標準，倫理規定などはまさに世界中で作られつつある段階にある．

　さて，現在，人工知能という言葉は，以下の2つの意味で用いられている．

- 汎用人工知能（「強い」人工知能と呼ばれ，自律性・自意識・創造性などあらゆる面で人間と同等以上の知性を示す，いわゆる「人工知能」）

12）　The Institute of Electrical and Electronics Engineers．米国に本部をもつ電気工学系の諸分野をたばねる学会．電気工学を源流とする通信・電子・情報工学とその関連分野が対象分野となる．Wi-Fi などの国際標準規格を作っているのもこの学会である．

13）　米国ボストンにある研究所．人類の将来に影響を与える技術について研究を重ねている任意団体であり，AI のほか，バイオテクノロジー，核兵器，広域気候変動を扱っている．https://futureoflife.org/team/

14）　遺伝子組換え技術を1973年にコーエンとボイヤーが確立したさいは，その潜在的リスクを懸念した研究者たちが1975年に米国カリフォルニア州アシロマで「アシロマ会議」を開き，「物理的封じ込め」「生物学的封じ込め」などを議論した．その翌年にはその後世界共通の枠組みとなる「組換えDNA実験ガイドライン」が作られた．AI アシロマ原則は，この「アシロマ会議」を意識して命名されている．

15）　たとえば，「倫理と価値」には，安全性，透明性，司法透明性，責任，価値との調和，人間の価値，個人のプライバシー，自由とプライバシー，共有される利益，繁栄，人間による制御，非破壊，軍備競争などが扱われている．

- 特化型人工知能（ある特定のタスクで知性を示すソフトウェア，あるいはそれを組み込んだ自動機械）

たとえば囲碁の対戦でプロに連勝したアルファ碁は，ある特定のタスク（囲碁）専用のAIであり，特化型人工知能である．特化型人工知能を新しい分野に応用するときには，その分野に関する知識はもちろん，なにが重要でなにがむずかしいのかといった課題の理解が不可欠とされる．具体的には，それぞれの分野でもっとも優れた専門家や企業，学者と組んで課題を整理し，アルゴリズムが課題の解決に有効かを見極める作業が重要になる[16]．特化型人工知能は機械をより知的にするための営みから生まれてきた技術であり，人間にとっての道具にすぎない．

それにたいし，人間のもつ記憶，想像力，概念，言語など多様な能力を獲得し，用途を限定しないさまざまな課題を自律的にこなせるのが汎用人工知能である．汎用人工知能はまだ完成してはいない．機械学習や深層学習のアルゴリズムの発達を「正しいはしご」とし，その延長上に汎用人工知能とする考え方がある[17]と同時に，汎用人工知能の実現は，今見えている技術の延長上にはないとする考え方もある[18]．

自意識のある汎用人工知能が誕生したとき，それと人間の違いとはなんだろうか．あるいは「考えること」のワークロードは高いため，かつAIの思考のほうが性能が高い場合もあるため，AIが発達すると「考えない人間」が増えるのだろうか[19]．AIの発達の将来をめぐっての問いはつきない．一般市民としても，人工知能学者の描くSF的未来を，ただ受け身で見ているだけではなく，その社会的側面を吟味し，どのような未来を選択するかを考える必要があるだろう．ビッグデータ時代の市民のあり方は，一人ひとりがデータ供給者として，いかにそれを受け身ではなく能動的に活用するかを考えることだ．どこ

---

16) 『日本経済新聞』2017年6月4日朝刊．
17) 英国ディープマインド社のCEO，デミス・ハサビスによる．『日本経済新聞』2017年6月4日朝刊．
18) 日本PFNプリファードネットワーク社最高戦略責任者，丸山宏による．https://research.preferred.jp/2017/04/ai4future/
19) もちろんAIも間違うことがあり，完璧ではない．現在，世界最強といわれるAIでさえ，AI同士で意見が分かれる（機械学習のプログラムの作り方によってAIに個性が出る）．

まで機械にまかせるか，介護や看護にどこまで生かせるか，私たちはどのような社会に住みたいのか，どのように技術と社会を設計するのか．そして，AIが可能にする社会のどれが好ましいものであるか．こういったことを取捨選択する，受け身ではないポジティブな関わり方が今後求められるだろう． （藤）

> **論点**
>
> 1　人工知能という言葉であなたが思い浮かべるものはなんですか．
>
> 2　人工知能が軍事に応用されることについてどう思いますか．
>
> 3　人工知能学会の倫理指針についてどう考えますか．また，科学技術をガバナンスするさい，研究者による自主的規制と社会の側の規制はどうあるべきと考えますか．
>
> 4　人工知能にどのようなことをしてほしいと思いますか．また人工知能と共存するどのような社会に住みたいと思いますか．

議論の記録

　本議論は，2017年6月28日におこなわれた．Aグループはcさん，iさん，kさん，pさん，Bグループはbさん，fさん，nさん，Cグループはeさん，gさん，jさん，mさん，qさん，Dグループはaさん，dさん，lさん，oさん，合計16名である．なお，この日の議論には，人工知能の倫理的側面やガバナンスの専門家として，江間有沙先生[20]に加わっていただいた．

〈論点1：人工知能という言葉であなたが思い浮かべるものはなんですか〉
　Aグループからは，まずAIというとロボットを思い浮かべるという意見が

---

[20]　2017年6月当時，東京大学大学院総合文化研究科・教養教育高度化機構・科学技術インタープリター養成部門特任講師，2018年度より東京大学政策ビジョン研究センター特任講師．専門は科学技術社会論．

出た．ドラえもんや鉄腕アトムなど良いイメージをもつロボットだけでなく，ターミネーターのような悪いイメージをもつロボットへの言及もあった．またそのような生き物を模したものだけでなく，工場で使われる歯車のある機械，みずから作業するロボットなどのイメージも示された．また，ソフトウェアを挙げる人もいた．iPhone に入っている Siri [21] や，SF の『2001 年宇宙の旅』のコンピュータプログラムを思いうかべる人もいた．

　B グループからは，将棋やロボットなど実用面で使われるイメージを思い浮かべる人，数学などの問題で人間の理解を超えたモデルを作りだせるようなものを思い浮かべる人，Siri や Pepper [22] などソフトや SF の世界など，人間と会話でき，感情や自我をもったものという面でとらえている人もいたと報告された．

　C グループは，ロボット掃除機のルンバ，Pepper，SB ドライブ [23] の自動運転システム，Siri，ターミネーター，ドラえもんなどの固有名詞をひととおり挙げたあと，「ほんとうにドラえもんは AI か？」について話し合った．AI をとりあえず「快適な環境を自分で解釈・認識してそれにたいするアウトプットを出すもの」と定義して，ドラえもんを AI とした．また，AI にたいするイメージとして，「仕事が奪われる」ことの不安が出された．しかし，逆によい面を考えると，みなが仕事しなくても生きていけるような社会になることが考えられる．ただ，AI にすべての生産をまかせ，得られる利益を国が独占し，それをみなに配分するような社会になることを考えると，それは社会主義の理想であるので，もしかしたら AI の活用が進むと社会主義にいってしまうのではないかという考えも表明された．さらに AI の活用例として，人間の性格判断や適正検査をして，適する職業や適する結婚相手を提案してくれるものが挙げ

21）Siri は，iOS や macOS Sierra 向け秘書機能アプリケーションソフトウェア．自然言語処理を用いて，質問に答える（＊＊ってなに？等），依頼する（明日朝 7 時に起こして等），推薦する（＊＊に行くにはどの経路が一番早いか等），Web サービスを利用する等をおこなう．「Siri」とは，Speech Interpretation and Recognition Interface の略．
22）Pepper は感情認識ヒューマノイドロボット．ソフトバンクロボティクスが販売などの事業展開を手掛けており，ヒト型ロボットとして店舗などへの導入が進んでいる．
23）ソフトバンクと先進モビリティの合弁会社．スマートモビリティサービスの事業をおこなう企業．走行ルートが事前に決まるバスやトラック向けの自動運転車両の販売や貸与事業の実用化を目指している．

られた．この点については，すべて遺伝や性格で決定されると偶然性の要素がなくなってつまらなくなるのではという意見もあわせて出された．

Dグループからは，チェスや将棋におけるAI，無人殺戮兵器，『her』という映画[24]で人間（セオドア）がAI（サマンサ）に恋する話などのイメージが披露された．AIが感情をもつことは可能か，あるいはAIからの感情を受け取れなくても人間が一方的に感情をもつようになるのではないか，といった議論が紹介された．また，AIの可能性として，AIは人間が意図したこと以外のことができるかどうかについて話した．現段階では最初に人間が入力をしている段階ではあるが，人間がそもそも入力するときには考えていなかったデータまでくみとって，結果的に人間が意図したこと以上のことを自律的にすることが可能なのではないかということが話し合われた．AIの自律性については，後半の議論でも扱う．

〈論点2：人工知能が軍事に応用されることについてどう思いますか〉
まずBグループからは，AIが軍事に応用されると怖いという意見が出た．

> まず，直感的にとりあえず怖いんじゃないかという意見が出て，それは，人間でない機械やAIがいろいろな攻撃などについて判断することになると，人道的に考えると非常に残虐な行為にたいして歯止めが利かなくなる恐れがあるということで，そこはまず怖いかなということでした．それにたいして，将来どうなるかわからないけど，現状としては最終的な決定権というのは今までとりあえず人間がもっているといえるので，そこらへんのコントロールはできるのではないかという話になりました．ただ，AIがいろいろ提案することにたいして，AIのほうが正しいという風潮になっていくと，結果的に人間が最終決定を下すにせよ，AIに左右されて，結果的にAIの決定をそのまま鵜呑みにしてしまうというような危険性はあるのかなということになりました．（fさん）

---

[24] 『her/世界でひとつの彼女』は，スパイク・ジョーンズ監督・脚本による2013年のアメリカ合衆国のSF恋愛映画．コンピュータのオペレーティングシステム（人格をもつ最新の人工知能型OS）に恋をする男を描いた物語．

加えてBグループからは，AIを軍事に応用するメリットとして，シミュレーションで勝率や被害を証拠をもって示すことができれば，被害を食い止められる可能性があるという点が示された．
　次にCグループからは，攻撃をするさいに人間には危害を加えず，建物だけを破壊するようなことにAIが使えるのではないかという議論が出た．また，AIが攻撃手段として使われる場合，責任の所在が不明確になってしまう可能性が指摘された．さらに，軍核戦争のAI版，つまりよりよい軍事用AIをたくさん作った国が勝つ，という可能性もある．核には抑止力があるがAIには抑止力がないので，AIを動かしたもの勝ち，ということになったら危険があるという点が示唆された．AIを用いて戦争自体を抑止する可能性については，人間が戦争をするかどうか意思決定するさいに，この意思決定をコントロールするAIを作ることが提案された．そして，そもそもAIを人間以上に倫理的存在にできるのかということが問われた．

　　そもそもAIって人間以上に倫理的存在になることができるのかなという疑問が出てきて，そういう話を出したら，倫理的という点もふくめてAIがどこまで発展するかどうかによるよねっていう話になりました．AIは人種などをもたないわけだから，偏見をもたない存在としてある意味中立的に，戦争を抑止するための存在になることができるんじゃないかなという話になりました．（mさん）

　Dグループでは，まずどこからがAIなのかの線引きの話から議論が開始された．たとえば迎撃ミサイルを落とすことを，コンピュータが物理的に軌道を計算した結果をもとに人間が判断する場合は，AIらしくない．しかし，そこでコンピュータによる判断がおこなわれてミサイルを落とすのであればAIらしい．より自律的な，自動的判断，自動殺戮機など自動化が進んだAIになると，人間はそれをAIと判断するのではないかという議論が報告された．その上で，AIが軍事に使われる場面についての議論が紹介された．

たとえば，AI がもし戦争で兵隊として戦争に参加している場合を考えたときに，敵として判断するときの根拠というのを人間はインプットするわけですよね．たとえば服を判断根拠にした場合，ありえない話ですけど，敵はいつも白い服を着ていて，こっちはいつも黒い服を着るとしたら，「白い服を着ている人を攻撃しろ」と入力するわけです．それで，もし仮に相手に悟られて，味方に白い服を着せられたら味方は殺されてしまうわけで，そういう判断については，まだ AI は弱いところがあるんじゃないかとか．（d さん）

　他には，株取引などを AI にやらせたとき，能力の低い AI 同士が作用しあって株価が急落することがあり，プログラミングのさいのバグによるそういった事態は現在でも発生することが議論された．また，そういったバグによる問題が発生したとき，その責任は誰がとることになるのかについて議論になったことが報告された．
　最後に A グループでは，AI が軍事に応用される場面のイメージの議論から入った．もっとも考えられるのは画像処理，たとえば鉄砲の先にカメラをつけて，相手を認識し，敵であれば自動的に撃つようなものである．より進んだ AI になると，攻撃方法の決定，つまり物理的・精神的にもっともダメージを与える攻撃方法とはなにかを分析し判断するところではないかという議論がなされた．さらに，こういった AI の応用でもっとも問題となるのは責任の問題であるという報告がなされた．

　AI がいろいろ決定をするとなると，どこに責任を問うのかということが問題になりました．AI 自身に問うことはできないと思うので，AI をプログラムしたプログラマーなのか，それとも AI を導入しようと決めた人なのか，それともその戦争においてその AI を使おうと決めた人たちになるのかなど，どこに責任を問えばいいのかが曖昧になるという話が出ました．ただ，それにたいする反論として，AI を使うにしても，その AI はなにかの目的にたいして使うもので，その目的を決めた人が必ずどこかに存在するはずなので，その人に責任がいくんじゃないかという話になりまし

た．それにたいする再反論として，目的というのは決めはするけれども，目的を定めた人の想像の範囲内に AI の下す判断が入るのかどうかというのは未知数だという意見が挙がりました．たとえば相手にダメージを与えろという指令を人間が AI に出していたとして，人間の倫理的な常識からいうとそこまではやらないだろうと思っていたようなこと，そこまでダメージを与えるとは思っていなかったようなレベルまで，もし AI が相手にたいしておこなってしまったらというような例ももちろん考えられます．そういうことを考えると，やはり目的を決めた人だけに責任があるとはいえないだろうということになり，AI に全面的に判断を任せるのは良くないだろうという話になりました．（k さん）

　このような責任の話の裏返しとして，AI を使うと責任逃れができるという議論も報告された．自分で人を殺したくない兵士がいたとき，最後の引き金を AI が引いてくれれば兵士の心理的負担が少なくなるという意見である．AI にどこまで決定権を与えるのか，分析までは AI がやってじっさいの作戦の遂行は人間がやるのか，あるいはその判断も AI がするのか，このように AI に決定権をどこまで与えるかが問題であるという話になった．最後に，理想的な解として，「戦争しないことが最適な解です」と AI が出してくれたらハッピーであるという意見が出たことも追加として報告された．
　以上，C グループ，D グループ，A グループの 3 つのグループから，最終的な責任を誰がとるか，という責任問題についての話が出されたことは興味深い．D グループの議論にあった「どこからが AI なのか」については，「AI を使った自律型兵器（Autonomous Weapons Systems: AWS）とは，機械学習やプログラムに基づき，攻撃目標を自律的に選択する兵器のことを指す」という定義があること[25]が藤垣から紹介された．この点で，攻撃目標を人間がセットするタイプのミサイルや無人攻撃機とは異なるとされる．これらについて，AI の倫理的側面の研究をおこなっている江間先生より以下の解説があった．
　自律型兵器は攻撃目標を自律的に選択できるものを指す．さきほど白い服，

---

[25]　浅川直輝「日本ではタブーな話題？　AI の軍事利用」，『日経コンピュータ』2017 年 6 月 23 日．

黒い服といった特徴の例があったが，どういう特徴を選ぶかは人間が決めないとならない．そのような意味でどこまでが自律的なのかは線引きがむずかしい．自律型兵器は AWS と呼ばれているが，それに L を付けた LAWS (Lethal AWS)，つまり致死的な自律型兵器はまだできていない．そのような兵器ができる前に国際的な条約で禁止しようという動きは出てきている．特定通常兵器使用禁止制限条約の中で考えるというものである．これは軍縮の流れである．

IEEE の中でおこなわれている AWS の議論は，Reframing AWS というもので，AWS をどのように再構築して倫理的に使っていくかというものである．それにたいし日本では，この種の議論は，再構築以前に，今なにがどう使われているのかも知られていないため，どうやって市民が議論に参加し，議論を整理していくのかが問われている．この議論の整理のためには，AI の定義に加えて戦争というものの定義が重要となる．

> 「戦争」という定義も今あやふやになってきていると思います．たぶんこの辺はみなさん議論されていると思うんですけど，今ハイブリッド戦争というふうにいわれていまして，国対国の戦いではなくなってきている．民間人同士の戦いや，SNS（ソーシャル・ネットワーキング・サービス）やサイバー空間での攻撃を使ったものですとか，かなり複合型になっており，どこからが戦争でどこからが戦争でないのかがわからなくなってきている．そういうときに攻撃対象というものの定義自体，つまり，そもそも人間がインプットしなければならないこと自体があやふやになってきている．そのため，AI がどういうふうに戦争に使われるのかを考える前に，じゃあ「戦争」ってなんなんだろうっていうことを根本的に考え直さないといけなくなっている[26]．だから IEEE の議論でも国連の議論でも，今世界でなにが起きているのかをいろんな人たちをふくめて考えていこうということを検討しています．そういうところで枠組みを作ったり，IEEE などは標準化も進めたりしています．そういう場では，いろんな人が入ってくることが歓迎される．倫理学者も，哲学者も，人文社会科学の研究者も，情報

---

26) このように戦争の定義が変わってくると，たとえば第 8 章「絶対に人を殺してはいけないか」の論点 2 の内容にも影響してくることが考えられる．

技術の研究者も，国際関係の人も，政策の人も，NPOの人も全部むかえていろいろ話をしましょうと，そういう場を作っています．（江間先生）

　さらに，学生の議論の中にあった，AIがあることによって被害が食い止められるのではないかという点については，逆にAIがあることによって戦争がしやすくなる側面もある点が江間先生から指摘された．兵士がシミュレーションゲームの感覚でドローンを使って爆撃をおこない，なんの罪悪感ももたずにもとの生活に戻って食事をし，恋人とデートをする，といったことである．また，AIが偏見をもたない可能性については，逆の可能性もある．なにを学習させるかによって，人間がもっている偏見，あるいは人間が偏見と気づいていない偏見が，AIに自動的に学習されてしまい，被害が拡大していく可能性もある[27]．以上のような可能性もあるので，こういうAIを作ったときにどこが責任をもつのかを考えなくてはならない．どうしてAIがそのような判断をしたのか，なぜ戦争がはじまってしまったのかといった状況の中で，人間の責任，技術を作った責任，運用責任というものを考えていかなければならない．こういった「誰が責任をとるか」の問題は，軍事や戦争の話に限らず，自動運転，医療といった場面でも生ずる．そういう場面では，どういう社会を作っていきたいのかについての価値を共有し，技術の設計と社会の設計を共にやっていく必要がある．

　以上の江間先生の説明にたいし，AIという技術によって戦争の心理的障壁が低くなることは，情報技術によってコピペの心理的障壁が低くなること（前著『大人になるためのリベラルアーツ』第1回で議論）と，技術の普及による心理的障壁の低下という意味で類似している点が藤垣から指摘された．

---

[27]　EUは，AIの倫理指針を策定中で，その原案の中には，
　　1）AIが判断に使ったデータなどの情報開示制度をつくる，
　　2）AIの判断プロセスについて企業に説明責任をもたせる，
　などがふくまれている．とくに前者は，AIによみこませるデータに差別的偏りがあれば，AIがそれを助長しかねない弱点を補うためのものである．
　　後者はAIがどんな指標をもとになぜそう判断したのかが外部に示されないブラックボックス化の弊害を防ぐ意図をもつ．判断過程が外に見えないと，差別的な分析が続くことが発覚しにくく修正がむずかしいためである（『日本経済新聞』2018年11月6日朝刊）．

〈論点3:人工知能学会の倫理指針についてどう考えますか.また,科学技術をガバナンスするさい,研究者による自主的規制と社会の側の規制はどうあるべきと考えますか〉

　Cグループからは,人工知能学会の倫理指針の中で,「社会に対する責任」という点について,研究者が100%責任を負うべきなのかということ,そして「誠実な振る舞い」という点について,誠実さはどうやって誰が決めるのかが議論になったと報告された.責任の所在が不明確であり,ただ単にAIの悪用を防ぐよう努力するというような曖昧な責任しか記述しておらず,万が一事故が起きたときに償いをする人は誰なのかについての記述がない点が指摘された.また,社会の側の規制として法整備の可能性について議論したことが報告された.

　Dグループからは,この倫理指針はないよりはあったほうがよいが,効果という点には疑問が提示された.同時に,このような指針を明確に打ち出すことにより,研究費配分などを考える上では有益なのではないかという意見が出された.また,倫理指針の中で他者のプライバシー尊重について書かれていることがユニークであり,ビッグデータの活用などで個人のプライバシー侵害の場面が想定されているのが面白いという意見が出された.研究者による自主規制と社会の側の規制については,2種類の意見が出された.1つは,まず研究者による規制があり,その規制からはみ出てしまうものにたいして社会の規制がストッパーとしての役割を果たすというタイプのもの,もう1つは,社会の側の規制(法や規制)のほうが先立って動き,研究者側の規制を要請するタイプのものである.この2つのタイプは必ずしも対立するものではなく,両方の相互作用によって機能させることもできるのではという意見も出された.研究者による自主規制は理性的で理想の追求になるのにたいし,社会の側の規制はより現実的で実行力のあるものになる.その両者があることでバランスがとれるのでは,という意見である.

　Aグループからは,第9条の「人工知能への倫理遵守の要請」という言葉への質問が出された.なぜこれが強制でなく要請なのかという点である.さらに,アシモフのロボット工学三原則[28]のうち,第1点については人工知能倫理規

定の「安全性」にあたり，第 2 点については「公正性」にあたるが，第 3 点の自己防衛についての条文がないことが指摘された．これは，AI はソフトウェアであってロボット的身体をもたないせいではないかという意見があった．また，「人工知能研究者は決してマッドサイエンティストではなく，よりよい社会のためにと思って研究していることを，表明すべき」という表現については，個人としては良かれと思ってやっていても社会とずれていることもあるので,「よりよい社会のために」という点は，本当に一般社会のために

アイザック・アシモフ

なっているのか，きちんと社会との相互理解が必要であるという主張が紹介された．

　B グループからは，「人類に利さない発展」への規制の話が報告された．たとえば介護ロボットが高度な知能を獲得した結果，介護をしたくないという結論になったとすると，それは感情を与えたことがまずいのであって，こういうのは「利さない発展」になるのではという意見が出された．また，とくに AI 研究では，プライバシーの尊重にたいしてもっと配慮をすべきではという意見も出された．AI を使って取得した情報を AI で有効に使うためには，個人がプライバシー情報を民間企業に提供して当然，というような論調があるが，それはもう少しきちんと議論したほうがいいのではないかという意見である．たとえば Google は Gmail から広告をトレースするような情報の取り方をしていたが，それは自主的に規制すべきではないかという意見が出た．さらに，AI は，最初の設計やパラメータ設定で出てくる結果については予想が可能であるが，コンピュータ同士の実験で機械学習を積み重ねていくとき，開発者自身も予測できないアウトプットも生じる可能性がある．この点において，AI は他の科

---

28) アイザック・アシモフの SF 小説において，ロボットが従うべきとして示された原則のこと．ロボット三原則ともいわれる．「人間への安全性，命令への服従，自己防衛」を目的とする 3 つの原則からなる．

学技術よりも意図しない結果が出てくる可能性が高く，責任を負うのがむずかしい点が指摘された．この場合，開発者は最初の設計の部分だけに責任を負うのか，それとも出てきたアウトプットすべてに責任を負うのかはむずかしい問題である．最初に悪意をもった設計をしていなければいいのか，という論点が提示された．

〈論点4：人工知能にどのようなことをしてほしいと思いますか．また人工知能と共存するどのような社会に住みたいと思いますか〉

まずDグループからは，AIに税金，年金の手続きなど，めんどくさいけれどやらなければならない作業をやってもらえたらいいという意見が出た．また，将棋の藤井聡太四段[29]の話題から，AIと戦ったり，AIを利用して自分を強化するといった形で，AIが意思決定の補助やヒントになってくれたらいいという意見も出た．さらに，社会に出ている情報の集約，自分の体温を感知して家の照明を変えてくれるAI，そして防犯に役立つAIへの要望が出された．人間の外的な行動からその精神状態を推測して，悪意のありそうな人をはじくような監視システムについては，要望があると同時に危険性もあることが示された．また，AIによって職業を奪われる危険性については，AIによって職業が置き換わったら，別の新しい雇用が生まれる可能性もあり，非効率だったものが効率的になる可能性もあるので，それほど懸念する必要はないのではという意見も出された．

Aグループからは，めんどうくさいことを肩代わりしてくれるAI，人間が思いつかないようなことをやってくれるAI（例を挙げると，自分では思いつかなかったけれど，じつはこういうものがほしかったんだ，と思うようなものを提示してくれるAIなど），人間ができないようなことをしてくれるAI（たとえば災害時に人間が入れないようなところにAIを使ったロボットが救助や救援活動をしにいくなど）が要望として出された．AIとの共存については，AIによる心地よくない社会（たとえば就職活動でエントリーシートの合否をAIによって決められるのは心地よくない支配の例である）ではなく，心地よく操られて，最終決定

---

[29] 2017年6月時点は四段であったが，2018年11月時点では七段．

は自分たちでおこなうという形で共存する社会に住みたいという意見が出た．この場合，「心地よい」とはなにかを追求する必要があるだろう．

　Bグループからは，「AIは人間のためになにかしてほしい」という意見について話し合い，そもそも「人間のために貢献する」とはなにかについて話し合ったことが報告された．原子力も人間のために作られたにもかかわらずマイナスの側面もあり，「人間のため」の内実を考える必要があるという意見である．人間と心地よいコミュニケーションをしてほしいという要望から，AIによるカウンセリングの話も出た．共存の話については，Pepperの発展版のようなものが家にいた場合，それは家族として受け入れられるかについての議論もおこなわれた．家族として受け入れられるという意見をもつ人と，受け入れられないという意見をもつ人もいたが，そのようなAIによって孤独死が防げるのではという意見もあった．

　Cグループからは，AIには人間がどうしてもできないことを助けてもらうのがいいのではという意見が出た．たとえば運転ができない高齢者を自動運転で支援するといった，つまり選択の可能性を広げるためにAIを使うということである．ただ，全部AIがやってくれる世界ができた場合，人間の尊厳はどこにあるのかという意見も出た．どのような社会に住みたいのかというのは人によって異なり，合意に至るプロセスを考えるのはけっこうむずかしく，AIと共存する社会というものの内実の共有がむずかしいという意見が出された．さらに，以下のような意見も出た．

　　1つ面白いなと思ったのは，仮にすべてAIがやってくれるようになる世界をめざしたとして，そのような世界に向かうまでのあいだ，どんどん人間は大事なことだけ，重要なことだけをやっていく，ある意味効率主義みたいなことに向かっていくと思うんですけど，すべてAIがやってくれるようになった瞬間に，人間は無駄なことや，あるいは遊びとかに精を出すようになる．効率主義から無駄なことを重視する姿勢に一気に転換が起きるんじゃないかみたいな話があって面白いと思いました．(qさん)

　4つのグループの報告のあと，石井からAIには落語家のようなユーモアを

実現できるか，囲碁や将棋など最終目標がはっきりしているゲームはできても入試の国語の問題は解けるのか，といった例を示しながら，そもそも愚かさ，気まぐれ，ユーモアは AI に実現できない人間らしさなのではないかという意見が出された．

　たとえばどこかからどこかへ行くときに，私たちは効率だけで移動するのではなくて，突然寄り道したくなったりすることがありますよね．衝動的になったり，愚かなことをしたくなったりするのが人間である．AI は，学習してできることは実現できると思いますが，学習してもできないのが，愚かさとか，衝動とか，気まぐれとかユーモアとかではないか．そういう AI によっては代替できない「人間が人間である本質」はなんなのかということを考えながら聞いていました．（石井）

　この「人間らしさ」を AI で実現することのむずかしさの事例として，江間先生より「接待 AI」の話が紹介された．たとえば接待ゴルフでは，途中まで接戦をするが最後は引き分けたりちょっと負けたりする必要がある．しかし「引き分けにすると報酬がもらえる設定」の AI は，最初に圧倒的に勝ってから，最後に引き分けに持ち込んだそうだ．このような人間らしさや気遣いを実装する技術研究は出てくる可能性はあるが，結局「人間とはなにか」を考えることになるのかもしれない．
　江間先生からは他に，AI によって社会インフラや産業構造，社会構造が変わっていったときに，社会格差が拡がらないように社会の設計をしていく必要があること，AI デバイド[30]が拡がらないように，技術の設計と同時に社会の設計をする必要があることが示唆された．また，学生の議論の中で提起された「AI は人間以上に倫理的になれるのか」については，じっさい人間でもジレン

---

30) 情報技術に触れる機会のある人はますます多くの情報を手に入れることができ，それらの技術に触れる機会の少ない人にはますます情報が入らなくなることをデジタルデバイトと呼ぶ．情報技術は情報格差を拡大させるということを表した言葉である．それと同様に，AI に触れる機会のある人はますます多くの機会を手に入れることができ，AI に触れる機会の少ない人はますますさまざまな機会に触れにくくなる，という意味で，AI が社会格差を拡大させる傾向を AI デバイドと呼ぶ．

マを感じる場面，たとえばケアロボットの例で人間の患者が薬を飲みたくなくても人間の看護師は飲ませたいとき，ケアロボットはどう動くべきかなどの例が挙がった．ロボットやAIと共存するとなると，人間でもジレンマを感じる課題をロボットやAIにやってもらわなくてはならなくなる．そのため，現在ロボットやAIの技術系の研究者は倫理系や社会系の研究者と協力して，どうプログラミングしていけばいいのか，どういう目標を設定してどういうアルゴリズムを入れていったらいいのか，どういう社会通念を入れていったらいいのかということを研究していることが報告された．倫理的AIを作るとき，人間の子どもが倫理を学ぶようにAIが倫理を学ぶのだとしたら，人間がまずお手本の倫理を示す必要がある．人間の倫理性が逆に問われることになるわけである．

（藤）

議論を振り返って

　AIの話題が新聞などでしきりに取り上げられるようになったのは，囲碁や将棋でプロのトップ棋士がコンピュータソフトと対戦するようになってからであろう．授業の論点1ではそれ以外にもPepperのようなヒト型ロボット，Siriのような秘書機能アプリケーションソフト，自動運転システム，さらには「ドラえもん」まで，多種多様なイメージがAIの例として挙げられたが，先端技術に疎い私などは，やはり日本人が開発した将棋ソフトのBonanza[31]や，2017年に史上最強棋士とされる中国の柯潔(かけつ)に完勝したアルファ碁[32]などの「特化型人工知能」がまず頭に浮かぶ．

　一定のルールに従って勝利を目指すゲームに関しては，その場その場の局面に応じてつねに最適解を選択できるAIが人間を超えることは——その時期が予想を超えて早かったとはいえ——必然的な成り行きであったと思われる．し

---

[31] 2005年に日本人化学者の保木邦仁が開発したソフト．2007年には渡辺明竜王（当時）と対戦して敗れた．
[32] Google DeepMind社が開発した囲碁ソフト．2016年3月に韓国の李世乭(イ・セドル)に4勝1敗，翌年5月には柯潔に3連勝した後，人間との対戦は終了すると発表された．同年10月に発表されたアルファ碁ゼロは，人間の対局記録をいっさいデータとして用いず，もっぱら自己対局によってわずか40日間であらゆるヴァージョンを超えた．

かし論点2でとりあげられた軍事への応用となると，そう簡単な話ではすまない．戦争も勝利を目的とするという点で一種のゲームであると考えるならば，より高度な戦略決定能力をそなえたAIを擁する側が結果的に勝利を収めるという筋書きになるはずだが，学生からも指摘があったように，この種の開発競争には人道的観点からの歯止めがかからなくなる恐れがあるので，最終的決定権を人間が手放さないという保証がない限り，きわめて深刻な事態が予想される．とくに核のボタンひとつで地球上に破滅的な惨禍がもたらされかねない現在，AIに選択をゆだねることの危険は誰の目にも明らかだろう．

となると，当然浮上してくるのが「責任」の問題である．仮にAIが出した答えによって戦争状態が引き起こされてしまったとすると，その責任はいったい誰が負うべきなのか．AI自体に負わせることはできないとすれば，軍事目的でのAI活用を推進した人か，それを実際に開発した人か，あるいはAIに戦争可否の最終判断をゆだねた人か．授業ではこの点をめぐってかなり議論があったが，なかなか一義的には答えを決めがたい問いである．

その中で「戦争しないことが最適解である」という答えをAIが出してくれたらいいのだがという発言が見られたが，確かに戦争はゲームとは違うのだから，そもそもそのような事態を招かないに越したことはないというのが真っ当な判断というものだろう．となれば，むしろAIは戦争の抑止装置として利用すべきであると考えるのは当然である．授業でもそうした観点からの提言がいくつか出されたが，そこで興味深かったのは，「AIは人間以上に倫理的存在にできるのか」という問いが提起されたことであった．

囲碁ソフトなどの驚異的な進歩の速度を見ると，AIが人間を模して「倫理」を学習することもけっして不可能ではないように思われる．そしていずれは（もしかするとさほど遠くない将来に）人間の倫理を超えて，完璧な「AI倫理」なるものを確立する日がくるかもしれない．しかもそれは絶えず新しい情報を取り入れて進化し続けるであろうから，人間はもはや自分で倫理観をもつ必要がなくなり，すべてAIに判断してもらいさえすればつねに「もっとも正しい」行動をとることができるようになるはずだ．

しかしこうした想像がなんとなく恐ろしいと感じるのは，私だけではあるまい．それはおそらく，人間を人間たらしめるもっとも基本的な根拠であるはず

の「思考」の領域がAIに侵食され，やがてとって代わられるのではないかという存在論的な不安がかきたてられるからではなかろうか．その意味では，第3章で遺伝子操作の問題を扱ったさいにも提起された「人間とはなにか」「私とはどこまでが私なのか」という問いが，ここでは別の形で浮上してきたともいえる．「議論の記録」の最後にある通り，もし倫理の領域までがAIにゆだねられる時が訪れるとしても，そこで問われるのはまさに人間の側の倫理性なのである．

ところで今回はゲストとして江間有沙先生に参加していただいたが，現在ではAIの定義のみならず，「戦争」という概念自体の定義も曖昧になってきているという彼女の示唆は興味深いものであった．確かに国家と国家が軍隊を用いて武力衝突するという図式はすでに過去の戦争のイメージであって，核兵器の抑止力によって均衡が保たれる状況が常態化している現代にあっては，むしろ戦場はサイバー空間に移行していると考えるべきなのかもしれない．サイバー攻撃，サイバーテロ，さらにはサイバー戦争といった言葉を近年しばしば耳にするのは，こうした「ハイブリッド戦争」への移行が確実に進行していることを物語っている．この場合はかつてのように「宣戦布告」がおこなわれるわけではないので，いつ戦争が始まったのか特定することができないし，当事者が誰であるのかわからないことも多いので，攻撃を受けても反撃の対象をはっきり見定めることができない．だからAIを活用しようにも，そもそもインプットすべき情報自体が決定できないという事態が生じるわけだ．

江間先生の指摘でもうひとつ重要なのは，AIが戦争被害を抑止する方向に働きうる反面，逆に人間の心理的障壁を低くすることで，戦争への加担を容易にしてしまう方向にも作用しかねないという点である．敵軍の兵士と直接ぶつかり合う肉弾戦ならば，破壊や殺戮という行為は血なまぐさい現実そのものであるから，自分がその場に身を置くことへの抵抗感は小さくないはずだ．ところがAIを介在させた戦争では相手の顔が見えないので，破壊や殺戮という行為が臨場感を失って身体感覚から切り離され，攻撃を受ける側の「痛み」や「苦しみ」への想像力が麻痺してしまう．その結果，自分が戦争に参加しているという実感が薄れて抵抗感がなくなってしまうとすれば，これは人類にとって由々しき事態であるといわねばならない．そして藤垣の指摘する通り，こう

した心理的バリアの縮小という現象は他の科学技術についても少なからずあてはまることである．

　以上のような課題を踏まえて作成された人工知能学会の倫理指針（問題提起文参照）について問うた論点3では，「他者のプライバシーの尊重」（第3条）といった条文が盛り込まれているユニークさを評価する意見がある一方，いくつかの率直な疑問点が表明されたことが印象的であった．「誠実な振る舞い」（第6条）といってもその「誠実さ」は誰がどういう基準で決めるのか，「社会に対する責任」（第7条）といってもその「責任」は果たして研究者だけに帰せられるべきものか，そして「人工知能への倫理遵守の要請」（第9条）はなぜ「要請」であって「義務」ではないのか——これらの疑問はいずれもそれぞれに頷けるものであり，学生たちの批判精神が健全に発揮されていることをうかがわせる．

　もちろん，この種の文書はさまざまな意見を擦り合わせながら何度も妥協や調整を経て作成されるのが通常なので，最終的にはどうしても最大公約数的な，抽象的ニュアンスの文面になりがちであり，個々の用語の定義を明確に示すところまではなかなかいかないものである．だから私たちは，むしろここで示された「公正」「安全」「誠実」「責任」「倫理」といった概念をAIの文脈ではどのように定義すべきか，そうした議論を喚起するための材料としてこの倫理指針を読めばいいだろう．

　人工知能にやってほしいことを問う論点4ではヴァラエティーに富んだアイデアが出されたが，授業では言及されなかった例を2つばかり挙げておこう．

　ひとつは「裁判用AI」である．医療の分野ではすでにAIを用いた画像診断等が取り入れられて大きな成果を挙げているが[33]，法律の分野でも同様の動きが進んでいるようだ．じっさい，英米では捜査資料や裁判資料の分類整理をAIで処理する試みがおこなわれ，人間の弁護士に依頼するよりも200倍の速度で，しかもはるかにミスの少ない精度で仕事が遂行されたという報告がある[34]．まだ判決そのものを任せるところまでは進んでいないが，AIに膨大な

---

[33] AIと医療の関係については，日本医師会の学術推進会議が2018年6月に36ページにわたる詳細な報告書を出しているので，これを参照されたい．http://dl.med.or.jp/dl-med/teireikaiken/20180620_3.pdf#search=%27ai+%E8%A8%BA%E6%96%AD+%E5%8C%BB%E7%99%82%27

判例をすべて記憶させ，そこに個別の事案ごとに考慮すべき要素をインプットしてやれば，担当の裁判官や裁判員の主観に左右されることなく，もっとも適正な判決が自動的にアウトプットされるであろうという発想は，けっして奇異なものではない．というより，客観性・公正性の担保という観点からすれば，むしろこの分野こそ AI の活用がもっとも有効なのではないかという意見も多いとも聞く．もちろん，人間の運命を決定する判決を AI にゆだねていいのか，という倫理的な問題はクリアされなければならないが，そのあたりもふくめてこれからの議論が注目されるところである．

　もうひとつは，いささか個人的な願望も含めてであるが，「会議用 AI」である．職場の如何を問わず，なんらかの結論を得るために膨大な資料を前にして何時間も議論するという風景はどこでも日常化していると思われるが，結局のところ一定の条件下で最適の選択肢を見出すというのが会議の目的であるならば，そのかなりの部分は AI で代替できるのではないか．もしそんな AI ができたら，延々と続く議論は不要になり，私たちの時間はずいぶん無駄がなくなるのではないかと期待したくなる．しかしこの場合も当然，AI の出した回答を鵜呑みにするのではなく，最終的には人間が決断を下すにあたっての参考程度にとどめるということになるだろう．

　最後に感想めいたことを付け加えておけば，授業でも述べたように，人間は衝動的に脇道にそれてしまったり，いけないとわかっていながら馬鹿なことをしでかしたりしてしまうものである．あらかじめ設定されたプログラムからふと逸脱してしまうこの種の気まぐれや愚かさは，AI はなかなか学習できないものではなかろうか．逆にいうと，そうした側面までも学習してアウトプットできるような AI，つまり「馬鹿になれる AI」が作られてしまえば，そのときは「人間でなければできないことはなにか」「人間が人間であることの最終的な根拠はなにか」という問いが浮上してくるにちがいない．

　ともあれ，今回は AI との対比において，人間というものの本質についてあらためて考えさせられた授業であった．
　　　　　　　　　　　　　　　　　　　　　　　　　　　　　　　（石）

34）　http://www.itmedia.co.jp/news/articles/1807/18/news063.html

第 6 章

民主主義は投票によって実現できるか

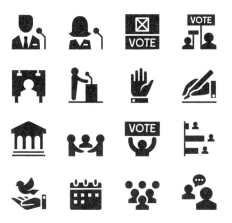

問題提起

　民主主義的な意思決定の基本原理は多数決である，と私たちは教わってきた．どんな集団であれ，全員の意見が一致することはまずありえない以上，より多くの構成員が賛成する意見をもって集団の意思とすることは，確かに合理的な方法であるように思われる．そして多数決を採用するのであれば，その具体的な方法は投票（人を選ぶ場合であれば選挙）ということになる．小学校で学級委員を選んだり，中学校で文化祭のテーマを決めたり，高校で生徒会長を選んだりといった具合に，私たちは小さいころからこの種の経験を何度となくくりかえしてきた．選挙権年齢が満18歳に引き下げられた現在では，大学生のほとんどすべてが投票という行動によって国政に参与する権利を得たことになる．
　さて，それでは投票によって得られた結論は，果たしてつねに正しいだろうか．あるいは「正しい」とはいわないまでも，もっとも適切な回答であるだろうか．
　2016年から2017年にかけては，この問題をあらためて考え直すきっかけになるような事態が世界のあちこちで相次いで起きた．

ドナルド・トランプ

　まず2016年6月には，イギリスが国民投票でEUからの離脱（Brexit）を決定．11月にはアメリカ大統領選挙で，大方の予想を裏切ってドナルド・トランプが当選．いっぽう2017年3月のオランダ総選挙では，移民排斥とEU離脱を主張するゲルト・ウィルダース率いる自由党が優勢を伝えられながら，結果的には現政権の自由民主国民党が比較多数を獲得．5月にはフランス大統領選挙で中道のエマニュエル・マクロンと極右のマリーヌ・ルペンが最終投票に残り，結果はマクロンが勝利．その2日後におこなわれた韓国大

統領選挙では，北朝鮮に融和的な姿勢をとる文在寅（ムン・ジェイン）が当選……といった具合に，わずか1年足らずのあいだに21世紀の行方を左右するような「投票」や「選挙」が次々におこなわれ，世界は大きく揺れ動いた．

　Brexit の問題を例にとってみると，イギリスが EU から離脱すべきかどうかという問いにたいして唯一の「正解」があるわけではない．ある人びとにとっては離脱することのメリットのほうが大きいと感じられ，別の人びとにとっては残留することのメリットのほうが大きいと感じられるというのは，当たり前の話である．そして国民投票は前者のほうがわずかながら後者を上回るという答えを出した．だから民主主義の手続きは瑕疵なく遂行されたわけだが，結果が出た以上，反対の意見をもつ半数近い人びとも Brexit を受け入れざるをえないことになる．

　アメリカ大統領選挙の場合は，国民の直接選挙ではなく，選挙区ごとに獲得した選挙人の合計数によって決まるというやや特殊なシステムが用いられているので，実際の得票数はヒラリー・クリントンのほうが上回っていたにもかかわらずトランプが当選するという，微妙な結果になった．しかしこうした間接選挙のしくみを選んだ（あるいは少なくとも容認している）のは合衆国の国民自身なのだから，これも基本的には多数決原則に従って導き出された結論であるといえる．メキシコとの国境に壁を築くとか，シリア難民救済プログラムを撤廃するとか，人道的な見地からすればおよそありえないと思われる過激な公約を掲げた候補者が，まさに「民主主義」の手続きによって世界でもっとも影響力をもつ地位に就いたという事態を，私たちはどう受け止めればいいのだろうか．

　もちろん，メキシコとの国境には壁を築くべきだと本気で考える人がいてもおかしくはないし，多くの自国民が職にあぶれているときにシリアの難民救済どころではないと考える人が少なからずいるであろうことは想像がつく．きれいごとでは政治はできない，もっと自分たちの本音を聞いてほしい，そして移民をできるだけ排除してなによりも自分たちの生活を保障してほしい，という「隠れトランプ派」の投票行動が，「アメリカ・ファースト」を標榜するトランプを大統領に押し上げたのであるならば，これもまたきわめて「民主的」な選択であったということなのだろう．

だが，それでもなお，これは「正しい」選択ではなかったのではないか，あるいは少なくとも「最適の」選択だったとはいえないのではないか，という違和感をもつ人は多い．多様な政治体制をもつ国家，多様な文化的背景をもつ国民が，主義主張や宗教の違いを越えて平和的に共存すべきであるという考え方こそが人類普遍の理念であり，民主主義の根幹でもあるという観点からすれば，国境に壁を築いたり移民を排斥したりするのはこれに真っ向から反する前時代的な振舞いではないのか．にもかかわらず，こうした「反民主主義的」な主張を声高に語ってためらわない候補者が選挙という「民主主義的」な手続きによって選ばれてしまうという矛盾は，なぜ生じるのだろうか．もしかすると，多様性の尊重とか平和共存といった「きれいごと」が民主主義を支えてきた時代は，もはや終わりを告げたということなのだろうか．

　あらためて確認しておけば，どんな問題に関しても賛成意見と反対意見が必ず存在する．だから集団の意思を決定しなければならない場面では，どうしても最終的には多数決という方法をとらざるをえないわけだが，それはあくまでも，賛否両論が十分に吟味され，集団の構成員全員にそれぞれの趣旨が正確に理解されていることを前提としての話である．この条件が満たされないままに多数決原理が濫用されてしまうと，民主主義は実質的機能を失い，ただちに崩壊してしまう．日本の国会でしばしば見られる「強行採決」の様子を見て，これが民主主義の正当な実現方法であると納得する人はほとんどいないだろう．

　Brexitの国民投票は，すべての国民がEU離脱のメリットとデメリットを正確に把握した状態で実施されたのだろうか．アメリカ大統領選挙は，そもそも2人の最終候補を絞っていく過程で十分な議論が尽くされていたのだろうか．そして最終投票にさいしても，両候補の主張は国民に十分理解されていたのだろうか．オランダの総選挙やフランス・韓国の大統領選挙についても，結果は別として，同じ疑問はやはりつきまとう．

　もちろん，すべての構成員が問題の本質を理解した上で主体的に判断するというのはあくまでも理想論であって，現実にそのようなことはありえないというのが実態である．候補者の主張や人物についてろくな知識ももたないまま，知人に頼まれたからA候補に入れるとか，単にB候補が気に食わないからC候補に投票するといったことは，誰にでも起こりうることだ．というより，多

くの選挙ではそのようにして投じられた票が少なからず存在するにちがいない．できる限り情報を収集し吟味した上で熟慮の末に投票する人もむろんいるだろうが，投じられた一票がそうした合理的・理性的な判断によるものであるのか，それとも単なる情緒的な共感あるいは反感によるものであるのかを区別するすべはないのだから，たとえ一時的な気分の盛り上がりに流されていい加減に投じられた一票であっても，考え抜いたあげくに投じられた一票とまったく同等の重みをもって扱われるというのが，すべての構成員の平等を原則とする民主主義の宿命なのである．

　近年の政治に顕著な形で蔓延しているように見えるポピュリズムの問題は，このような意味で民主主義の限界を露呈するものとしてとらえることができる．大衆がある種の思考停止に陥って一定の方向に大きく誘導されるとき，民主主義を支える基本原理であるはずの「多数決」は危険な暴力装置と化す．民主主義は「民意」とか「総意」という名のもとに，本来それが実現すべき理念そのものを毀損してしまいかねないという，危ういパラドキシカルな力学を内包しているのである．

　当然のことながら，正義はつねに「多数」の側にあるわけではない．たとえばヒットラーは 1932 年の大統領選挙ではヒンデンブルクに敗れたが，直後の選挙ではナチ党が議席を倍増させて第一党に躍進し，これがのちの独裁政権に

ヒンデンブルク大統領（右）と握手するヒットラー首相（左）

つながるきっかけとなった．このときのドイツ国民の選択は，選挙という民主的な手続きに従っておこなわれたにもかかわらず，やはり「正しかった」とはいえないだろう．もちろんその時代にはその時代の政治的文脈や社会的背景があるのだから，後から振り返って「正しさ」を云々してみても仕方がないということはある．しかしヒットラーを権力の座へと押し上げたのがまさに「民意」という名のポピュリズムであったとするならば，時に民主主義を機能不全に陥らせかねない「多数派の正義」を絶対視することにたいしては，やはり慎重でなければなるまい．

では，多数決では必ずしも実現されない「少数派の正義」なるものが存在するとして，それはどのようにすれば実現可能なのか？　議会であれ，マスコミであれ，ネットであれ，あるいは学校の教室であれ，開かれた場での開かれた議論を最大限に尊重することは，その十分条件とはいえないまでも，少なくとも必要条件ではあるだろう．最終的には多数決という手段で結論を選択しなければならない宿命を負っているからこそ，民主主義的共同体はあらゆる言論空間における熟議のプロセスを保証することで公共性への回路を確保し，ともすると判断を停止して一方向に流れようとする「民意」の軌道を修正する可能性を保持しなければならない．これはきわめて当たり前のことなのだが，それがいつのまにかポピュリズムの波に呑まれてなし崩し的に失われつつあるというのが，日本の，そして世界の現状なのではなかろうか．

憲法改正をめぐる国民投票の現実性がしきりに囁かれるようになりつつある現在，私たちはあらためて「民主主義」の可能性と限界について問い直す必要がありそうだ．　　　　　　　　　　　　　　　　　　　　　　　　（石）

論点

1　自分のこれまでの経験を振り返って，あなたは「多数決」がつねに正しい（あるいはもっとも適切な）答えを出してきたと思いますか．もしそうでないと思われるケースがある場合は，なぜそのような結果になったのだと思いますか．

2　2016年から2017年にかけて世界で起こったさまざまな投票や選挙の結果について，あなたはどのように思いますか．また，自分だったらどちらに投票していたと思いますか．理由とともに説明してください．

3　「少数派の正義」は存在すると思いますか．もし存在するとした場合は，どのようにすればこれを実現できると思いますか．

4　「民主主義」と「ポピュリズム」の関係をどう考えますか．論点1–3の議論を踏まえて論じてみてください．

議論の記録

　本授業は，2017年6月21日におこなわれた．Aグループはcさん，hさん，jさん，Bグループはaさん，dさん，lさん，mさん，Cグループはbさん，eさん，nさん，qさん，Dグループはgさん，iさん，kさん，合計14名である．選挙権年齢が18歳に引き下げられた結果，投票による政治参加はすべての大学生にとって，そして一部の高校生にとっても身近な問題となった．とくに憲法改正の国民投票が現実味を帯びてきたとなると，学生たちも今回の問いに無関心ではいられないはずである．

〈論点1：自分のこれまでの経験を振り返って，あなたは「多数決」がつねに正しい（あるいはもっとも適切な）答えを出してきたと思いますか．もしそうでないと思われるケースがある場合は，なぜそのような結果になったのだと思いますか〉

　Aグループからは，多数決がつねに正しいという命題への反例として，高校時代に3年生を送る会で踊るダンスに使う曲をクラス投票で決めたものの，じっさいにやってみたら適切ではないことがわかり，再投票の結果，別の曲が選ばれたという例が紹介された．その原因は具体的なダンスに関する情報不足ということである．

　Bグループは「あとから正しくなかったとされる多数決とはどういうものか」という話題で主に議論したという．たとえば選挙の候補者に政治家甲と乙がいたとき，甲の支持者が99％，乙の支持者が1％で甲が勝つ場合と，甲が51％で乙が49％で甲が勝つ場合では，結果の「正しさ」の度合いが全然違ってくる．甲が51％で勝った場合，もしなにか不測の事態が起こって甲の政策が結果的に有効であることがわかったら，最終的に「甲でよかった」ということになるが，逆に49％で落選した乙の政策のほうが有効だったとしたら，「乙のほうがよかった」となるだろう．つまり「正しさ」は時間軸によって左右されやすいものであって，最初から「正しい」とか「間違っている」とはいえない．

　Cグループからは，クラス委員の選挙などがとかく人気投票やパフォーマンス重視になりがちであるという意見が出た．原因としては，ちゃんと考えている人も考えていない人も同じ1票をもっているので，後者の人たちが人気のある候補者に投票してしまうせいであるという．そして話はそこから「いじめ」の問題に飛び，実際に投票するわけではないものの，あまりものを考えていない人たちが周りに流されて荷担する結果として起こるという点では，これもある種の多数決が導いた良からぬ結果としてとらえることができるのではないかという話があった．

　周囲に流されて付和雷同してしまう傾向については，Dグループでも話題になったようだ．

いちばん議論したのは，自分の核となる意見をもっていない人の問題です．そういう人は，ひとりが手を挙げるとよく考えずについていっちゃうみたいなところがありますよね．文化祭の出し物を決めるときとかも，みんな様子をうかがっていて，誰かひとり強い意見をもった人が手を挙げると賛成しちゃうとか，パフォーマンスが派手な人に従っちゃうとか．きちんと考えている人だけで投票したら違う結果になるかもしれないのに，自分の意見をもっていない人が声が大きい人についていってしまうということがよくあって，そういう決まり方は不適切なんじゃないかというのがいちばん議論した点です．（k さん）

　自分の意見をもたない人は声が大きい人の意見に追随してしまうというのは，あらゆる局面で誰もが経験してきたことだろう．ただ，D グループからは，そうした人間の中にも現状に満足している人や情報が足りていない人，あるいはそもそも状況が理解できない人とか無関心な人など，いろいろな場合がありうるので，単純にこの種の人たちを一律に除外すればいいということにはならないということ，また，票数という結果だけでは個々人の判断基準がわからないので，投票者がきちんと候補者の能力を見ているのか単なる好き嫌いで選んでいるのか判別できないという問題も，的確に指摘された．
　さらに D グループからは，多数決のしくみ自体が必ずしも最適の結果に結びつくとは限らないという例[1]が紹介された一方，多数決に異議を唱えることは民主主義の世界では基本的にできないので，立場の低い者から高い者に異議を唱える場合には多数決の結果を説得材料として使うことができるというメリットにも言及があった．
　4 つのグループの議論に共通しているのは，投票するさいにはまず対象となる候補者（あるいは事項）についての情報が十分に行きわたっていること，そして各人が他人の意見に流されずに主体的判断に基づいて投票することが必須

---

[1] たとえば過半数の得票で 1 人の当選者を決める選挙に甲・乙・丙という 3 人の候補者がいて，49% が甲，30% が乙，21% が丙を支持していたとすると，第 1 回投票で甲と乙の 2 人にしぼられる．ところが丙の支持者が全員アンチ甲だったとすると，1 回めで丙に投票した人もみな乙に投票するため，決選投票では乙が 51% の票を獲得し甲が負ける結果になる．

であり，これらの条件が満たされないと，すべての人が同じ1票をもっているという民主主義の原則が裏目に出て，しばしば誤った結果を導いてしまうという見方であろう．

　石井は，かつて存在した納税額による制限選挙はある意味で合理性をもっていたともいえるが，民主主義は「平等」の名のもとにこれを否定してきた，そしてその結果，どんな人間にも平等に1票があるということの逆説的な困難が生じたというコメントを加えた．また少し違った話として，社長を社員の投票で選ぶ会社は存在しないが，大学のトップである総長や学長については多くの場合選挙がおこなわれていること，しかしこれはあくまで「参考投票」にすぎず，制度上は選考会議や理事会が決めることになっているので，投票結果とは異なる総長（学長）が選ばれることもめずらしくないということを紹介して次の論点に移った．

〈論点2：2016年から2017年にかけて世界で起こったさまざまな投票や選挙の結果について，あなたはどのように思いますか．また，自分だったらどちらに投票していたと思いますか．理由とともに説明してください〉
　問題提起文で言及したイギリスのEU離脱や米仏韓の大統領選挙を「自分ごと」としてとらえる試みだが，まずBグループからは次のような意見が出た．

　　　日本は移民の受け入れ率がすごく低いのに，海外の国家の問題に関して，たとえば「EU，けしからん」とか「移民を受け入れろ」という権利はあるかという意見がありました．また，正しいかどうかは後にならないとわからないから，そこまで過敏に反応する必要はないという意見も出ました．でもこれには，ではヒットラーを容認するのか，自分が正しいかどうかわからないから「自分はなにもしなくていいんだ」みたいなことになるのは危ないのではないかという反論もありました．（aさん）

　論点からは少しずれているようにも見えるが，基本的にはEU離脱やアメリカ大統領選挙の根底にナショナリズムや排外主義の問題が存在しているという認識を前提とした議論だろう．

Cグループからはまずアメリカ大統領選挙について，トランプがインパクトのある政策を唱えて大きな波を立てれば「自国民主義」にスポットライトがあたるという理由で投票した人もいるのではないかという話が出た．またEUについては，われわれが外から見てイギリスの人たちはちゃんと考えずに離脱を決めたといっても，日本が地理的に離れているからといって客観視できるわけではないのであって，冷静に確かな道筋で判断することは外からでもできないし，内からはなおさらできないのではないかという意見が出た．けっきょく，トランプに投票するのはおかしいとか，EU離脱はおかしいとか，それが民主主義の悪いところだという議論は，あまり説得的ではないという結論に達したようだ．

　Dグループも，おもにトランプ政権の成立とBrexitについて議論したという．前者に関しては，白人ファーストの考えがもともと多くの人びとの中にあって，それが投票という，顔が見えない場で表出したのではないかという意見が述べられた．また後者に関しても，イギリス側がひたすらEUにいろいろな代償を払っているという一面的な認識に煽られたもので，正確ではない情報で国民が操作されたのではないかという意見が出た．両者に共通しているのは，国民の抱いていた日々の不満を政治家たちが情報操作して暴走させ，自分たちの思い通りの結果に仕向けているのではないかということである．

　Brexitとトランプに話題をしぼったのはAグループも同様で，両者とも国家全体の利益を考えていないという点で意見が一致したという．Brexitについては，開票後に「EUとはなにか」という検索ワードが上位に来たことからわかるように，じつはかなりの情報不足があったこと，そして移民にたいして非常に感情的になった点があると思われる．トランプのほうは彼自身がツイッターなどを使って人気を高めていった点と，国民が真の情報を与えられなかったという問題があったのではないかという指摘があった．自分だったらどちらに投票していたかということについては，理想としては理性的にヒラリーに投票したいという意見で一致していたが，たとえば自分の父親や自分自身が移民によって職を奪われていたりした場合には，どうしても感情的になってトランプに投票してしまうのではないかという意見も表明された．

　ひととおり各グループの報告が終わったところで，Bグループのaさんから，

「選挙というプロセスを通してある程度双方の意見が明確に見えてくることで，どちらかに決まった後でも歩み寄ることは可能なのかなと思う．ただし，EU離脱のように0か1かというケースではそういうことはむずかしい」という補足意見が紹介された．その後，藤垣から次のようなコメントがあった．

　　そもそも「デモクラシー」の語源はギリシャ語の「デモクラティア」ですよね．人民が権力をもつための理想が民主主義です．理想的には直接民主主義を実現すればいいんだけれど，ふつうはそれが無理なので代表を選ぶ選挙になるわけです．今ここに例が挙がっているのはBrexitについての国民投票と大統領選挙ですが，選択肢を選ぶことと代表を選ぶことは，おそらく本質的に違うだろうと思います．また，私たちは大統領選挙というものを経験しませんよね．日本の首相は私たちが選んだのではありません．私たちがやっているのは衆議院議員選挙などで，そこで選ばれた人たちが党派を作って内閣を作っていくわけです．日本の選挙はだから代表を選ぶためのひとつのプロセスに過ぎないと思っています．（藤垣）

〈論点3：「少数派の正義」は存在すると思いますか．もし存在するとした場合は，どのようにすればこれを実現できると思いますか〉

　Cグループからは，戦争中の日本で軍部が暴走したときに反戦を唱えていた人がいたとしたら，それは少数派の正義といえるのではないかという例が挙げられた．これを実現する手段としては，もちろん少数派が政治の実権を握ることが近道だが，戦時下のような状況ではむずかしいので，正しい情報を世の中に広めていくしかない．ただこれが本当に実現したときには少数派ではなく多数派になるわけだから，ある時点では少数派と呼ばれていたものが後に多数派になっているからこそ「少数派の正義」が存在するといえるのではないかということであった．また実現のプロセスについては，少数派の意見を折衷案としてうまく多数派に取り込んでいくことが考えられるという．

　Dグループが提示した例は，ギリシャの扇動政治において多くの人が指導者に流される中，これに流されない少数派がいた場合である．こうした少数派の正義を実現するにはどうすればいいかといえば，少数派の意見を聞くための試

み，たとえば選挙において，ある一定の人数を無作為に抽出し，それをさらに小さいグループに分けて，少数派の意見までしっかり聞くことができる手順を整えるといったことが考えられる．ただし無作為抽出にはコストがかかるし，そもそも特定の選挙において人を無作為に抽出したらその時点でバイアスがかかる可能性があるので，そうした試みには手間がかかりすぎるという意見も出た．

　Aグループはまず，民主主義において少数派は不利な状況に置かれているので，自分たちの意見が反映されるようなシステムが作られていかないと，そもそも民主主義そのものに希望がもてず，極端な話ではテロなどの過激な行為に走ってしまうという話[2]を援用した上で，少数派の正義が仮に存在するとしたら，そういう少数派の意見を多数派に向けて発信するメガホンのようなものが必要なのではないかという考えを紹介した．その具体例としてはたとえばデモがあり，またメディアの役割も重要ではないかという．さらに，一般人を集めて専門家を呼んで議論をおこなうような，ある種の「プチ議会」みたいなものがあるといいのではないかという意見も披露された．

　Bグループは，議論の過程で少数派に多数派が歩み寄ることは可能であるという前提のもとに，その具体的な方法について話し合ったという．

　　　たとえば100人いて90対10とか，70対30とかに意見が分かれた場合，その割合に応じて歩み寄り具合を変える制度を作ったらどうかという話になったんですが，では99対1になったときにどうするのか，というところで議論が進まなくなっちゃって……．そういうときにはある程度の最低ラインをきめておいて，たとえ1人の意見であっても10人分ぐらいの価値を与えて多数派の意見に反映させるようにすればどうかという意見が出ました．（mさん）

選挙での得票率に譲歩の割合を対応させるというアイデアについては，複数の学生から，政治にはやはりそうした折衷がきかない場面があるのではないか

---

[2] これは授業で政治学の藤原帰一教授がおこなった説明とのことである．

という疑問が呈された．確かにアメリカ大統領の職権を得票率で2人に分割するということはありえないし，Brexitの場合でも，票数がたとえ僅差であれ，結果としてはEU離脱という選択肢が100で残留の選択肢が0ということになるので，イギリスがEUから52％離脱して48％は残留するということにはなりえない．しかし他方，こうした「分割の思想」によってある程度「少数派の正義」を実現する道を確保することは不可能ではないはずだ．

　　さっき，大統領を選ぶのと議員を選ぶのは違うという話が藤垣先生からありましたが，日本の場合には国会議員をわれわれは選びますよね．すると，多数を獲得した与党の意見がたいてい通る．しかし，少数派の野党が言っていることのほうがもしかすると正しいかもしれないので，国会で徹底的に議論をして，あとは野党側の「少数派の正義」を与党側がある程度譲歩して取り入れながら，自分たちの主張を修正していって最終的な合意に至るというのが，まあ理想ですよね．でも，実際に国会がどうなっているかというと，なかなかそうはなっていないというのが現状ではないでしょうか．（石井）

石井はさらに「正義」という言葉の定義について触れ，普遍的な正義，絶対的な正義があるわけではないので，どの時点での，誰にとっての，なんのための正義なのかということを議論しない限り，この問題に見通しをつけることはむずかしいと述べた．ある時点では正義であったものが，何十年か経ってみたらじつは正義でもなんでもなかったということは往々にしてある．したがってあらゆる概念と同様，これもまた歴史性と切り離すことはできない．また，「少数派の正義」の裏側には「多数派の不正義」というものが必ず存在する．けっきょくのところ，これを修正する民主主義のシステムはどういうものであるべきか，という問題に一連の議論は収斂するのだろう．

〈論点4：「民主主義」と「ポピュリズム」の関係をどう考えますか．論点1-3の議論を踏まえて論じてみてください〉
　派手なパフォーマンスへの付和雷同とか，感情に流された浮動票の行く先と

か，論点3までの議論ですでにポピュリズムの問題は見え隠れしていたが，最後にこれをテーマとして議論してみた．

最初にDグループから，そもそも「ポピュリズム」の定義が曖昧だという点が提起された．一般にポピュリズムは感情的な部分を煽っていくものであるから，民主主義の前提となっている理性を揺るがすものとして，マイナスのニュアンスで使われることが多い．しかしポピュリズムと民主主義はもともと不可分であって，代表者を選ぶときには，能力の適切性からすると一番ではなくても，みんながついていく気になる人のほうがいい場合があるので，その意味で感情的側面を取り入れることは一概に間違ったこととはいえないだろう．また，ポピュリズムのひとつのとらえ方として「意見をもたない層を染め上げる」という面があるが，自分の意見をもっていない人びとに関心をもたせる働きをすると考えれば，民主主義の改善のきっかけになるかもしれない．

Aグループは具体例から出発して，トランプとBrexitの話から，まず直接民主制と間接民主制でポピュリズムに違いがあるのかという話をしたという．しかし間接民主制的なアメリカと同様，国民投票という直接民主制で物事を決めようとしたイギリスでも，Brexitの旗振り役を務めたボリス・ジョンソン[3]を中心にポピュリズム的な動きが発生したので，その点で違いはないと結論づけた．そこからこのグループでもポピュリズムの定義に話が及んだが，その中で次のような重要な話題が提起された．

ボリス・ジョンソン
Ⓒ AFP/RL DE SOUZA

ミュラーというプリンストン大学の教授であるドイツ人の政治学者が，最近『ポピュリズムとは何か[4]』という本を出したんですけ

---

3) 1964年生まれのイギリスの政治家で，2016年の国民投票にあたってはイギリスのEU離脱を主導した．ロンドン市長を2期務めた後，2016年にメイ内閣で外務・英連邦大臣に就任したが，メイ首相の穏健なEU離脱政策に反発して2018年に辞任した．
4) ヤン゠ヴェルナー・ミュラー『ポピュリズムとは何か』，板橋拓己訳，岩波書店，2017年．ミュラーは1970年ドイツ生まれの政治学者．

第6章　民主主義は投票によって実現できるか

ど，ポピュリズムの定義としては「反エスタブリッシュメント」ではなく「反多元主義」が問題である，自分たちが真の人民を代表しているのであって，自分たちと違う意見をもつ人はそもそも人民ではないんだ，というような定義をポピュリズムがとっていると述べています．だからトランプの場合も，自分に刃向かう者はそもそもアメリカ国民ではないということになる．そうすると，民主主義から生まれたポピュリズムが，「反多元主義」という，民主主義とは真逆の方向性をもってこれを根底から覆そうとしていることになるわけで，パラドクスというか，面白いなという話になりました．（cさん）

　続いてBグループからは，公約などをわかりやすくする過程でメディアが操作されてしまうという話がある一方，メディアにたいして懐疑的になるのは間違っていて，中立な情報がないからこそ自分で比較しないといけない，ちゃんと理解していないのに投票していいのかと考えなければいけないという話も出た．そしてこれを解決するためには，投票前に公約などをもっとわかりやすく中立的に知る方法があればいいという意見が紹介された．
　Cグループからはまず，民主主義が理想型であって，ポピュリズムがその副産物ではないかという意見が出た．民主主義が成功した場合は「民主主義がよかった」とか「民主主義の勝利だ」といわれるが，失敗した場合はそれが「ポピュリズム」といわれるので，これは不可避な産物ではないかということである．それにたいして，国民ひとりひとりが決定権をもつのが良いとするのが民主主義，良くないとするのがポピュリズムであって，どちらも価値判断を内包しているという点で表裏一体であるという意見もあった．また第三の意見として，ポピュリズムは民主主義を批判し是正するためのプロセスのひとつではないかという見方も提起された．
　最後に石井と藤垣から，次のようなコメントが加えられた．

　　いろいろなアンケートで，賛成・反対のほかに「どちらともいえない」という人が必ずかなりの部分を占めていますよね．こうした人をある方向に誘導しようと思ったら，たぶん感情に訴えるようなやり方をすれば可能

でしょう．だから民主主義の最大の問題は「多数派」対「少数派」という対立軸ではなくて，それ以外に明確な意見をもたない「考えない大衆」がいる，それもじつは多数を占めているということなんじゃないか．「どちらでもいい」というのはある種のニヒリズムですけど，それがポピュリズム的操作によってある方向に誘導されてしまうと危険になるということを思いました．

　さっきミュラーの「ポピュリズムは反多元主義だ」という主張についての話が出ましたが，これはなかなか深い定義だと思いますね．民主主義は多様性を尊重するといいながら，多数派の意思でなにかを決めなければならないという宿命ももっている．これは根源的な矛盾ですよね．多様性を本当に尊重していたらなにも決められない．なにか決めるというのは，多様性に反することです．ポピュリズムによってそうした反多元主義が特定の一方向に誘導されてしまうとき，戦争への道が開けてしまうのではないかと思ったりしました．（石井）

　私が関与していたプロジェクトで「どちらともいえない」という人たちの分析をしたことがあります．環境省のプロジェクトで，地球温暖化について市民としてどう思うかというのを調べてみたんですけど，大多数の人は地球温暖化なんか「どうでもいい」というんですね．ところがそういう人でも，どうしても譲れない問題は必ずあるんです．たとえば保育園の話になると烈火のごとく怒って，これだけは譲れないという．だから，本当になにも考えていない人が多いわけではなくて，絶対に譲れないものはみんなもっている．そこに抵触したときに，はじめて意見というものが出てくるんじゃないか．

　それから，代議員制の問題ですけど，代議員A・B・Cがいるとします．それでみなさんが投票するときに，原発問題に関してはA議員の意見が良い．だけど福祉に関してはBだけが良い．でも外交に関してはAとBは×でCだけが良いといったときに，1票しかないわけなので，さて誰に投票するかという話になる．民主主義は理想ですが，人によってこれだけは譲れないという問題が異なっていて，しかも代議員はひとりだけ選ば

なきゃいけないという問題が発生する．この矛盾にたいして，私たちはいったいなにができるんでしょうね．

	原発	福祉	外交
代議員 A	○	×	×
代議員 B	×	○	×
代議員 C	×	×	○

　あと，民主主義って本当に投票だけで実現できるんでしょうか．民主主義に大事なのは選挙だけかという話の続きですけれども，トランプが当選してもメキシコとの国境に壁は作られていない．つまり当選した後に，私たちはその人の行動を監視することができる．日本だったら，内閣や政府がやることを国会やメディアが監視する．監視していく中で，選挙で決まったことを修正していくことは十分可能でしょう．おそらく民主主義を運営するのは選挙だけではなく，そういった監視機能であって，われわれはその機能の一端を担わないといけないんだろうなというふうに思っています．（藤垣）

（石）

議論を振り返って

　この回は，まず論点1で多数決の結果の正しさについて議論した．学生たちは大学生になるまでの中学・高校生活の中で何度も多数決による意思決定を経験しているため，他人ごとではなく自分ごととして多数決の問題点を挙げていた．情報不足で適切でないものが選ばれる例，人気投票になってしまう例，一人が手を挙げるとよく考えずについていってしまう例，自分の意見をもたない人の問題点などである．また，続く論点2でも，2016年から2017年にかけて世界で起こったイギリスのEU離脱や米仏韓の大統領選挙を自分ごととしてとらえた意見が出た．論点3の少数派の正義に関しても，「どの時点での，誰にとっての，なんのための正義か」ということを理解する上でのステップになったと考えられる．これらの議論をふまえておこなった論点4の「民主主義とポ

ピュリズム」の関係については，多くの興味深い論点が出されたといえよう．

まず民主主義の定義であるが，『広辞苑』（第七版）には，民主主義（democracy）の「語源はギリシャ語の dēmokratia で，dēmos（人民）と kratia（権力）とを結合したもの．権力は人民に由来し，権力を人民が行使するという考えとその政治形態」とある．選挙は，人民が権力をもつために導入された制度である．「人民が権力をもつ」というのは簡単であるが，人民は一人ではなく大勢いるので，人民が権力をもつ機構の設計はやっかいな要素を含む．大勢いる人民はすべての人が同じ意見をもっているわけではなく，民意は一様ではない．しかし，人民が権力をもつためには，人民の総意が代表者の決定および政治の意思決定に反映されなくてはならない．その総意に相当するものを多数決で決めているわけである[5]．石井の言にもあるように，「民主主義は多様性を尊重するといいながら，多数派の意思でなにかを決めなくてはならない」という矛盾をもつ．なにかを決めることは時に多様性に反する要素をふくむ．したがって，人民が権力をもつ理想のもとで，その実施プロセスで１つ１つを決めていくときには，多様性を排除しないよう努力しつつも多様性に反する決定をしなくてはならなくなる時もある．その矛盾が現れる１つの例が選挙なのであろう．

それにたいしポピュリズムの定義は，『広辞苑』（第七版）には「② 1980 年代アメリカの第三政党，人民党（ポピュリスト党）の主義．人民主義．③ 1930 年代以降に中南米で発展した，労働者を基盤とする改良的な民族主義的政治運動．アルゼンチンのペロンなどが推進」とある．実際には，世界のさまざまな地域において，ポピュリズムが性質のはっきりと異なる現象と同一視されたり，ときに混同されることがあるという[6]．ミュデとカルトワッセルは，ポピュリ

---

[5] ちなみに，佐々木毅は最近出版された編著（『民主政とポピュリズム――ヨーロッパ・アメリカ・日本の比較政治学』，筑摩書房，2018 年）の中で，第１次世界大戦直後の民主化の第１の波が独裁者による大衆支配を生み，「人民の自己統治という民主政の理念」がいかに内在的な脆弱性をかかえていたかを明らかにしたとしている．そして民主政概念を再定義したシュムペーターが，人民の意志や共通の利益といった概念に破壊的批判を加え，複数の政治集団（政党）が票を獲得する競争をおこない，それを前提に人民が票を投ずるという「手続き的規定」として民主政をとらえ直したことを説明している（194-195 頁）．この他にも，「1989 年がそれまで社会主義によって抑圧されてきた民族が冷凍庫から解凍された年」「グローバリゼーションの最大の勝ち組はアジアの貧困層および中間層で，最大の負け組は豊かな国々の下位中間層」といった記述をはじめ，欧州や米国でなぜポピュリズムが発生しつつあるのか，その機構を歴史的視座と民主政論から説明した筆致は読み応えがある．

ズムを,「社会が究極的に『汚れなき人民』対『腐敗したエリート』という敵対する2つの同志的な陣営に分かれると考え,政治とは人民の一般意志の表現であるべきだと論じる,中心の希薄なイデオロギー」と定義している[7]。また,学生の議論の中にも出てくるミュラーによる定義は,「ポピュリズムとは,ある特定の政治の道徳主義的な想像であり,道徳的に純粋で完全に統一された人民と,腐敗しているか,なんらかのかたちで道徳的に劣っているとされたエリートとを対置するように政治世界を認識する方法」(反エリート主義)であることに加えて,「ポピュリストは,自分たちが,それも自分たちだけが,人民を代表すると主張する」反多元主義であるとする[8]。

さて,民主主義とポピュリズムの関係として学生からはいくつかの意見があがった。1つめは,民主主義が理想型であって,ポピュリズムがその副産物ではないかという意見である。民主主義が成功した場合は「民主主義がよかった」とか「民主主義の勝利だ」といわれるが,失敗した場合はそれが「ポピュリズム」といわれるので,これは不可避な副産物だという意見である。2つめは,国民ひとりひとりが決定権をもつのが良いとするのが民主主義,良くないとするのがポピュリズムであって,どちらも価値判断を内包しているという点で表裏一体であるという意見,3つめはポピュリズムは民主主義を批判し是正するためのプロセスの1つではないかという見方である。民主主義とポピュリズムの関係を最近出版された代表的書籍をもとに比較分析している池本大輔[9]は,次のようにまとめている。まず上記ミュデとカルトワッセルは,少数派の権利や権力分立のような自由主義的な要素を民主主義の本質と考えているので,ポピュリズムはそのような要素を否定する,非リベラルな民主主義であると位置づけている。次にミュラーの場合は,多元主義を民主主義の本質的な要素と考えるので,ポピュリズムは自由主義だけでなく,民主政治をも損ねると主張

---

6) たとえば,ヨーロッパの文脈においては反移民や外国人嫌悪のことを指してポピュリズムと呼ぶことがあるが,ラテンアメリカではクライエンテリズム(恩顧関係)の失敗を遠回しに指すなど(カス・ミュデ,クリストバル・ロビラ・カルトワッセル『ポピュリズム――デモクラシーの友と敵』,永井大輔,高山裕二訳,白水社,2018年,9頁)。
7) 同,14頁。
8) ヤン=ヴェルナー・ミュラー『ポピュリズムとは何か』,前掲書,27頁。
9) 池本大輔,「ポピュリズムの挑戦とEU」,佐々木毅編著『民主制とポピュリズム』,前掲書,16-29頁。

している．そして水島治郎[10]は，ポピュリズムが民主主義を損ねる面と活性化する面と両面があることを指摘した上で，政治参加を促進するという点では活性化する側面があることを指摘している．学生が指摘した3つの点のうち，3番めの点は，水島の主張に近いといえるかもしれない．

　学生の議論の中でも出てくる「考えない大衆」については，これまでも多くの論客が考察を加えている[11]．ただ，議論の中でも言及したように，あるプロジェクトで調査をしたところ，日本の市民は，「自分の関心が低いテーマに関する意思決定は他人（国会議員や組織執行部の判断）にまかせるが，強い関心があるものについては他人まかせにせず意見をいう」という意思決定のモードの切り替えがあることが示された．たとえばある市民は，地球温暖化問題については「国が決めるもの」と答えるのにたいし，自分の関心のある保育所問題になると「国にまかせておけない」と答える，などの傾向である[12]．こういった「他人まかせにできる分岐点」は，民主主義は選挙によって達成できるかを考える上で，今後考察すべき点のひとつである．また学生の議論もいくつかの場面でメディアの役割に言及しているが，従来のマスメディアだけでなくSNSなどのメディアのもつ特徴が，ポピュリズムの進行にどういう役割を果たすかという点も見逃せない．SNSは批判されるべき点も多々あるが，人民による言論への直接参加の機会を増大させるという点では，役割を果たしているといえよう[13]．

　さらに，民主主義は選挙のみによって成り立つわけではないことも大事な視

---

10) 水島治郎『ポピュリズムとは何か──民主主義の敵か，改革の希望か』，中公新書，2016年．
11) たとえばホセ・オルテガ・イ・ガセットは代表的著書『大衆の反逆』(1929年．邦訳：神吉敬三訳，ちくま学芸文庫，1995年）で，大衆の行動について記述している．ウォルター・リップマンは「新たに政治の舞台に登場した大衆は，基本的に自己中心的な存在であり，自分の関心事から遠く離れた政治について十分な情報に基づいて合理的な判断をすることは期待できない．仮に十分な時間と余裕があったとしても，彼らにそれを期待することはできない．なぜならば，人間は早い段階で定着したステレオタイプに従ってものごとを判断するからである」と主張している（佐々木毅編著『民主政とポピュリズム』，前掲書，194頁）．
12) 「気候変動リスク管理戦略の作成に向けて」(ICARUS-REPORT2014)，環境省環境研究総合推進費：戦略的研究プロジェクトS-10，2014年3月，17頁．
13) 同時に疑似アカウントによる操作という側面も気をつけなければならない（「消えた7億フォロワー──揺れる『いいね！』経済　情報汚染，ネット曇らす」，『日本経済新聞』2018年8月11日朝刊）．

点である．選挙後の監視のあり方も重要となってくるだろう．人民の市民性（シティズンシップ）の高さは，選挙において「考えない人」にならないことだけでなく，政治を監視し「ものいう市民」になることにも表れるはずである．
したがって，「民主主義は投票によって実現できるか」というテーマへの答えはYESであると同時にNOである．投票によって一部実現できるという意味ではYESであるが，しかし，投票によってのみ実現できるかという意味ではNOなのである． 　　　　　　　　　　　　　　　　　　　　　　　　　（藤）

第 7 章

軍事的安全保障研究予算をもらってもよいか

写真：栗原秀夫／アフロ

問題提起

　日本学術会議[1]の安全保障と学術に関する検討委員会は，2017年4月13日に報告書を公開した[2]．この検討委員会は，防衛省が2015年より「安全保障技術研究推進制度」を設け，大学などの研究者も応募できる競争的資金（2015年3億円，2016年6億円，2017年110億円）を導入したことが契機となっている．日本学術会議の報告書は，同会議が1950年に出した「戦争を目的とする科学研究には絶対従わない決意の表明（声明）」および1967年に出した「軍事目的のための科学研究を行わない声明」を継承することをまとめている．科学者コミュニティが追求すべきは学術の健全な発展であり，これを通して社会からの負託に応えることであること，学術の健全な発展への影響について慎重な検討を要するのは軍事的な手段による国家の安全保障にかかわる分野（軍事的安全保障研究）であること，そしてこの分野では学術研究の自主性・自律性，そしてとくに研究成果の公開性が担保されない懸念があること，研究の期間内および期間後に，研究の方向性や秘密性の保持をめぐって，政府による研究者の活動への介入が大きくなる懸念があることなどがまとめられている．

　日本で大学に所属する研究者が軍事研究にどうかかわるかについては，戦後70年以上にわたる議論の歴史がある[3]．戦時中に科学者コミュニティが日本での原爆開発や生物兵器開発に携わったこと，1950年代に科学者コミュニティによる戦争協力への反省や再び同様の事態が生じることへの懸念が日本学術会議，科学者京都会議などを中心に議論されたこと，1960年代のベトナム戦争の時代に米軍からの研究資金をめぐって日本学術会議や国立大学協会や日本

---

[1] 日本の人文・社会科学，自然科学全分野の科学者の意見をまとめ，国内外にたいして発信する日本の代表機関．1949年，内閣総理大臣の所管のもと，政府から独立して職務をおこなう特別機関として設立された．職務は，1）科学に関する重要事項を審議し，その実現を図ること，2）科学に関する研究の連絡を図り，その能率を向上させること，の2点である．

[2] 日本学術会議，安全保障と学術に関する検討委員会報告書「軍事的安全保障研究について」2017年4月13日．http://www.scj.go.jp/ja/info/kohyo/pdf/kohyo-23-h170413.pdf

[3] 杉山滋郎『「軍事研究」の戦後史——科学者はどう向き合ってきたか』，ミネルヴァ書房，2017年．

物理学会で議論がおこなわれたこと，1970年代からの新冷戦の時代に「平和の目的に限り」安全保障関係の研究が宇宙分野や医学分野でおこなわれはじめたこと，1989年冷戦終結後，デュアルユース（民生技術と軍事技術の双方に利用可能であること）が進んだことなどである．2000年代に入ると，安全保障環境の質的な変化が指摘されるようになる．東西国家の対立というより地域紛争，テロの発生，大量破壊兵器の拡散など冷戦時代とは異なる軍事的脅威が出てきたこと，およびサイバーテロや感染症など軍事的でない脅威も無視できなくなったこと，そしてITネットワーク，センサー，無人機などの進歩にともない，宇宙を活用した通信・測位・情報収集も組み合わせた「防衛システムの高度ネットワーク化」が出てきたこと，などである[4]．安全保障環境の質的変化とさまざまな技術の進歩を背景として，宇宙開発分野，生命科学分野，神経科学分野におけるデュアルユースが進むことになる．

　さて，日本で大学に所属する研究者が軍事研究にどうかかわるかを議論するさいに問題となるのは，軍事研究と非軍事研究をどう区別するのかの問題である．この判断基準は複数存在する．1つめは研究費の出所や研究者の所属先などの外形規準である．たとえば研究費の出所であれば，米軍からの予算や防衛省からの予算でおこなった研究は軍事研究である，とする規準となる．この考え方にたいしては，米軍も防衛省も軍事に直結しない基礎研究にも資金を投入するのだから，外形規準にこだわる必要はないのではという反論が存在する．

　このような反論の背景には，基礎研究なのかそれとも軍事研究なのかといった研究内容にふみこんだ議論をすべきだ，という考え方がある．これが2つめの判断基準であり，研究内容から軍事研究であるか否かを判断するやり方である．このやり方については，直接に戦争を目標にして兵器の研究をおこなう場合は誰もこれを軍事研究と呼ぶことに異議はないが，平和目的であってもこれを他人が転用すれば容易に兵器となる場合が少なくない[5]ため，つねにグレーゾーンが存在する．たとえ研究者本人が基礎研究という意図で研究していて

---

[4]　杉山滋郎『「軍事研究」の戦後史』，前掲書，163-164頁．
[5]　1959年に茅誠司（当時の東京大学総長，学術会議会長）は「総長の見解」の中で，軍事研究と平和研究の判断は一筋縄でいかないことを強調し，そのときの世界情勢により戦争の起こる可能性を吟味した上で総合的判断をおこなうべきであり，その判断は個々の研究者が良識に基づいて自主的にすべきであるとしている（『東京大学新聞』1959年9月16日）．

も，結果的に軍の活動に役立つ，兵器のための研究の一翼を担うことになるという反論も成り立つ[6]．

さらに，民生技術と軍事技術の境界もあいまいになりつつある．軍の予算ではじめられた研究が民生利用されたり（スピン・アウト．たとえばインターネットやGPS技術がこれにあたる），軍以外の予算でおこなわれた研究が軍事利用される（スピン・イン）例があるほか，近年ではデュアルユースとして民生と軍事が併存・併進する例も多くある[7]．

軍事研究か否かの線引きの3つめの判断基準は，研究の公開性である．お金の出所で判断することにこだわらず，研究成果を自由に発表できるかどうかに注目すべきではという考え方である．基礎研究であれば研究成果の発表の自由が保証されているはずであり，軍事研究であれば敵国に研究成果を奪われないよう秘匿する傾向があるはずだ，という点である[8]．

最後に議論しておかねばならないことは，安全保障および自衛の意味である．軍事研究か否かの線引きを議論するのではなく，軍事研究の中でもある種のものは認めてもよいのではないかとする意見についてである．国民を守るため，安全保障および自衛のための軍事研究をすることが果たして悪であろうか，という議論である．そこで問題となるのは自衛のための軍事力とはなにかという

---

6) たとえばジョン・フォージは，以下の例を挙げる．第2次世界大戦勃発の数か月前，フランスの科学者であるジョリオ・キュリーがおこなっていた，中性子倍増率に関する研究結果は，適切な減速器によって核分裂の連鎖は継続させることができる，つまり核爆弾製造が可能であることを示すものであった．ジョリオは，自分は基礎研究としてウラン原子の特性を研究しているのだと主張したが明らかに兵器のための研究の一翼を担うものであった（ジョン・フォージ『科学者の責任――哲学的探究』，佐藤透，渡邊嘉男訳，産業図書，2013年）．第9章の問題提起文も参照のこと．

7) たとえば，無人飛行技術と遠隔操作技術を組み合わせれば，火山灰や火山性の有毒ガスが多く人間が簡単には入れない無人島にドローン（無人航空機）を飛ばし，島の形や等高線を遠隔地にいながら把握することができ，民生用の用途が開ける．しかし同時に，無人飛行技術と遠隔操作技術の組み合わせは，軍事用の無人殺戮兵器の開発の用途にも開けている．

8) 2015年の防衛省による安全保障技術研究推進制度の公募要領には，「研究は原則として公開とする」とあり，研究代表者の応募資格としては「日本国籍を有すること」と記述されていた．1点めの「原則として」は例外が発生することを暗に示している．ただし，2017年度の公募要項では「いかなる研究成果についても，特定秘密その他秘密に指定することはありません」(1.4 (4)，太字)，「受託者の研究成果の公表を制限することはありません」(3.3)と明記された．2点めの国籍制限については，学術の健全な発展は，世界各国の研究者に等しく開かれた環境の中でこそなされるのにたいし，日本国籍をもつ者に応募資格が限られること，留学生や海外の研究者に開かれていないことが問題となろう．

伊能繁次郎　　　　　　　　　岸信介

点である．1959年3月の国会で伊能繁次郎防衛庁長官が，自衛のためであれば着弾距離が40キロメートルほどのミサイルに核弾頭を搭載して使用することは憲法上認められると発言したことと，岸信介首相が，他国の基地から攻撃された場合，飛行機で敵の基地を爆破することは海外派兵にあたらず，憲法上認められると発言したことを考え合わせると，自衛のためなら他国を核兵器で攻撃できることになってしまう[9]．また，SDI（Strategic Defense Initiative；戦略防衛構想）によりミサイル攻撃から国を守るということは，飛来したミサイルを自国の近くで迎え撃つだけでなく，敵国上に出かけていって攻撃することをめざすため，自衛を完璧にしようとすることは，「相手国上に出かけていく」という攻撃的な側面を内包しているのである[10]．軍事研究か否かの線引きが危ういだけでなく，自衛と自衛を超えるものとの線引きも非常に危ういものをふくんでいることは肝に銘じておかねばなるまい．　　　　　　　　　　（藤）

9）杉山滋郎「『軍事研究』の戦後史」，前掲書，232–233頁．
10）同，233–234頁．

> **論点**

1 大学に所属する研究者が研究費をもらう是非を問うとき，研究費の出所という外形規準で判断することについてどう思いますか．

2 軍事研究か否かの線引きを，研究内容で判断することについてどう思いますか．

3 軍事研究か否かの線引きを，研究成果を自由に発表できるかどうかで判断することについてどう思いますか．

4 自衛のための軍事力とはなんだと思いますか．その上で軍事的安全保障研究予算をもらってもいいと思いますか．

.... 議論の記録 ....

　本議論は，2017年5月24日におこなわれた．Aグループはaさん，bさん，gさん，nさん，Bグループはcさん，dさん，fさん，oさん，Cグループはhさん，iさん，kさん，mさん，Dグループはjさん，lさん，pさん，合計15名である．

〈論点1：大学に所属する研究者が研究費をもらう是非を問うとき，研究費の出所という外形規準で判断することについてどう思いますか〉
　Aグループからは，「研究費の出所から判断することはあまり効果がない，妥当ではない」という意見が出たことが報告された．その理由として，表面上1つの大学で出所をチェックしても，複数の機関に所属する人がいるため，そういう人が所属している他の大学や研究所でもらっている予算の出所まではチ

ェックが及ばないからという点が挙げられた．また A グループ内では，「研究者が軍事的安全保障研究予算をもらうのはよくない」という前提をみなで共有していたと報告された．同時に，大学に所属する研究者は，予算をどこからもらったか追跡されるのは当然の義務なのではないかという意見が出た．

 藤垣「大学に所属する以上，どこからもらうかは……」
 b さん「一応追跡されなければいけない」
 藤垣「追跡される義務がある」
 b さん「そうですね」
 藤垣「義務というか責任というか」
 b さん「責任というか，そうですね」

 B グループからは，まず医学研究との比較が提示された．医学研究の場合は「特定の製薬会社からもらったお金で研究するようなことはしていません」と書いてあることは，特定の機関と結びついていないことを示す意味でよいことだと判断される．これは軍事研究にも応用可能である．また，軍事研究の場合，防御のための研究なら予算をもらってもよいのではという論があるが，どこからが攻撃でどこからが防御なのかの境界の引き方がむずかしい．そして，そもそももらってもいいかどうかを誰が判断するのかが重要である，という主張がなされた．もらっていいかどうかを判断するのは研究者なのか，所属組織なのか，世間なのかということを議論する必要があるという点である．後者の点について藤垣から，世間といってもマスコミと SNS では微妙にずれがあり，世間あるいは一般市民とは誰なのか，きちんと吟味する必要性がある点が指摘された．
 C グループからは，「研究費の出所という外形規準は，他の基準と比べれば判断基準として使えるのではないか」という意見が出た．理由としては，研究費を出す組織は，「その組織の利益になるような成果が出てくると判断している」わけで，その意味で防衛省が研究費を出す以上，防衛について利益になる成果を期待していると考えられる点が挙げられた．
 D グループからは，判断基準として，予算の出所という外形規準は，他の基

準と比べてわかりやすいという点が挙げられた．防衛と攻撃を分けることはむずかしいが，防衛技術に応用できるからこそ防衛装備庁[11]が支援するのであるから，この規準を用いるのはいいのではという意見である．ただ，日本の防衛力を考えた場合，一概に防衛装備庁からの予算だからといってそれをもらわないことが続くと，やはり問題があるのではないか，あるいは米軍などとの共同研究が防衛力に当たるからといってもらわなければ，普通の研究でも支障が生じる可能性があるのではないか，そういった点を考えると外形規準にも問題があるという意見が出た．これらの意見を受けて，bさんから以下の問題提起があり，教室全体で議論となった．

bさん「1つ聞いてて思ったんですけど，ある研究があって，あと何億円かあれば大きな成果が成し遂げられるのに，研究費がつかないためにその研究がストップしてしまう場合，研究費の出所を気にしてその研究がストップするのはその分野の学問の発展にとってどうなのか，という論点についてはどうですか．この点はあまり出てなかったのですが，そこは研究費の出所で研究自体を止めてしまうのはもったいないという考え方はどうでしょうか」

藤垣「みなさんどうですか」

pさん「私たちのグループの議論でもあったんですけど，防衛省とかが研究予算あげますよといって，その予算にたいして研究者がこんな研究しますからお金くださいと応募するわけですね．なので，研究したいけどお金が足りない研究者は，防衛省からお金をもらう場合，研究内容が防衛省よりにシフトしてしまうのではないかという問題点があります」

bさん「なるほど．そうですね．私たちのグループでも出たんですけど，人工知能が安全保障の予算で採択されているということがありまして，それはなぜかというと，戦略の計算や，ミサイルの予想などに人工知能が生かせるからです．もちろん人工知能研究は，軍事以外にも使えるんですけ

---

[11] 防衛装備庁は，防衛省の外局として2015年10月1日に発足した．防衛装備品の適切な開発，生産，維持整備を目的としている．2015年7月に安全保障技術研究推進制度の公募を開始したときには存在しなかった外局である．

ど，軍事にも使える．研究者としては個人としておもしろい，やってみたいという研究にすぎないものを，防衛省の人が発見して，これは使えるぞといって引っ張ってくるパターンもあると思うんですよ．そもそも研究の目的としては純粋だから，こういうケースはありうるんじゃないかということを考えまして，どうなのかなと．純粋な研究にたまたま防衛省の人が目をつけて研究費をくれる場合，それを一概に防衛省から来たからダメっていうのは，どうなの，っていうことですね」

l さん「その件に直接つながるかわからないんですけど，もう一方のパターンとして，よくあるデュアルユースという，軍事目的や防衛目的で開発した技術が結果的に人の生活をより良くする技術になるという，そういうのを考えると，たとえば電子レンジのようにもともとは軍事用に開発した技術が生活をよりよくできるという点で，仮に防衛装備庁だからといって規制すると，軍事面じゃない他の面での……」

p さん「科学の発展が遅れる」

l さん「そういうことになると思います」

　ここで議論されているのは，研究費の出所によって研究内容が軍事よりに偏向[12]してしまう可能性，そしてそのような偏向の危険性と，科学研究の発展の牽引力としての予算とのあいだのジレンマである．上記 l さんのいうところの「軍事目的や防衛目的で開発した技術が結果的に人の生活をより良くする技術になる」というのは，デュアルユースによるスピン・アウトに相当する．スピン・アウトがないと科学の発展が遅れるというのは，科学知識そのものが両義的（民生にも軍事にも転用可）であることによって生じている．しかし，スピン・アウトが本当に人びとの生活を豊かにするかどうかについては反論がいくつもある．軍事技術はそもそも公開ではなく秘密が原則であり，軍事技術のスピン・アウトは軍のイニシアティブでおこなわれ，すべてが開放されるわけではないこと，軍が開放する技術はほとんどそのエッセンスを使い果たしたものであること，そもそも最初から軍用ではなく民生用で開発したほうが全開発

---

[12] 中正を失していること・偏った傾向（『岩波国語辞典』第四版，1989 年）．かたよっていること．かたよった傾向（『広辞苑』第七版）．

予算としては少額ですむ可能性もあること，などである[13]．

また，科学技術が純粋研究とそれ以外を区別することは可能かについては，過去にもさまざまな議論の蓄積がある．ジョン・フォージは，その著書『科学者の責任——哲学的探求』[14] において，純粋研究と応用研究の区別に鋭くメスを入れている．自分の研究は純粋研究だから責任はない，という逃げ道はよく聞く言明ではあるが，それは「標準的見解」をとる場合であり，「広い見方」をとると成立しえないのである．ここで，「標準的見解」とは，第9章で示すように，「行為の結果にたいして行為者が責任を負うのは，行為者がその結果を意図していた場合であり，かつその場合に限る」というものである．それにたいし「広い見方」とは，「行為者がその結果を意図していなくても，十分予見されるに足る証拠がある場合には責任が生じる」という考え方である[15]．

〈論点2：軍事研究か否かの線引きを，研究内容で判断することについてどう思いますか〉

まずBグループからは，基礎研究として研究を始めてもその成果が世に出る場合，研究した側の意図と，それを利用する側の意図とのあいだにはギャップがあるので，研究内容で判断するのはむずかしいという意見が出された．また，もともと軍事研究で結果的に民生に役立つこと（スピン・アウト）については，「軍事研究が盛んでそこにお金を投入したからこそ，他のところにも成果が及んだ」という説と，「研究者には軍事研究をおこなう意図はなかったが，お金をもらうためにしかたなく軍事よりにして発表して予算をもらわざるをえなかった」という可能性とがある．お金ありきなのか，意図をシフトさせただけなのか，両者のあいだのグレーゾーンが大きすぎるという指摘である．

Cグループからは，軍事研究か否かの線引きを研究者がおこなうのか，その外からの判断でおこなうのかについての論点が提示され，それを調査する場合，そもそも軍事研究は公に公開されておこなわれているものが少ないため，調査もむずかしいのではないかという意見が提示された．

---

13) 池内了『科学者と軍事研究』，岩波新書，2017年，169–172頁参照．
14) ジョン・フォージ『科学者の責任』，前掲書．
15) 本書第9章「学問は社会にたいして責任を負わねばならないか」問題提起文参照．

Dグループからは，線引きをしたときの間違いをどう扱うかという論点が出された．軍事研究であると判断したのにじつは軍事研究ではなかったとか，軍事研究ではないと判断したのにじつは軍事研究だったというような間違いである．また，研究内容からの判断というより，研究目的を見るか，研究内容からの応用を見るか，といった判断になるという点が指摘された．研究目的が軍事研究だったら，それは確実に軍事研究なのでブロックできる．応用先に軍事があった場合はよりむずかしいという意見である．しかし中には，研究目的が軍事研究であるときにブロックするという判断自体に疑念を示す意見も出たという．たとえばコンピュータグラフィクスの研究は，1948年ごろにアメリカ軍がミサイルの軌道をコンピュータ上で可視化したり，戦闘機のフライトシミュレーターを作ったりするために開発された．そのように目的が軍事であったコンピュータグラフィックスだが，今ではエンターテインメントにも使われている．軍事が目的であっても民生用への応用を阻害するという問題点が再び指摘された．

　Aグループからは，研究内容から判断する場合，研究の初期段階（上流工程）というより，ある程度応用段階に入ってからすべきではないかという，研究の時間的経緯を考慮する意見が出た．同時に，たとえば原子爆弾の研究は，最初は核分裂の研究だったのであって，その研究が進んで原子爆弾が可能であるということがわかった段階で止めようとした科学者たちも存在した．彼らは実際に応用段階で止めようとしたが止めることができなかった．研究がある程度できあがってしまった場合，研究成果は研究者だけのものではなく使う人のものになってしまうため，そう簡単には止められなくなる．このような点から，研究は自由にやらせておいて，軍事研究になったら止めればいいという考え方は楽観的なのではないか，という批判が出た．

　この後，基礎研究が軍事研究に発展してしまった場合，「どこで止めるのか」について教室全体で議論となった．

　　藤垣「応用を止めようとして止められなかったようなことが起こらないようにするための，一番最初の防波堤が，研究費をどこからとるか，つまり外形規準になるのでしょうか」

aさん「研究自体をやっていいのかどうかというところになる．だから研究費とかいわないかもしれないですけど」
藤垣「はじめの一歩，最初の防波堤は研究を始める段階でしょうか」
aさん「そうですね．最初の段階で内容とか研究費で審査する必要はあるということです」
bさん「あとは研究構想とかですかね」
pさん「それに関してTAの方から出たんですけど，研究者が研究の応用先を限定する権利を主張すればいいんじゃないかなっていう意見がありました」
aさん「まあ1つはあるんじゃないかな」
pさん「そんなことができるのかという考えもあるかと思いますが」
aさん「現実的な話は別として，できれば面白いんじゃないかな」
藤垣「研究者が応用先を限定する．これ以上の使い方をしてはならないという．ただ，そこから先，止められるのでしょうか」
bさん「止めるか，あるいは応用先を限定する特許を取得するということですね」
aさん「まあ，現実的な効力は疑問がありますけど．1つは，方法としてはあるのかなと」

このあと石井から，予算というものには色がついていること，したがって，防衛省から出る予算には当然色がついている点が指摘された．また具体的な条件として，研究代表者が「日本国籍を有すること」という記述がある（問題提起文の脚注8参照）．グローバル化の時代で人種や性別や国籍で差別しないことが東京大学憲章で謳われているのにたいし，外国人が代表研究者になれないという条件の予算をもらっていいのか．つまり同じ大学の構成員で応募できる人と応募できない人を生んでしまうという差別が生じる．その点が大学となじまない点であるということが指摘された．

〈論点3：軍事研究か否かの線引きを，研究成果を自由に発表できるかどうかで判断することについてどう思いますか〉

まずCグループからは，研究成果を発表できないことが，必ずしも軍事研究とは結びつかないという議論が報告された．道徳的に問題のあるクローンの研究やデザイナーズベイビーなど，世の中には発表できないが非軍事的研究という例がある．そのため，研究成果を自由に発表できるかどうかという判断基準は，これだけ単独ではまずいが，他のものと組み合わせて複合的に判断するためには使えるという意見が出された．

　続いてDグループからは，目的が軍事ではないのに自由に公表できない研究の例として，特許のからむ研究が挙げられた．そのような例から，研究成果を自由に発表できるかどうかという基準を軍事研究か否かの判断に用いることの問題点が提示された．同時に，Cグループから出された「他のものと組み合わせて複合的に判断するためには使える」点については同意が表明された．

　これらにたいしAグループからは，研究成果を自由に発表できるかどうかで判断するのは有効であるという意見が出された．研究を重ねてなにかしら公開できないことが含まれているとしたら，軍事に関係している可能性があるという意見である．また，研究成果を自由に公開できるかどうかで判断する場合は，時系列の1点だけの調査ではなく，定期的に調査することをしないと機能しないという意見も出された．

　Bグループからも，研究成果を自由に発表できるかどうかで判断するのは有効であるという意見が出された．自由な公表という線引きをもとに軍事研究をブロックするやり方はありうるということである．しかしこの線引きはあくまで予算をもらって実行する研究の話であり，予算なしに隠れて研究している場合には適用できないという意見もあった．つまり，予算をもらう段階で研究の公開／非公開を問うことに論点をしぼるのなら，この線引きは有効であるという意見である．

　各グループから出たように，防衛省防衛装備庁資金が学術研究に及ぼす影響を考える上で，公開／非公開について考えるのは重要な論点となる[16]．石井

---

16) 池内了は，(1) 研究の発表・公開の完全な自由が保障されていないことからくる大学への直接の悪影響として，1) 防衛省資金で購入された設備や研究室に当事者以外が関与できなくなり，一種の治外法権の場となり大学の自治に反すること，2) 研究担当者個人の教室内ゼミでの研究発表が自由でなくなり，研究者間の自由な交流が阻害されること，3) とくに研究を手伝う大学院生や若手研究者にも発表の自由が制限され，彼らの研究者としての成

からは，公開／非公開について次の意見があった．

　　公開の問題は国籍情報ともかかわってくるわけですよね．2015 年の募集要項には「原則として公開する」というふうに書かれてありますけども，原則としてということは例外もあるということですね．それは研究内容が倫理的に合法かどうかということではなく，他の国に情報が漏れてしまうことを抑えるために公開しないのではないでしょうか．防衛装備庁予算に応募者の国籍限定があるのは，そのせいだと思います．日本にもいろいろな国からいろんな留学生の人が来てますよね．そういう人たちが研究に携わってそれを自国にもち帰り，その技術を使って日本よりも先んじた研究をしてしまうことを抑えたいのではないか．つまり，防衛省が出している予算には，「日本のため」という主張が強く出ている．国家というものが非常に強く前面に出ている．でも安全保障っていうのは本当に国単位でいいのか，という問いに繋がっていくと思うんですね．地域の安全保障もありますし，ひいていうと世界的なものでなければならないはずの安全保障が，ここでは明らかに国家単位になっていて，「日本が無事になるために」「日本が攻撃されないために」開発した技術は他国にとられては困るという思想がこの予算の前提にあるような気がします．そこにひっかかりを感じます．今議論している公開性の問題とちょっと違う問題がここにあるよ

長に障害となること，4) 研究内容を漏らしたことによる秘密漏えい罪に問われかねない事態が生じ，研究室の萎縮が懸念されること，5) その研究が人びとの幸福のための心理の探究でなくなることによって醸成される研究者としての精神的堕落が，学問全体への信頼を喪失させること，6) 自分の研究を自由に語れない教員は学問をする魅力そのものが語れなくなり，学問の退廃につながることを挙げている．また (2) 大学の社会的立場への悪影響として，研究活動や研究内容が外部から見えなくなり，国民への説明責任が果たされなくなること，(3) 研究者個人の意識への悪影響として，防衛省の公募に応じるときに研究内容をそれに寄せるようになってしまうこと，その資金がないと研究が継続できないことから軍にたいする依存体質が生まれること，(4) 学生への悪影響として，指導教員の指導のもとで軍事研究を行なうことから，軍事開発に動員されたという意識がないまま研究に従事することにより，学術の原点についての倫理意識や社会的意識に欠けた学生を育てることになること，そして自分の研究成果の社会的責任を自覚した次世代の人間を育てるという公共財としての大学の任務を放棄することになること，(5) 今後の研究への悪影響として，防衛省から委託を受けた企業との産学連携による共同研究を通じ，産軍学連携へ拡大し，アメリカの産軍学複合体に取り込まれている危険性があることを挙げている．池内了『科学者と軍事研究』，前掲書，86-89 頁参照．

うな気がしているんですけども．(石井)

　この意見のあと，安全保障は国単位でやるべきか，地域でやるべきか，そして地域でやる場合，技術を共有してもよいのではないかという議論がおこなわれた．

〈論点4：自衛のための軍事力とはなんだと思いますか．その上で軍事的安全保障研究予算をもらってもいいと思いますか〉
　まずDグループからは，他の国との協力によって生じる戦争抑止力も，自衛隊の自衛力に該当するのではないかという意見が出た．また，少子高齢化が進んでいく中で，軍事的に開発した技術が生活に役立つ側面がある場合，そのようなスピン・アウトの技術開発も重要ではないかという意見も表明された．Aグループからは，自衛のための軍事力というものも時代とともに変わっていくという意見，そして同じ軍事力でも使い方によって攻撃にも自衛にも使えてしまうので，用途をはっきり決めて使うことの重要性が指摘された．その上で，安全保障研究予算をもらってもいいかという問いには，理想としてはNOといいたいところではあるが，やむをえないとき(他の国では予算をもらっているのに，日本は防衛省からしかお金がもらえないことによって日本の科学の発展が阻害され，科学の発展という意味で他の国に負けてしまうようなとき)は，もらう必要もあることが表明された．ただ，予算を使う人たちはしっかりと自衛のためであることを自覚し，攻撃に使われないようコントロールする必要があることが指摘された．
　Bグループからは，自衛のための軍事力は，日本という一国家を守るという意味の自衛ではなく，地域的なまとまりをもって自衛をする必要性があるのではという意見が出された．また自衛と攻撃の境界の話では，たとえば北朝鮮がミサイルを打ってきたとき，それを迎撃するより基地そのものを攻撃したほうが確実に自衛の効果が高く有効であるのだが，その場合も迎撃はよいが基地の攻撃はダメとする線引きがむずかしいといった話が紹介された．Cグループからは，結局軍事技術というものは紙一重であり，研究者自身の意思表明によってしか「自衛のための技術かそれ以外か」というのは決められないのではない

かという意見が出た．自衛か否かというのはタイミングの問題であり，相手が先に攻撃した後の反撃は自衛となるため，技術それ自体では自衛なのか自衛でないのかは決められないということが主張された．また予算については，日本は徴兵制を設けておらず，武器や軍事技術予算によってしか自衛力を高めることができないため，もらってもよいのではという意見も表明された．

以上，もらってもよいという意見の理由は大きくわけて2つあり，1つめは今の日本を取り巻く状況を考えると軍事研究をせざるをえないというものであり，2つめは日本の科学技術力が落ちてしまうのは避けなければならないというものであった．後者においては，日本の科学技術力が落ちることが問題であるのなら，防衛装備庁から110億円を出すより，文部科学省の科学技術関係予算でその予算を使えばよいのではという反論もありうるだろう．そもそも最初から軍用でなく民生用で開発したほうが全開発予算が少額ですむ可能性があることはすでに述べたとおりである．

論点4については世代の差もあることが示唆された．たとえば，日本の物理学者たちの第2次世界大戦直後および1950年代の反戦運動[17]，1960年代のベトナム反戦運動や米軍資金への対応，軍事研究費からの独立を考慮した物理学会の「決議3」[18]，1970年代の「物理学者の社会的責任」シンポジウムなどと比べたとき，両者のあいだには大きな隔たりがある．日本が戦争を起こすのを止められなかったこと，あるいは学問（当時はとくに物理学）が戦争兵器開発に動員されてしまったことへの「痛み」の感覚を世代を越えて共有するためには，これまでの，そして現在の議論をきちんと書き留めておく必要があるだろう[19]．

科学者は，公共的な知的資産を継承し，その資産蓄積に寄与する役割を社会から負託されている．大学は，自由で自律した学術研究をおこなう場であるからこそ中立性をもち，その中立性ゆえに市民社会における専門家としての批

---

17) 山崎正勝「平和問題と原子力——物理学者はどう向き合ってきたのか」，『日本物理学会誌』, Vol.71, No.12, 2016年, 848-852頁.

18) 「日本物理学会は今後内外を問わず，一切の軍隊からの援助，その他一切の協力関係をもたない」（1967年9月9日）.

19) たとえば小沼通二「軍事研究に対する科学者の態度——日本学術会議と日本物理学会(1)-(4)」，『科学』, 2016年10月号，11月号，2017年2月号，6月号.

判・助言・提言にたいして信頼を得てきた．しかし，軍事に手をそめることになれば，そのような中立性に基づく信頼を失うことになるだろう．そういった観点からも，軍事的安全保障研究と学術研究とのあいだには緊張関係があることをつねに意識する必要があると考えられる．　　　　　　　　　　　　（藤）

議論を振り返って

　問題提起文にもある通り，「軍事的安全保障研究予算をもらってもよいか」という問いは，防衛省防衛装備庁が2015年度に設けた「安全保障技術研究推進制度」による競争的資金を直接のきっかけとしたものである．これは原則的に大学や研究機関に所属する（主として理工系の）研究者に向けられたものであって，まだ研究者ではない，また将来研究者になるかどうかもわからない（とくに文科系の）学生たちにとっては，なかなか当事者意識をもちにくい課題設定であったと思われるが，教室では「自分が研究者だったら」という仮定のもとに，きわめて活発な議論が繰り広げられた．

　研究費の出所によって是非を判断することの当否（論点1）をめぐっては賛否両論があったが，その中で浮かび上がってきたのは，当然ながら科学技術研究の自律性をどう確保すべきかという問題であった．どんな研究も，十分な資金がなければ成果を挙げることはできない．これは誰が考えても当たり前の話である．しかし，いわゆる「紐付き予算」を受け取ると，研究の方向性がどうしても出資者の目的や意図によって限定されてしまう．もちろん，その種のお金はいっさい受け取らないというのはいさぎよい姿勢であるが，その場合は研究そのものが遅れてしまうことを覚悟せざるをえない．というわけで，研究者は——とくに最先端の科学技術に携わる研究者は——容易に抜け出せないジレンマに陥ることになる．

　ここで考えなければならないのは，やはり「軍事的安全保障研究」とはなにか，という定義の問題だろう．「軍事」とは「軍隊・兵備・戦争などに関する事柄」（『広辞苑』第七版）であるから，そこには当然，武力の行使という事態が想定されている．いっぽう「安全保障」とは「外部からの侵略に対して国家および国民の安全を保障すること」（同上）であるから，本来はあくまでも

「外部からの侵略」があった場合に適用されるべき概念である．したがって武力の行使も，侵略行為にたいする防御という根拠があってはじめて発動されるべきものとして了解されるはずである．

　だが，事はそれほど単純ではない．諸般の情勢からして「外部からの侵略」の可能性がきわめて高いと判断されれば，先制攻撃的な武力の行使も「防御」の範囲内であり「安全保障」の概念にふくまれるとする議論は十分ありうるからだ．日本国憲法における自衛隊の位置づけをめぐって長年続いてきた議論も，まさにこうした論点に関わっている．要するに「軍事的安全保障研究」というのは，それ自体が根本的な矛盾をはらんだ概念なのである．

　研究費の出所に話を戻せば，防衛省は文字通り「防衛」省なのだから，そこから支給される予算は攻撃的武力行使ではなく，あくまでも国土防衛という安全保障の範囲内に限定して使用されるべきものであり，その限りにおいて研究者がこれを受けることに問題はない，とする理屈にも一理あるように思われる．しかし上述したように，そもそも「安全保障」という概念自体が先制攻撃的な武力行使も含みうるとする立場もありうる以上，そこに明確な一線を引くことはきわめて困難といわざるをえない．だからこそ，今回のようなテーマが「答えのない問い」として提起されるのである．とくにこの授業がおこなわれた2017年5月24日の時点では，北朝鮮から頻繁に弾道ミサイルが発射されており[20]，日本にも核の危機が切迫しているという実感が共有されていたので，安全保障も防御一方では無効なのではないかという雰囲気がかなり広がっていた．学生たちの発言にも，そうした背景がある程度反映していたような気がする．

　ところでこの問題を論ずるにあたっては，「軍事的安全保障研究」のほかに論点2で提示された「軍事研究」という言い方がしばしば用いられるが，これは前者から「安全保障」という言葉を外したものであるから，はじめから武力攻撃を目的とする研究も含めた，より広汎な概念と考えていいだろう．だから大学などが「軍事研究はおこなわない」という声明を出すときには，当然なが

---

[20] 2017年は2月12日に発射されたのを皮切りに，3月に2回（内1回は失敗），4月に3回，5月にも3回（2回めは授業の6日前，3回めは2日後），6月に1回，7月と8月に2回ずつ，9月と11月に1回ずつと，計16回にわたって発射されている．

ら目的のいかんにかかわらず，軍事に関係するあらゆる研究はおこなわないという意味になるはずだ．ところが「軍事的安全保障研究」というタームがこれとは別に併存するために，ただ「軍事研究」といったときには逆に狭い意味で，すなわち安全保障を目的とした研究は除外した意味でこれを定義するという立場もありえなくはない．この理屈だと，はじめから武力攻撃を目的とした研究は許されないが，純粋に安全保障を目的とした研究であれば許容範囲内であるということになる．ただし，先述した通り「安全保障」という概念の中には「防御のための先制攻撃」も含まれるという解釈もありうるので，明確な線引きはますます困難になってくる．

　京都大学は2018年3月28日に「京都大学における軍事研究に関する基本方針」を発表し，「本学における研究活動は，社会の安寧と人類の幸福，平和へ貢献することを目的とするものであり，それらを脅かすことに繋がる軍事研究は，これを行わないこととします」と宣言した[21]．また名古屋大学は同年9月18日に「軍事的安全保障研究の取扱いに係る基本方針」を公表し，「軍事的利用を目的とする研究は行わない」「国内外の軍事・防衛を所管する公的機関から資金の提供を受けて行う研究は行わない」と述べている[22]．これらの宣言を見ても，「軍事研究」「軍事的安全保障研究」「軍事的利用を目的とする研究」等，複数の表現が用いられており，用語の定義をめぐって微妙な揺れのあることがうかがえる．

　そこに輪をかけるのが，いわゆる「デュアルユース」の問題である．軍事研究を正当化する立場からすれば，軍事技術も結果的に民生技術に役立つ（スピン・アウト）可能性を秘めているのだから，防衛省の予算を使ってこれを推進することにはなんの問題もないどころか，むしろ奨励されるべきことである．じっさい，よく引き合いに出される例を挙げれば，衛星を利用したGPSはも

---

21) http://www.kyoto-u.ac.jp/ja/research/kihonhoshin/　ただしこの後には「個別の事案について判断が必要な場合は，総長が設置する常置の委員会において審議する」という文章が続いている．
22) http://www.nagoya-u.ac.jp/info/upload_images/20180918_jimu.pdf　ただしこの後には「人道上の目的による研究であることが明白であり，かつ，研究成果の公開性が担保されていることが明らかな場合であって，その他別に定める基準により，学内に設ける審査委員会［……］の審査で認められた場合はこの限りでない」という但し書きがついており，京都大学と同様に，一定の条件下で認められるケースがありうるという含みがもたされている．

ともとアメリカが軍事用に開発したものであるが，その後民生用に開放され，今ではカーナビやスマートフォンなどで日常的に利用される不可欠の技術になっている．

　一方，軍事研究を否定する立場からすれば，民生技術も軍事技術に転用される（スピン・イン）危険をつねにはらんでいるのだから，防衛省の予算をもらってこれを推進することは許されないということになる．とくに大学等の研究者が直面しているのはこちらの問題で，はじめから軍事利用目的であることを宣言して研究をおこなう者はほとんどいないとしても，自分の研究成果が結果的に——たとえば新しい材料の開発が兵器の製造に利用されたり，生物化学の研究がバイオテロに利用されたりするといった具合に——スピン・インしてしまう可能性を完全に排除することはできない．これはいわば，あらゆる科学技術研究が潜在的に内包している宿命のようなものである．こうなると，ただ「軍事研究はおこなわない」と宣言してみても，その定義にまで踏み込んで議論を精緻化していかないと実効性はないのかもしれない．

　論点3では研究成果の公開性のことがとりあげられたが，これは自衛のための軍事力とはどうあるべきかを問う論点4ともじつは連動していて，「国家」単位で安全保障を考えるべきかどうかという問題に関わっている．もちろん「集団安全保障」という発想はすでに一世紀も前から存在しており[23]，国際連盟や国際連合はまさにその精神を実現することを主要な目的として設立された国際機関であるが，21世紀になってもなお頻発する地域紛争を前にして（とくにアメリカ第1主義を標榜するトランプ大統領の就任以来），国連の機能不全が目立つ場面が多くなっているという実感はまぬがれない．この原稿を書いている時点（2018年9月末）では北朝鮮の非核化をめぐる情勢もなお流動的で，約束が完全に履行されるかどうかも定かではないように思われる．

　「軍事的安全保障研究予算をもらってもよいか」という本章全体の問いに戻れば，学生たちの中にも，こうした不安定な国際情勢を踏まえるとやむをえないのではないか，あるいは科学技術研究の遅れや停滞を避けるためには予算の出所にこだわるべきではないのではないか，という意見がけっこうあることが

---

[23]　第1次世界大戦後，第28代アメリカ合衆国大統領のウッドロウ・ウィルソンが提唱したのが最初とされる．

印象的であった．これはおそらく，予算をもらう当事者（＝研究者）ではない一般市民として生活している彼らにとっては，ごく当たり前の感覚なのだろう．この感覚を踏まえた上で，まさに大学に勤務する当事者である藤垣が「議論の記録」の最後で「大学は，自由で自律した学術研究をおこなう場であるからこそ中立性をもち，その中立性ゆえに市民社会における専門家としての批判・助言・提言にたいして信頼を得てきた」と記していることの意味を考えてみなければならない．学術研究の自律性・中立性という，まともな研究者であればけっして譲り渡すことのできない生命線ともいうべきモラルが，「安全な生活が脅かされては困る」とか「科学技術にはどんどん進歩してほしい」といった一般市民の側の願望に向き合ったとき，どのようなロジックでもちこたえられるのか．研究者自身もまた一般市民であるという当然の事実を思い出しながら，さらにこの問いを深めていく必要があるだろう． (石)

第8章

絶対に人を殺しては いけないか

©ユニフォトプレス / Bridgeman Art Library

問題提起

　どこまで本気であるかは別として、ほんの一瞬でも誰かを殺したいと思ったことのある人は少なくあるまい。だが、いくら殺したいほど憎い相手でも、実際に殺してしまった人はめったにいないはずだ。たいていの場合、私たちは行動に移す前に思いとどまる。なぜだろうか。

　そんなことをすれば警察に捕まって、自分の人生が台無しになるからか。あるいは自分はそれでよくても、家族に肩身の狭い思いをさせることになるからか。いや、それ以前に、良心の呵責に耐えられないと思うからだろうか。いかなる理由があっても、人を殺すことは倫理的に許されないからだろうか。……あれこれ考えてみると、だんだん確信が揺らいでくる。たとえば、もし肉親を残虐な仕方で殺害されたとしたら、犯人を殺してやりたいと思うのは人間として当然の感情だろう。それでも本当に、人を殺すことは絶対に許されないのだろうか。

　もちろん法律上、大半の国で殺人は犯罪であり[1]、日本でも刑法第百九十九条に「人を殺した者は、死刑又は無期若しくは五年以上の懲役に処する」と規定されている。だから報復殺人は情状酌量の対象にはなっても、罰を逃れることはできない。けれども一方で、刑法第三十六条一項には「急迫不正の侵害に対して、自己又は他人の権利を防衛するため、やむを得ずにした行為は、罰しない」とあり、自分（あるいは他人）の身を守らなければその生命が脅かされる状況で相手を殺してしまったとしても、犯罪とはみなされないことになっている（いわゆる「正当防衛」）。その意味では、法律の範囲内でも「絶対に人を殺してはいけない」わけではないといえそうだ[2]。

---

[1]　法治国家で殺人が犯罪として規定されていない国があるとは考えられないが、無政府状態にある国では実質上、殺人が罰せられないまま放置されていることはじゅうぶんありうる。

[2]　刑法第三十九条一項には「心神喪失者の行為は、罰しない」、第四十一条には「十四歳に満たない者の行為は、罰しない」とあって、これらに該当する者は殺人を犯しても第百九十九条の適用を受けないことになっている。ただしこれは彼らに法的責任を負う通常の能力がないとみなされるからであり、殺人という行為そのものが正当化されるわけではない点で、

しかしテクニカルな法律論はひとまず措いておき，もう少し一般的な観点に立って，この問いから派生するいくつかの問題をとりあげてみよう．というのも，これは法学，哲学，倫理学，医学等々，複数分野にまたがる文字通り「学際的」な問いだからである．

　1つめは，先の刑法第百九十九条にもっとも重い刑罰として挙げられている「死刑」の問題である．これはまさに国家による殺人行為を正当化する規定だが，国家自体がその犯罪者によって「急迫不正の侵害」を受けているわけではないのだから，上に挙げた「正当防衛」の概念で説明することはできない．とすると，「人を殺した者を処罰するために殺す」ことを許容するこの条文自体が，本質的な矛盾をはらんでいることにはならないのだろうか．

　ここから，死刑制度を容認すべきか否かという問いが浮上してくる．ヨーロッパ諸国では，20世紀末までにほとんどの国で死刑が廃止されている（ポルトガルは例外的に早くて1867年，イタリアでは1948年[3]，ドイツでは1949年，フランスでは1981年[4]，スペインでは1995年，イギリスでは1998年）．他方，日本や中国では死刑が存置されており，韓国では1997年以来執行が凍結されてはいるものの，やはり制度自体は存続している．アメリカ合衆国では死刑を廃している州が（2015年の時点で）19で，残りの31州では刑の執行は減少傾向にあるが，制度は維持されている．

　こうした現状を見てもわかる通り，死刑制度に関しては国や地域によってさまざまな歴史的経緯や政治的背景がある．しかも賛否両論それぞれにもっともな根拠があるため，なかなか普遍的な解答を見いだすことはむずかしい．しかしいずれにしても，この場合は「殺す」という行為の主体が個々の人間ではなく，「国家」にすり替わっていることに注意すべきだろう．つまり死刑の存否をめぐる問題は，「絶対に人を殺してはいけないか」という形ではなく，「社会の秩序を維持するために国家の名において人を殺すことは許されるか」という形で提起されなければならない．

───────────────
　正当防衛のケースとは異なっている．
3）　このときは軍法会議の判決による最高刑は死刑のままであったが，2007年には憲法改正により，これも含めて死刑自体が全廃された．
4）　大革命で国王ルイ16世をギロチンで処刑したフランスでは，1939年まで同様の公開処刑が街の広場でおこなわれていた．

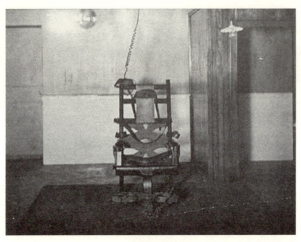
電気椅子

　国家に話が及んだところで，2つめに「戦争」の問題を挙げておこう．平時であれば1人の人間を殺しても罪に問われるのに，戦時には100人を殺しても罪に問われない（あるいはむしろ武勲を称えられさえする）のはなぜか，とはしばしば言われることだが，こうした特殊状況での殺人は果たして正当化されうるのだろうか．

　もちろん，敵を攻撃しなければ自分の命が危ないという事態であれば正当防衛が成り立つだろうが，ここではそんな法律論が問題なのでない．戦場ではいっさいの法秩序が無効化されているので，殺人行為を免罪するためには別の論理が必要である．自分が憎んでいるわけでもない，それどころかもしかすると友人になれたかもしれない相手を，敵軍の兵士だからというだけの理由で殺すことは，いったいどうして許されるのか．

　おそらく戦場の極限状況下ではそんな問いが生まれる余地もないにちがいないが，ここでも「殺す」という行為の主体が個々の人間ではなく，実際はその人間が所属する共同体（多くの場合は国家）であるということが重要だろう．敵に向かって銃を撃つ兵士は，共同体の名において殺人を実行しているにすぎない．死刑執行人が国家の名においてギロチンの刃を落とし，絞首台の踏み板を開き，電気椅子のスイッチを押すように．

　だから死刑執行人が殺人罪に問われないのと同様，敵兵を殺害した兵士が罪

に問われることもないはずだ．にもかかわらず，そこに少しでも倫理の問題が浮上してくるとすれば，それは兵士たちが個人として行動したという意識をもつ場合である．しかし戦争という集団的狂気の中では「自分の意思」なるものさえ自分の意思で統御することはできないのだから，殺人の責任を個人に負わせるのはあまりに苛酷と考えるのが妥当だろう．

さて，3つめは死刑や戦争と異なり，もう少し私たちの日常生活に密着した問題，そしていつわが身に降りかかるかもしれない問題，すなわち「安楽死」である．患者が肉体的・精神的苦痛にあえいでおり，しかも回復の見込みのない状態に至っている場合，そして本人が一刻も早い苦痛からの解放を望んでいる場合，医師が意図的に患者を死に至らしめることは許されるのか[5]．

スイスでは1942年にいち早く安楽死が認められており，ベネルクス3国でも21世紀になって相次いで「安楽死法」が可決されている．また，アメリカでもいくつかの州では安楽死が法的に容認されている．したがって，これらの国や地域で医師が患者に（もちろん適正な条件のもとで）安楽死を施したとしても殺人罪に問われることはないが，日本を含む他の国々や地域では，いくつかの厳密な要件を満たすのでない限り，現行法では刑法上の罪に問われる可能性がある．

1995年の東海大学安楽死事件[6]の判例では，違法性を阻却する要件として「患者が耐えがたい激しい肉体的苦痛に苦しんでいること」「患者は死が避けられず，その死期が迫っていること」「患者の肉体的苦痛を除去・緩和するために方法を尽くしほかに代替手段がないこと」「生命の短縮を承諾する患者の明示の意思表示があること」の4項目が挙げられていた[7]．このうちもっとも判断のむずかしいのは，4番目の要件だろう．苦しみから逃れたい一心で患者が「早く死なせてほしい」と口走ったとしても，冷静になったらこれを撤回する

---

[5] 正確にいえばこれは「積極的安楽死」で，治療をおこなわない（あるいは中止する）ことで患者を死に至らしめる「消極的安楽死」とは区別されるが，ここでは前者を単に「安楽死」と呼んでおくことにする．

[6] 昏睡状態であった末期癌の患者にたいし，大学助手の内科医が塩化カリウムを投与して死に至らしめた事件．日本ではこれまでのところ，医師が安楽死で殺人罪に問われた唯一の例である．

[7] 横浜地方裁判所平成7年3月28日判決，「判決理由の骨子」．

かもしれないので，どの時点で本人の明確な意思表示とみなすかは決定しがたいからだ．また，患者が昏睡状態であったり錯乱状態であったりして意思表示自体ができない状態にある場合にも，同様の問題が生じる．

こうしてみると，「絶対に人を殺してはいけないか」という問いにたいして躊躇なくイエスと答えることは，ほとんど不可能であるように思える．したがって問われるべきはむしろ，いったいどういう場合であれば「人を殺してもよい」といえるのか，あるいは少なくとも「人を殺してもやむをえない」といえるのか，ということになるのかもしれない．

最後に，批評家の小浜逸郎がまさに『なぜ人を殺してはいけないのか』というタイトルの著書の中で述べている一節を引用しておこう．

> 「人を殺してはならない」という倫理は，倫理それ自体として絶対の価値を持つと考えるのではなく，また，個人の内部にそう命じる絶対の根拠があると考えるのでもなく，ただ，共同社会の成員が相互に共存を図るためにこそ必要なのだという，平凡な結論に到達する．私はそれで十分だと考える[8]．

一見哲学的に見える問いにたいして，共同体の成員にとっての共通利害という別の視点から明快な回答を与えてみせるこの著者の文章を読んで，あなたならどう応答するだろうか[9]．

(石)

---

8) 小浜逸郎『なぜ人を殺してはいけないのか――新しい倫理学のために』，洋泉社，2000年，185頁．
9) 以上の文章は前著『大人になるためのリベラルアーツ』，198-202頁の再録である．

> **論 点**
>
> 1　あなたは死刑制度に賛成ですか反対ですか．その理由は？
>
> 2　戦争状態で人を殺すことは正当化されると思いますか．その理由は？
>
> 3　あなたは安楽死に賛成ですか反対ですか．その理由は？
>
> 4　「人を殺してはならない」という倫理の根拠は，共同社会の成員が相互に共存を図るためにそれが必要だからにすぎないとする考え方に，あなたは賛成ですか反対ですか．その理由は？

議論の記録

　本授業は，2017年7月5日におこなわれた．Aグループはjさん，lさん，nさん，pさん，Bグループは，dさん，eさん，fさん，kさん，Cグループは，bさん，iさん，oさん，Dグループはaさん，gさん，hさん，qさん，合計15名である．

　「絶対に人を殺してはいけないか」という問いは，前著『大人になるためのリベラルアーツ』ですでに扱ったものである．しかし同じ問題についても学生が替われば当然ながら展開される議論も異なってくるであろうし，その違いを見てみるのも興味深いのではないかということで，今回はあえてこのテーマをふたたび題材としてとりあげてみた．問題提起文と論点は同じものを使用したので，本書にはそのまま再録したことをお断りしておく．

〈論点1：あなたは死刑制度に賛成ですか反対ですか．その理由は？〉

　議論は冒頭に書いた通り4つのグループに分かれておこなわれたが，全体としては賛成派より反対派がやや上回るという意見分布になったようだ．

　賛成派の理由としては，死刑でないと被害者感情がおさまらないケースがあること，犯罪の抑止力になることが挙げられたが，興味深いのは，死刑よりもむしろ終身刑のほうが残酷だからという理由で，「実質的に終身刑になるような懲役刑を課すよりは，いっそ死刑にしてしまうほうが良いのではないか」（Cグループ）という意見があったことである．死刑と終身刑のどちらが本人にとってつらいかというのは前著の議論でも提起された論点だが，そのときは「一生社会に復帰できない終身刑のほうが本人にとってはつらいかもしれないので，再発を防ぐという意味では死刑にする必要は必ずしもないのではないか」という意見であった．つまり，同じ理由が死刑制度への賛成根拠としても反対根拠としても援用されたことになる．

　というわけで，学生が違えば同じ出発点から異なる結論が導かれるということが確認されたしだいだが，終身刑についてはDグループの中でも「無期懲役がずっと罪に向き合うのにたいして，死刑は簡単に死ぬことができて楽である」という意見と「犯罪者は生命が担保される状態で，かつある程度の水準で生きることになってしまい，被害者の断たれた人生と比べるとあまりにも軽すぎる」という意見の両方があったということで，必ずしも死刑より重いという見方が全員に共有されていたわけではないことを付言しておく．

　いっぽう反対派の理由としては，冤罪の可能性がゼロではないこと，死刑はいったん執行してしまうと取り返しがつかないこと，受刑者の生きる希望を絶つことはそもそも人道に反するということなどが挙げられたが，これらはだいたい前著で挙げられていた理由と重なるものであろう．

　少し違った観点からの意見としては，次のようなものがあった．

　　死刑にたいするイメージとして，殺人者が「異端者」だから排除するみたいな感じがあります．自分たちの道義として「人を殺してはいけない」というのがあって，犯人は自分たちのコミュニティにそぐわない「異端者」だから排除してしまおうというので死刑にする．でも「絶対に人を殺

してはいけない」という道義を共有するコミュニティならば，殺人者も殺せないはずなので終身刑にするだろうし，条件付きで「人を殺してはいけない」という道義を共有するコミュニティならば，「こいつは人を殺してしまったんだから殺してもいいだろう」という結論になるだろうなという意見をもちました．（d さん）

また，犯罪の責任は犯罪者個人だけに背負わせるべきものではなく，家庭環境や社会的背景も考慮に入れるべきではないかという意見も出たが，これにたいしては，同じような環境でもちゃんと生きている人もいるので，やはり犯罪者には大きな個人的責任があるという反論もあったことが紹介された．

ひととおり各グループの議論が出そろったところで，石井はまず，「人を殺してはいけない」という法律に基づいて「人を殺す」のが死刑制度であるから，ある意味でこれは根本的な矛盾であるということを述べ，もともとどの国にも存在していた死刑制度をなぜヨーロッパ諸国は次々に廃止していったのか[10]，逆に日本はなぜそれを残しているのか，自分たちは当たり前だと思っていても世界的に見ると必ずしも普通ではないかもしれないこの事実については，やはり考えてみる必要があるだろうとコメントした[11]．

また，最後に出た犯罪者と社会的環境の問題については，1968 年に 4 人をピストルで射殺して死刑になった永山則夫の例を引き合いに出して次のように述べた．

　　永山則夫事件というのがあって，彼は 19 歳のときに何人も殺して結局48 歳で死刑になったんだけれども[12]，犯罪動機を自分が育った家庭環境

---

10) アムネスティ・インターナショナル日本によれば，2017 年末の時点で死刑制度を廃止しているのは 198 か国・地域のうち 142 か国にのぼる．また，OECD 加盟 36 か国のうち，死刑制度を存置しているのは日本，アメリカ，韓国の 3 つだけであるが，アメリカの半数近い州では制度を廃止，ないし執行を停止しており，韓国も 1997 年を最後に死刑を執行していない．
11) 日本では 2018 年 7 月にオウム真理教事件で拘留中であった麻原彰晃を含む死刑囚 13 名の死刑が執行されたが，海外メディアではその残酷さを非難する論調が主流であった．これは死刑制度をめぐる文化の違いをはからずも浮き彫りにしたできごとであったといえよう．なお，本章の授業がおこなわれたのはその 1 年前である．

や社会環境のせいにしたというか，少なくとも自分が「無知」な状態に置かれていたせいで犯罪に追い込まれたと考えて，獄中でものすごい勉強をして本を書いたりしたんですね．代表作の『無知の涙』なんかは今でも文庫版で読めますけれども，あれを読んでみると，それで殺人が正当化されることはもちろんないけれど，人を殺すに至る理由というのもやはり考えてみないといけないとは思いますね．（石井）

このコメントにたいしては，死刑制度に反対意見をもつaさんから「社会的背景があるからこそ，死刑にしてしまうのではなくて，生かしておいて話を聞いていかないといけないのかなと思います．死刑にすると二度とその人の話は聞けなくなるわけだから」という発言があった．

〈論点2：戦争状態で人を殺すことは正当化されると思いますか．その理由は？〉
戦争についてはなかなか自分の問題として考えにくいところがあるが，まず「正当化」という言葉自体の意味を問う意見が提起された．

　　私たちのグループではまず，「正当化」とはどういうことかというのがネックになりました．ひとつには自分で自分の行為を認められるか，もうひとつは周りの人がたとえ戦争状態でも人を殺した自分を認めてくれるか，という2つの視点で話を進めたのですが，前者については，たとえば内戦状態で育った子とかならそんなに抵抗はないかもしれないけれど，今の日本のような社会ならすごい違和感があると思うので，置かれた立場や環境によって違うだろうという話になりました．後者については，正当化というのは自分だけで決められるものではないので，殺さなければ殺されてし

---

12) 本件については，まず1979年に東京地方裁判所で死刑判決が下されたが，1981年には東京高等裁判所で死刑判決が破棄されて無期懲役判決となった．しかし1983年に最高裁判所でこれが破棄されて差し戻しとなり，1987年には東京高等裁判所でふたたび死刑判決が下された．最終的には1990年に最高裁判所で弁護側の上告が棄却され，死刑判決が確定した．1983年の最高裁における差し戻し判決のさいには，貧しい家庭環境などを理由とする被告弁護側の主張にたいして「同じ条件下で育った他の兄たちは，概ね普通の市民生活を送っている」との判決理由が述べられたが，事実は異なるとの情報もあり，この事件の社会的背景についてはなかなか単純に判断できない部分がある．

まう状況ならば，正当防衛として殺すしかないんじゃないかという話が出ました．（kさん）

「正当化」を個人の内面における倫理的レベルでとらえるか，社会の中での法的（あるいは制度的）レベルでとらえるかというのは，問い自体のはらむ曖昧さを精密化していく上で重要な観点だろう．
　この観点を踏まえながら提起されたもうひとつの重要な論点は，個人と共同体をめぐる問いであった．

　　戦争について2つのパターンがあるよねという話が出て，1つは個人が共同体のために戦争をする場合，もう1つは共同体が個人に戦争を強制する場合です．前者の場合は，特定のイデオロギーによるテロリズムとかになるのかなと．この場合は，自分の命に差し迫った危険があるわけではないので，正当化されないという話になりました．後者の場合は，戦争に行かなければ自分の属している共同体，たとえば国家から排除され，戦場に行けば敵兵に殺されてしまう可能性があるので，正当化されるのではないかと．もちろん，道徳的に正当化されるのか，法的に正当化されるのかという問題はありますが，いま出た話は両方に共通するのかなという話で終わりました．（aさん）

この問題提起にたいして，2つのパターンは必ずしも明確に分けられないのではないかという意見も出た．

　　個人が共同体のために戦争する場合と，共同体が個人に戦争への参加を強制する場合で分けて，前者の例として小規模のテロリズムのグループ，後者の例として国家を挙げていますが，国家も小規模グループも共同体であって，本質的に違いはないんじゃないか．たとえばテロ集団で個人がイデオロギーに従って行動するというのは，国家単位でもありうると思うんですよ．じっさい，個人が国家のために戦争に行くという状況は過去にあったので．だから国家の命令云々という話は，正当化の基準としてはどう

なのかなと思いました．また，逆に国家の話はテロ集団とか宗教団体にも当てはまると思うので，国家なら正当化されるけれども，宗教団体に煽られて聖戦をおこなった場合などには正当化されないというのは，分け方としてどうなのかなと思いました．（b さん）

石井はこのやりとりを受けて，そもそも共同体とは個人の集合なのだから，国家が人間のような意思をもって個人に強制するということが本当にありうるのか，また個人が国家のために行動するというけれども，そのときの個人の意思は本当にその個人の意思なのか，もしかすると共同体によって作られたものではないのか，という問いを投げかけた．じっさい，当時深刻化していたイスラム国のテロにしても，自爆テロで死んでいく兵士たちは本当に個人の意思で共同体のために行動しているというより，その意思自体がすでに共同体によって作られていると考えたほうが納得しやすい．

ここで藤垣に発言を求めると，次のようなコメントが返ってきた．

藤垣「個人と共同体について議論になった話は，おそらく共同体が国家かグループかという話ではなくて，個人の内的状況に注目した分け方なのかなと解釈しています．つまり，個人が内的な情念をもっていて共同体のそれを共有してなんの疑問ももたずにいく場合と，本当に強制されていく場合とで分けられるんだろうなというふうに解釈しました．ただ，さきほど石井先生がいったように，個人の内的な情念自体が共同体によって作られている場合ももちろんあるので，それはどういうふうに分けたらいいのか．強制ではなく自分の意思で，というところにも共同体の意思が反映されているわけだから」

石井「分けるのはむずかしいと思いますね．本当の強制というのは，強制されていると思わせない強制ですからね．自分は自発的に行動していると思わされている強制がいちばん強制されている状態だということでしょうか」

〈論点3：あなたは安楽死に賛成ですか反対ですか．その理由は？〉

最後の安楽死については，自分が患者だった場合，患者の家族だった場合，依頼された医師だった場合など，立場によっても答えが違ってくると思われるが，全体としてはどのグループでも賛成派が多数を占めたようだった．その理由としては，倫理的問題とは別に個人が利益を感じることができるから，最近の欧米では安楽死を当然の権利として認める風潮があるから，自己の所有権を放棄する権利が人間にあるからなどが挙げられたが，では家族や周囲の人に迷惑をかけたくないから安楽死を選ぶというのは果たして自己決定といえるのか，それはむしろ福祉が充実していないという社会的問題なのではないか，という意見も同時に出されたことに注意しておきたい．

　前著で問題になった安楽死と自殺幇助との関係については，今回もやはりどのグループも話題にしたようである．

　　なぜそもそも安楽死がダメといわれているのかというと，自殺幇助になるからという話になりました．一般的に自殺は良くないこととして現在の社会ではとらえられていますけど，自己判断が非常に重視されているのであれば，死にたい人が死を選んでも問題ないのではないかと．（Cグループ，iさん）

　　安楽死を助ける医者の法的根拠はどこにあるか，自殺幇助にならないように，自殺と安楽死をどう分けるかという議論になったんですが，やっぱりこれってむずかしいなって……．精神に由来する自殺にたいして，一方で肉体的に困難があるときの安楽死という違いはあるかもしれないけれど，果たしてどう考えるべきなのか．（Dグループ，qさん）

　　自殺幇助と安楽死の違いってなんだろうという話になりました．最初に，死が科学的に明確かどうかということですが，安楽死の場合は，末期の病気で苦しんでいるとか，もちろん100％ではないにしても，ある程度死が確実であると．ところが自殺幇助の場合だと，精神的に追い詰められている状態であいまいな死のようなものが見えるとしても，安楽死の場合のような明確性はないですよね．そうなると，自殺幇助の場合は精神的苦痛か

ら身体的苦痛に至らしめるケースがありうるけれども，安楽死の場合は身体的な苦痛から解放して精神的平安に至らしめるという意味で，こちらのほうがより容認される必要性があるということになりました．（Aグループ，Iさん）

自殺と安楽死という2つの死のありようを精神的苦痛と肉体的苦痛という側面からとらえる点でも，2つのグループ（AとD）が一致していたことは興味深い．

さらにもうひとつ共通の話題になったのは，本人の意思確認の問題である．Dグループでは「植物状態や重度の障害を負った場合など，本人の意思確認ができない場合は安楽死から除外すべき」という意見が出たというが，これはまさに東海大学事件の判決で示された「生命の短縮を承諾する患者の明示の意思表示があること」という第4の条件に則った考え方だろう．このグループからは，臓器提供カードと同様，安楽死についてもあらかじめ本人の意思を示すなんらかのシステムを作ってはどうかという具体的なアイデアも出されたが，Aグループでも偶然，同じ話題が出たというから，この点でも2つのグループの考えるところはだいたい一致していたようである．

ただしBグループのdさんからは，この種の「安楽死選択カード」的なものが仮に制度化されたとしても，それを書いた時点と実際に病気になった時点では意思が変化することもありうるのではないかという，きわめてもっともな意見も表明された．確かに人間は変化するものなので，健康状態で考えていたことが病気になった状態でもそのまま維持されるとは限らない．それは臓器移植についても同様だろう．それなら意思が変わったときに書き換えればいいではないか，ということになりそうだが，その時点ではすでに本人は明確な意思を表明できない事態に至っているかもしれないので，やはり問題は残りそうである．

またBグループからは，そもそも死を積極的に選択してはいけないという道徳規範への言及もあった．これを医師の立場から見れば，安楽死を選択する理由としては最終的に，「死は避けなければならない」というルール以外にほとんどないのではないかという．これはさらに，そもそも「自殺することはそ

れ自体がいけないことである」という考え方は正しいのか，という問いにつながっていくだろう．この話題についても学生のあいだでひとしきりやりとりがあったが，ここでは「善か悪かはともかくとして，自殺をふせぐ手立てはないですよね．だって，自殺したらおまえ，殺すぞ，とはいえないじゃないですか」というaさんの発言と，「欧米のキリスト教の，人間の生き死にを人間が決めてはいけないという考え方を支持するかどうかはかなり意見が割れそうですね」というbさんの発言を紹介しておくにとどめておこう．

〈論点4：「人を殺してはならない」という倫理の根拠は，共同社会の成員が相互に共存を図るためにそれが必要だからにすぎないとする考え方に，あなたは賛成ですか反対ですか．その理由は？〉

小浜逸郎の論を引用してのこの問いに関しては，賛否が明確に分かれた．まず賛成派の意見．

　　ここで紹介されている考え方が，人を殺してしまうと自分も殺されてしまうからということから来ているという解釈がなされて，そういうことに関しては全員共感を示していました．その根拠となるのは，自分の生命や生き方は自分で決める権利があるということですね．その権利を守るために，契約として人を殺してはいけないということになり，これが共存につながるのかなと思います．（hさん）

いっぽう反対意見としては――

　　ここで小浜さんが共同社会としてなにを想定しているのかというと，おそらく国家じゃないかと思われるのですが，共同社会イコール国家というのはすごく違和感がある．国家の成員が相互に共存を図るためというのであれば，国外の人であれば殺してもいいという発想が出てくる可能性があって，そういうふうに考えると，小浜さんの議論は近代的な考え方ではないか．21世紀において問題になっているのは，内戦状況において人権が蹂躙されている人がいる，だから国際社会が人道的介入をする責任を負っ

ているといったことで，こうした現状を見ると，国家中心の考え方は時代遅れじゃないかという話になりました．（jさん）

ただしこの解釈にたいしては，あとの全体討論で次のような意見が出た．

　もし共同体というのを国家単位で考えると確かにそうなんですが，もし人間全体が共同体であると考えたらうまくいくのかなというふうに思いました．人を殺してはいけないという倫理観が地球上の全員に共有されれば，絶対に戦争って起こらないんじゃないかなって．もしその中で人を殺すということが起こってしまった場合には，その排除の仕方は考えないといけないけれど．（dさん）

また，少し違った観点から次のような意見も表明された．

　小浜さんの意見にぼくも最初は賛成だったんですけど，これって根底に自分の自由とか基本的人権を侵害されないために，他者のそれを侵害しないという考えがあると思うんです．じゃあその基本的人権や自由の根拠はなにかというと，たぶんそれに根拠があってはいけないはずなんですよね．根拠があるのなら，それをとりあげる理由もあるはずで，根拠がないからこそ基本的人権なわけです．だからこの議論は一見論理的に見えますけど，一番下には根拠のないものがあって，それに論理的な皮をかぶせているような感じがしました．そう考えると，根拠がないままに人を殺してはいけないということを考えていくほうがいいのかなと．（aさん）

教室ではこれら以外にもさまざまなコメントが披露されたが，けっきょく最初は小浜説に共感した学生が比較的多かったものの，最終的には反対意見のほうが多数を占める結果になったようだ．最後に石井と藤垣のコメントを紹介して終わりにしよう．

　　私が思ったのは，みなさんは結局，「絶対に人を殺してはいけないか」

というときの「人」の定義を語っているのではないかということです．たとえば自分だったら「自殺」ですよね．犯罪者だったら「死刑」．異なる共同体の兵士だったら「戦争」．もう助からない患者なら「安楽死」の問題になる．それで，その中で出てきた問題というのが共同体のとらえ方ですよね．共同体を人類全体としてとらえるというのは非常に重要な観点で，そうすると戦争は自然となくなるわけですけど，まあ絶対になくならないよね．小浜逸郎氏の主張というのは，要するに「人を殺してはいけない」という倫理的命題に絶対的な根拠があるという議論をやっていてもけっして決定的な答えはない，だからこれはもう「共同体」の論理を持ち出して割り切るしかないと，そういう話だよね．でも，絶対的な根拠がどこかにあるという考え方も私は捨てきれないと思いますけど．（石井）

このテーマは，「絶対に」という副詞を説明するのに，倫理的な根拠があるか，それとも共同体の取り決めで納得するかっていう問いですよね．面白かったのは，共同体を国家とすると違和感があるという話だったのですが，コミュニティの境界をどこに引くかでいくらでも解釈が可能なんですよね．だからいくつか論点はあって，「人」をどう定義するか，「絶対に」の根拠をどこに置くか，「共同体」の境界線をどう定義するかで，小浜さんの論はいくらでも解釈しうるんです．それで各グループの意見が散らばっているというのがよくわかりました．（藤垣）

（石）

議論を振り返って

この回は，同じ問題提起文であっても学生が変われば展開される議論が異なることを紹介する回として設けられている．前著の出版後，多くの読者の方々から，「同じテーマでも学生によって展開が異なりますか？　それはどんなふうに異なるのですか？」といった質問をいただいた．この章はそのような問いへの具体的回答である．じっさい，いくつかの点で異なる展開があった．

まずは，論点1において，「死刑よりは終身刑のほうが残酷である」（A）と

いう点からの論理展開である．Aについては，2015年度の学生と2017年度の学生は意見が一致する．しかし，2015年度の学生は，「一生社会に復帰できない終身刑のほうが本人にとってはつらいかもしれないので，再発を防ぐという意味では死刑にする必要は必ずしもない」[13]と，Aを死刑反対の理由にした．それにたいし，2017年度の学生は，「死刑よりは終身刑のほうが残酷なので，実質的に終身刑になるような懲役刑を課すよりは，いっそ死刑にしてしまうほうが良いのではないか」と，Aを死刑賛成の理由にする．ただし，この結論の導出において，2015年度の学生は「再発を防ぐという意味では」と理由をつけているのにたいし，2017年度の学生は，「犯罪者への残酷さを軽減するという意味で」発言しているふしがある．したがって，同じ前提から異なる結論が導出されるときの理由（視点）は異なっているといえる．

なお，終身刑についての意見は割れていることも議論の記録に紹介されているが，「無期懲役がずっと罪に向き合うのにたいして，死刑は簡単に死ぬことができて楽である」という意見については，さらなる議論も必要だろう．死刑囚は簡単に死ぬわけではない．毎朝看守の足音が自分の房の前で止まることを恐れ，通り過ぎると今日も1日生きながらえたと考える，その精神的ストレスは，無期懲役の比ではないだろう[14]．

また，死刑制度をめぐっては，この制度に反対意見をもつ学生から「社会的背景があるからこそ，死刑にしてしまうのではなくて，生かしておいて話を聞いていかないといけないのかなと思います．死刑にすると二度とその人の話は聞けなくなるわけだから」という意見が出たことは興味深い．この発言は授業のあった時点（2017年7月5日）のものであるが，まさにこれと同じ意見が，オウム真理教事件関連の13件の死刑執行（2018年7月5日および26日）の直後に少なからず聞かれたためである．オウム真理教事件の背景を分析し，なぜあの事件が日本社会で起こってしまったかについてすでに多くの検討が加えられているが，確かに彼らの口からの分析を聞く方法は，それらの検討にさらな

---

13) 石井洋二郎，藤垣裕子『大人になるためのリベラルアーツ』，前掲書，204頁．
14) たとえば漫画ではあるが『モリのアサガオ』（郷田マモラ，『漫画アクション』，2004年4月から2007年4月）では，綿密な取材に基づき，死刑囚，刑務官，被害者家族の心の葛藤が描かれており，死刑囚の精神的ストレスが無期懲役より楽とはいえないのではないかと考えさせられる．

る視点を提供する可能性がまったくなかったとはいえないだろう．

　次に，論点2でも「同じ問題についても学生が変われば展開される議論が異なる点」が確認された．2015年度の学生は「戦争状態で人を殺すことが正当化されるか」という問いを正面からとらえ，たとえ自分が反対していても所属する共同体が戦争を選んだ場合にはそれに従わなくてはならなくなる，その場合に共同体として人を殺すことは正当化されるのだと考えて行動できるか，ということを議論した．そして相手を殺さなければ自分が殺されるという状況で先に攻撃することは正当防衛と言えるのかについて議論した．それにたいし2017年度の学生は，「正当化」という言葉自体の意味を問うことから議論をはじめた．そして「正当化」を道徳的正当化（個人の内面における倫理レベルでとらえる）と，法的正当化（社会の中の制度的レベルでとらえる）の2つの側面から考察した．その上で，個人の内面レベルの話を，個人が自らの意思で疑問をもたずに（あるいは喜んで）人を殺す場合と，個人としては疑問をもっているが強制されて人を殺す場合とに分類した．さらに，その分け方がほんとうに成立するかをめぐっての討論になった．

　この議論の最後にあるように，個人の内的な情念（あるいは道徳感情）は，共同体によって作られるので，自らの意思で人を殺す場合もじつは共同体の意思が反映されている可能性があることは否めない．自分は自発的に行動していると考えていても，強制的にそう思わされている危険性があることは考慮すべきだろう．

　ここで石井の指摘する「本当の強制というのは，強制されていると思わせない強制」であり，「自分は自発的に行動していると思わされている強制」であるという点は，重要な論点である．もちろんテロリストの洗脳などはこれにあたるだろう．またオウム真理教の元信者が自分はマインドコントロールされていたので教祖を神だと思っていたというのもこれにあたるだろう．しかし，身近な日常生活でもそのような点があることに注意が必要である．このことは，精神療法の研究者が多く指摘している．たとえば母娘関係の俊逸な分析者である信田さよ子は，母が自らと娘との境界を自覚せず，娘にたいして「強制されていると思わせない強制」をおこなっていること，そして娘の側が「自分は自発的に行動していると思わされている強制」を自覚したとき，そこから脱出

ることがたいへん困難であることを如実に描き出している[15]．

さて，論点3であるが，これについては2015年度の学生も2017年度の学生も，安楽死と自殺（あるいは自殺幇助）の違いの話から議論を深めていった．ただ，2015年度の学生は，「身体的苦痛に耐えかねて死にましょうとなれば安楽死ですが，精神的苦痛で耐えられないとなって死んだら自殺ですよね．だからすごく論理的に似ているなと思って」[16]と同型性を指摘した後，身体の回復不可能性と精神の回復不可能性の違いに言及した．それにたいし，2017年度の学生は，「自殺幇助の場合は精神的苦痛から身体的苦痛に至らしめるケースがありうるけれども，安楽死の場合は身体的苦痛から解放して精神的平安に至らしめるという意味で，こちらのほうが容認される必要性があるということになりました」とあるように，精神的平安の観点からより容認されうるものを導き出している．

論点4に移ろう．本テーマの本題である「人を殺してはならないという倫理に絶対的根拠を求めるのではなく共同体の維持のためのきまりとする」という小浜氏の論への反論としては，2017年度の議論ではaさんからの興味深い指摘がある．aさんの主張は，小浜氏の主張の根底に「自由や基本的人権」を侵害されないために他者のそれを侵害しないという考えがあること，かつその「自由や基本的人権」の根拠は存在しないことを挙げている．したがって小浜氏の主張の根底には，根拠のないものがあって，それに論理的な皮をかぶせているという主張である．つまり，共同体維持のための決まりといいながら，「自由や基本的人権」という絶対的根拠をもっているではないかという主張である．

前著では，「根源的根拠を求める思考」と「記述的説明を求める思考」とに分け，小浜氏の主張を後者とした．ある主張の絶対の根拠をめぐる哲学的議論と，現状を記述する社会学的説明との対置である．aさんの主張は，後者の主

---

15) 信田さよ子『母が重くてたまらない——墓守娘の嘆き』，春秋社，2008年．たとえば「中年女性が世間の荒波を生きていくためには，さらなる弱者である娘をまるで分身であるかのように仕立てあげ，呪文をかけて自在に操ることが必須であったのだ」（39頁），「母は娘との境界などないと思っている」（181頁），「ハウツー本にあるような『お互いコミュニケーションをよく取って，話し合いましょう』というアドバイスは有害でしかない．そんなことはそもそも不可能なのだ．いっぽうが境界をまったく自覚していないときに，お互いなどという相互性は成立しようがない」（184頁）などの記述がある．
16) 石井洋二郎，藤垣裕子『大人になるためのリベラルアーツ』，前掲書，212頁．

張であるはずの小浜氏の主張の裏に，じつは前者のような根拠があるのでは，という興味深い指摘である．この学生の主張も，「同じ問題についても学生が替われば展開される議論も異なる」ことの例となろう．

なお，小浜氏の主張はあくまで現代の共同体維持のための決まりであり，貧困や飢餓のために村民の数を制御しなくては村民の生死にかかわる状況下での共同体維持の決まりではない．後者の状況を描いた小説である『楢山節考』[17]の中では，相互に共存を図るために村民が母を殺す，いや殺すのではなく雪の降り始めた山に相互納得の上で放置しにいく場面が厳粛な美しさで描かれている．姥捨て山伝説は，まだ病気にも罹患してない老人の安楽死と自殺幇助の物語である．

最後に今回の問いを，「『絶対に』という副詞を説明するのに，倫理的な根拠があるか，それとも共同体の取り決めで納得するか」という形におきかえての議論が登場する．ここで，共同体を国家とするのか，より身近なコミュニティとするか，で問いのとらえ方が異なってくる．身近なコミュニティであれば共同体の取り決めとして納得できるが，国家であると強制になるという主張である．共同体の取り決めとして納得するためには，それなりに共同体にたいするコミットメントの大きさが問われるということだろう．「根源的根拠を求める思考」においては，共同体をどう定義するかは問題ではない．しかし，「記述的説明を求める思考」においては，記述のための単位（ここでは共同体）によって，いかようにも解釈が変わりうるのである．

このように考えてみると，記述的説明を求める思考のほうが，コミットメントの大きさを問われるという点で，論点を「自分ごと」化しやすいことが示唆される．逆に根源的根拠があれば，そのような「自分ごと」化をしなくてもよいし，コミュニティの定義やコミットメントの大きさを思案しなくてもよい．そういう意味では根源的思考で絶対的根拠を他者が示してくれたほうが，考えなくてもよいという意味では楽かもしれない．しかしながら，根源的根拠が他者から示されるのではなく，それを自分で考えることになったら，また話は別である．

（藤）

---

17) 深代七郎『楢山節考』，新潮文庫，1964年（1956年の作品）．

第9章

学問は社会にたいして責任を負わねばならないか

Pugwash Conferences on Science and World Affairs 2015

問題提起

　学問のうちでも，とくに自然科学と技術に関わる領域は，社会に埋め込まれたときになんらかの責任を負わねばならない事態が発生する．たとえば，第3章でも扱ったように近年急速に発展した生命科学では，CRISPR-Cas9[1]という技術の普及によって遺伝子操作の精度が上がり，ある病気に特化した遺伝子を操作することによって病気を治すことが可能になりつつある．それにとどまらず，たとえば頭のよい人間，速く走れる人間をつくることも技術的には可能になってきている．そのような最先端技術を社会としてどのようにコントロールするかについては，市民に開かれた議論が必要といわれている．以上は生命科学の例であるが，他にもたくさんの例がある．

　さて，このような科学者の社会的責任について考察を進めてみよう．まず，科学者の責任を主にマンハッタン計画[2]に携わった科学者の責任をもとに詳細に分析したフォージ[3]によると，科学者の社会的責任には，「標準的見解」だけでなく，より「広い見方」が存在するという．「標準的見解」とは，行為の結果にたいして行為者が責任を負うのは，行為者がその結果を意図していた場合であり，かつその場合に限る，というものである．それにたいし「広い見方」とは，行為者がその結果を意図していなくても，十分予見されるに足る証拠がある場合には責任が生じる，という考え方である．例を挙げよう．1939年春，第2次世界大戦勃発の2，3か月前，フランスの科学者であるジョリオ・キュリーは，重水を用いた集合体での中性子倍増率の結果を公表する準備をしていた．この結果は，もし十分なウランが適切な減速器に沈められれば，核分裂の連鎖はそれ自身を継続させることができる，つまり核分裂の連鎖をコントロールすることによって核爆弾製造が可能であることを示すものであった．

---

1) 第3章参照．
2) マンハッタン計画とは，第2次世界大戦中，ナチスドイツの原子爆弾開発に先んじて原子爆弾を開発しようとしてアメリカ・イギリス・カナダが科学者・技術者を総動員した計画を指す．
3) ジョン・フォージ『科学者の責任』，前掲書．

フレデリック・ジョリオ・キュリー　　　　　レオ・シラード

　当時ニューヨークにいたレオ・シラードは，ナチスが自分たちの核兵器をもち，中性子増殖に関するデータが爆弾の計画に利用できるようになることを恐れて，ジョリオに手紙を書き，結果の公表を一時停止することを求めた．しかしジョリオは，自分は兵器や戦争に関連した研究をしているのではなく，ウラン原子の特性を研究しており，単に純粋な科学をおこなっているにすぎないと主張して，一時停止に加わることを拒絶し，4月の『ネイチャー』誌に論文を公表した．
　この場合，ジョリオにはナチスに荷担する「意図」は存在しない．したがって標準的見解によると，ジョリオには責任はないことになる．しかし，フォージはこの考え方に疑念を呈する．たとえドイツの爆弾計画を助けるということが，意図したものではないにせよ，公表の帰結としてもたらされるかもしれないと考える根拠を彼がもっており，それでもやはり公表した場合，責任は生じるのではないか．そしてそのような根拠をもっておらず，彼が無知だったとしても，やはり責任は生じるのではないか．
　この「広い見方」をとることは，けっして原子爆弾の話にとどまらず，きわめて現代的な話題にも応用可能である．2012年1月に問題となった強毒性鳥インフルエンザウィルスH5N1の公表問題を例に考えてみよう．オランダのロン・フーシェ教授と米国の大学に属していた河岡義裕教授は，遺伝子の突然変異によりH5N1が哺乳類でも感染することを示し，『サイエンス』誌と『ネイチャー』誌に公表しようとした．この研究が生物学的テロに悪用されることを

恐れた米政府のバイオセキュリティー関係の委員会は，本論文の内容の一部削除を掲載前に求めた[4]．この問題は，上記のジョリオの例と酷似している．まず研究者たちに生物学的テロを助ける「意図」はない．しかし，生物学的テロに利用されると十分予見されるに足る証拠があるのである．したがって，「標準的見解」をとれば上記の学者には責任はない．しかし，「広い見方」をとれば責任は生じるのである．

　以上の考え方を応用すると，基礎研究と応用研究の区別にも鋭くメスを入れることができる．自分の研究は基礎研究だから責任はない，という逃げ道は「広い見方」をとるとふさがれるのである．たとえば，DARPA[5] から研究費の支援を得て神経工学（マシンと脳との統合）の研究を進める研究者たちが，倫理的な問題についてあまり議論しようとしないのは，倫理に関心がないからではなく，研究がまだ基礎的段階にとどまっているからだといわれている[6]．こういったことも議論の対象になるだろう．

　さて，科学者の社会的責任を議論するさい，プロとしての責務か，それとも一人の人間としての良心か，というのはしばしば問われる問題である[7]．たとえば「科学者として科学的危険性をきちんと伝えていく」「科学者だからこそできること」「原爆の恐ろしさをもっともよく知っているのは科学者だから」といった主張はプロとしての責務に相当する．それにたいし，「専門家として

---

4)　たとえば，『朝日新聞』2012 年 1 月 21 日夕刊．
5)　Defense Advanced Research Projects Agency. 米国の国防高等研究計画局．
6)　たとえばラットの脳に埋め込んだ電極に電気信号を送って身体の動きを制御することが可能であり，サルの脳から取り出した電気信号を使って，ロボットアームを操作させることも可能である．ただし，これらの研究のかなりの部分が軍により DARPA を通じて資金援助されている．これらの研究を応用し，将来，兵士の脳に接続された電極を通して兵士に指令を送り，兵士の考えを電極を通して取り出し直接にマシンを動かす，といったシステムを軍が目指しているとすると，神経科学者はこうした研究目標を是認できるのか，という問題提起がおこなわれている（*Nature*, Vol. 423, 2003, p.787）．
7)　たとえば，パグウォッシュ会議に参加する科学者は，どの団体の代表でもなく，あくまでも「自分の良心だけを代表する」とされる．ちなみに，パグウォッシュ会議とは，核兵器廃絶と世界平和および科学者の社会的責任に言及したラッセル・アインシュタイン宣言（1955 年）を受け，1957 年にノーベル物理学賞受賞者を中心に世界の学者がカナダの寒村パグウォッシュで第 1 回を開いた会議．また，2015 年 11 月長崎で開催された第 61 回パグウォッシュ会議の副題は，Remember your humanities であった．これは，「あなたの人間らしさ――人道性を思い出せ」というもので，個人の人道性に訴えかけたとき核兵器は許されるか，という問いかけであった．

の責務ではなく，人道的側面から出ないといけない」「professional なところに逃げるな，human として発言しろ」というのは一人の人間としての良心にあたる[8]．パグウォッシュ会議ではこのように，プロとしての責務と，人道性をもつ一人の人間としての責務とのあいだのせめぎあいが議論の対象となっている．ここで注意してほしいのは，個人としての人道性の英語が humanities である点である．Humanity には4つの意味がある．1) 人類，人間，2) 人間性，人間らしさ，3) 思いやり，慈悲心，そして 4) 人文学である．一人の人間としての良心の責任は，科学者の社会的責任といっても，広く人文学や社会科学の側面から問われるものなのかもしれない．

　さらに，これらの責任を果たすのは果たして個人なのか，それともシステムなのか，という問いがある．「責任ある研究とイノベーション」（Responsible Research and Innovation. 以下 RRI と記す）を掲げる欧州の科学技術政策は，徹底的にシステムとしての責任を問いかける[9]．

　RRI のエッセンスには，open-up questions（議論をたくさんの利害関係者にたいして開く），mutual discussion（相互議論を展開する），new institutionalization（議論をもとに新しい制度化を考える）がある．たとえば，東日本大震災と福島の原発事故の分析をすると，日本の技術者は閉じられた技術者共同体の中で意思決定をしてきており[10]（例：安全性基準など），地元住民に開かれたものにはなっていないことが示唆される．それを開くのが open-up questions に相当する．また，その開かれた議論の場で技術者から住民へ一方的に基準が伝達されるのではなく，互いに異なる重要と思われる論点について相互の討論をおこな

---

8) 2016年2月のパグウォッシュ会議運営諮問委員会で実際にかわされた議論による．
9) RRI には，社会に研究成果がどう埋め込まれるか，アウトリーチ，透明性，批判的自省，社会にどのように役立つか，利害関係者の参加などのコンセプトが含まれている．RRI を説明する文章には，「研究およびイノベーションプロセスで社会のアクター（具体的には，研究者，市民，政策決定者，産業界，NPO など第3セクター）が協働すること」，とある．https://ec.europa.eu/programmes/horizon2020/en/h2020-section/responsible-research-innovation 参照．
10) たとえば米国の科学史家ポーターは，「日本の原子力技術者は，アメリカの技術者が直面したような世間一般の監視の目からは，驚くほど切り離されていた」と述べている（セオドア・M・ポーター『数値と客観性――科学と社会における信頼の獲得』，藤垣裕子訳，日本語版への序，みすず書房，2013年，7頁）．ポーターは1953年生まれ．カリフォルニア大学教授．専門は科学史・科学論．統計学と社会認識との関係，および社会における定量化の歴史を研究対象としている．

う，あるいは福島の経験をもとに各国が学びあうというのが mutual discussion である．そして，それらの原発ガバナンスに関する議論をもとに，現在の規制局のあり方を作り変えていくことが，new institutionalization に相当する．

　このような RRI 概念の福島事故への応用を見ていくと，RRI の概念がプロセスを重んじ，動的なものであるのにたいし，日本の福島事故分析および責任論が，各制度の枠を固定し，それぞれに閉じられた集団に責任を貼り付ける「静的」なものであることが示唆される [11]．閉じられた集団を開き，相互討論をし，新しい制度に変えていく，という RRI のエッセンスは，明らかにこれまでの日本の社会的責任論（集団を固定し，そこに責任を配分する）とは異なる形で「市民からの問いかけへの応答責任」[12] に応えようとしている．

　RRI を援用してシステムとしての責任を考えようとするとき，上記の「標準的見解」と「広い見方」はシステムとしてどう判断していけばよいのだろうか．また「人道性に訴える」という人間としての良心の側面の責任は，システムとしての責任を設計するさい，どのように組み込んでいけばよいのだろうか．

（藤）

---

11) 藤垣裕子『科学者の社会的責任』，前掲書．
12) 責任を「研究者内部を律する責任」「製造物責任」「市民からの問いかけへの応答責任」の3つに分けたときの3つめ．石井洋二郎，藤垣裕子『大人になるためのリベラルアーツ』，前掲書，第9回参照．

> **論点**
>
> 1　フォージのいう「標準的見解」と「広い見方」にたいしてどう思いますか．
>
> 2　最先端科学の科学者の社会的責任にたいし，人文社会科学にはなにができると思いますか．あるいは人文学の語源 humanity は，これまでの科学者の社会的責任論にたいし，どのような新しい地平を開きうると考えますか．
>
> 3　RRI の発想と日本の責任論の発想の違いにたいしてどう思いますか．
>
> 4　学問が社会にたいして責任を負う回路はどう設計すればよいと考えますか．そのさい，個人としての責任とシステムとしての責任についてどう考えますか．

……………………　議論の記録　……………………

　この議論は，2017 年 6 月 14 日におこなわれた．A グループは f さん，g さん，k さん，l さん，B グループは，a さん，h さん，j さん，q さん，C グループは b さん，o さん，p さん，D グループは c さん，d さん，m さん，n さんの合計 15 名である．

〈論点 1：フォージのいう「標準的見解」と「広い見方」にたいしてどう思いますか〉
　A グループからは，4 人全員が「広い見方」を支持したことが報告された．その上で，科学者自身が危険を予測するだけではなく，他分野の人や他人に可能性を指摘してもらう必要性が指摘された．

やはり科学者というのは1つの切り口から進んでいくので，いろんな切り口があった場合に，科学者自身では気付けないような部分も一方ではあるかな．その分野が違うことで見え方が違うと思うので，そういう意味では科学者が協力して，協働することが大事かなと思います．一方で，広い見方があることで他の人から可能性を提示してもらえるという点で，科学者自身にとってもけっしてマイナスな部分だけではないかなという意見もありました．（1さん）

　また，広い見方は理想論か否かという点についても議論し，法的な観点では「危険を発生させるものを使った人ではなく，ものを作った人に責任をもたせる」製造物責任のような考え方を用いれば，広い見方もけっして理想論ではないという意見が出たと報告された．
　Bグループからは，やはり4人全員が広い見方をとったほうがよいということで一致したことが報告された．また，広い見方をとったときに，科学者がどれくらい責任を負うべきかについてより詳しく議論した．たとえば問題提起文には，科学者が無知で根拠をもっていなかった場合も責任をとるべきだという指摘があるが，それはさすがにやりすぎなのではないかという意見がある一方，ただ無知で根拠をもっていないとしても，できるだけ自分がやっている研究がどういうことに悪用されるのかということを，努力して想定して考える義務はあるのではないか，その意味で無知な場合でもやはり責任はあるという意見もあった．

　科学者一人では結果がどうなるかを判断するのはむずかしいということもあって，そうなると科学者同士の機関を作るとか，他の分野の人たちに入ってもらうとかということになるんだろうけど，そうしたときに果たして公正な判断ができるのか，実効的に判断することができるのか……まあ，実効，効力があるのかということはむずかしい問題かと．そうした場合に責任の所在というのは科学者個人じゃなくて組織とかに広がっていくのかなあという話をしました．（aさん）

Cグループは，標準的見解が2名，広い見方が1名であったことが報告され，それぞれの見方をとる理由が紹介された．また，いつ責任をもつかという点については，研究している時点で責任をもつというより，研究自体を公表して悪用される可能性をもったときに責任をもつべきではないかという意見が紹介された．つまり公表するかどうか，どの範囲まで公表するかという，そこに科学者の責任があるのではないかという意見である．さらに，科学者個人が責任をとるのか組織がとるのかという論点も示された．最後に，標準的見解と広い見方の境界設定における「意図」の定義の問題も指摘された．

　　広い見方の場合は客観的に，軍事的に応用されるというような「根拠」を用い，第三者視点による評価なんですけど，標準的見解の場合は，結果を意図していた場合というような，「意図」という研究者の主観的なところが入る．なんでこれは「意図」なんだろうという意見もありました．結果を「予想する」ではなくて「意図する」なので，切り口としてちょっと違うんじゃないかという，そういう意見もありました．（pさん）

　たしかに意図とはなにかということは問題になる[13]．論点3ででてくるRRIでは，意図ではなく予見（anticipation）を扱い，予想（foresee）よりも「備え」の意味が加わる[14]．

---

[13]　たとえば，ファイル共有ソフトWinnyの裁判のときも意図が問題となった．2002年にWinnyというソフトウェアの開発者K氏は，違法コピーを幇助したという疑いで逮捕された．一審，二審ともに開発者に違法コピーを幇助する「意図」があったかどうかで争われた．最終審では，意図があったかどうかより，使用の実態の主目的が違法コピーではなくファイル共有であるという理由で無罪となった．この事例の場合，まず開発者に違法コピーを助ける「意図」があったかどうかはグレーである．しかし，違法コピーに利用されると十分予見されるに足る証拠はあった．しかし，結果的にはそれが主目的であるか副次的目的であるかによって判断が分かれた．

[14]　Foreseeの意味は，to see or form an idea about（what is going to happen in the future）in advance; expect（将来なにが起こるのかについての考えを前もって形づくること，期待すること，『ロングマン英英辞典』，1987年）であるのにたいし，anticipateの意味には to guess or imagine in advance（what will happen）and take the necessary action in order to ready（なにが起こるか前もって想像し，それに備えるために必要な行動をとる．同）があり，備えの意味が入る．

Dグループでは，標準的見解，広い見方のどちらにも利点と欠点があるという方向で議論が進んだ．たとえば標準的見解をとると，原子爆弾の開発のように人道的に問題があるようなことを防げないという欠点があるが，広い見方をとると科学の発展が阻害されるという欠点がある．また，標準的見解と広い見方の区別に科学者の「意図」という概念が入ってくるが，意図を客観的に判断するのはむずかしいという点（Cグループと同じ点）が指摘された．さらに科学技術を使う人とそれを開発する人のどちらに責任を問うかは線引きがむずかしい点が指摘された．

　4グループすべての発表のあと，そもそも責任とはなにかについて，教室全体で短い討論となった．

> pさん「個人的な見解なんですけど，『責任』ってなんでしょう？　なんか悪い結果が起きて，それにたいして処罰のあり方を決めるための悪い人探しというよりは，その責任をもっている人の行動の指針なのではないか．そんな感じがなんとなくしてきました．なので，悪い人探しのための責任というよりは，責任があるからどう行動していくべきかという指針のための責任なのかなという気はちょっとしています」
>
> bさん「そういう意味では広い見方のほうがいいですよね」

　この点は論点4に関係してくることになる．

〈論点2：最先端科学の科学者の社会的責任にたいし，人文社会科学にはなにができると思いますか．あるいは人文学の語源humanityは，これまでの科学者の社会的責任論にたいし，どのような新しい地平を開きうると考えますか〉

　Bグループからは，科学の発展を無制限に放っておくことを抑える人文社会科学の役割という視点から次のような意見があった．

> おそらく人文社会科学が科学の発展を抑えたりだとか，そういう役割を期待されていると思うんですけど，これが極端なほうに振れると，おそらく科学者が完全に社会的責任にたいして無責任で，人文社会科学にすべて

押し付けて，分業体制みたいなのができてしまうんじゃないかという，極端な話ですけど，最終的にそうなってしまうのが怖いという意見が出ました．それに追加的な意見として，それだからこそやっぱり科学者も人文社会科学の知識というものをある程度つけておくべきで，科学者と人文社会科学の融合的なコミュニティを作っていかないといけないよねっていう話になりました．しかし，それにたいする反論として，たとえば法学だとか，法律っていうものを運用していくときには専門的な知識っていうのがどうしても必要になってくるわけで，それを科学者に任せる，科学者に法律の知識をつけさせるというのはかなり無理があるんじゃないかという話がありました．それにたいする再反論としては，そんな深い知識までもっている必要はなくて，ただたとえば法律だとしたら，ああいう法律が確かあったとか，そういう浅い部分だけでもいいからもっていたほうがよくて，深い話になっていったときにそれは人文社会科学系の人たちに任せればいいのではということになりました．なので，科学者が人文社会科学にすべて押し付けることになってはいけないんですけど，そのバランスのとり方，共存の仕方というものを探っていく必要はあるよねという結論に達しました．（jさん）

この意見の中にあるバランスのとり方，および共存の仕方というのは，まさにリベラルアーツの課題である[15]．また，Bグループからは，科学者個人がhumanityの3つめの意味である「思いやり」「慈悲心」をもつべきかについては，科学者全員がそのようなものをもつのは無理であるという意見と，偉大な科学者はそのようなものを身につけている，たとえばシュレーディンガー[16]はショーペンハウアー[17]が好きだった，あるいはアインシュタインは文学が好きだったといった例に見られるように，科学者もhumanityを身につけることが可能だという意見の両方が出たことが報告された．

---

15) 本書「おわりに」の章を参照．
16) オーストリア出身の理論物理学者（1887-1961）．波動形式の量子力学である波動力学の祖で，シュレーディンガー方程式をつくり，量子力学の発展を築いた．『生命とは何か』の著作（1944年）もある．
17) ドイツの哲学者（1788-1860）．主著は『意志と表象としての世界』（1819年）．

エルヴィン・シュレーディンガー　　アルトゥル・ショーペンハウアー

　Cグループからは，科学技術はそもそも人のためにあるのだから，そこにhumanityが介在すべき，科学の根本にhumanityが介在すべきであって，なにかの責任論になったときに限定してそれをhumanityにのせてしまうのはおかしいのではないかという意見が出た．また，人文社会科学になにができるかについては，記録をとることによって再現を防ぐ，あるいはこれから同じ過ちを繰り返さないようにする方途を提供するという形で，人文社会科学は貢献できるのではないかという意見が出た．

　Dグループからは，まず人文社会科学になにができるかについては，科学者のあいだでも意見が1つに定まらないような問題に関して貢献ができるという指摘があった．

> そのような科学者間の指摘ができるようなシステムとか，ある程度科学者間が互いの研究をスクリーニングして，この研究は大丈夫だ，この研究はちょっと危ないみたいな，そういう監視ができるシステムを作り上げる部分に，科学者でない人や人文社会学者が貢献できるのではないかという話がありました．（cさん）

　また，humanityという概念にはなにができるかという問いについては，科学を科学者だけに閉じたものにするのではなく，より開かれたものにするため

に貢献するという指摘があった．

> おそらく論点 3 の RRI にある open-up questions とかと関わってくるんですが，科学を科学者だけに閉じたものではなく，より開かれたものにすることによって，社会にたいする責任をとるような方向性もあるとしたら，humanity が貢献できる領域もあるのではないかという話がありました．（c さん）

A グループからは，まず最先端科学と人文社会科学という 2 つを対立する軸としてとらえることへの違和感が示され，次に人文社会科学は自然科学とは異なる見方を提供するという意見が出された．

> 人文社会科学にはなにができると思いますかというところなんですけど，まず全体的な人文社会科学として，科学とは違う分野からの見方を提供するということで，さっきの論点 1 とも関係するんですけど，他の分野からの意見を提示することで，研究の発展の方向性をいろいろ予測するみたいなことに役立つだろうというのが全体的な意見でした．あとは個別的な学問領域で考えると，たとえば心理学とか社会学だったら，発表が世間の人たちにどんな影響を与えるかという予測に役立てるだろうとか，あとは法学だったら社会システムを科学の発展に合わせて構築することに繋がるとか，教育学だったら科学リテラシーを最先端科学の発展に合わせて育てていったり，といった感じでいろんな研究分野によっていろんな貢献の仕方があるという話になりました．（k さん）

このように 4 グループの意見が出されたあと，グループのあいだの議論となった．

> k さん「B グループで，『思いやりとか良心をすべての科学者にもたせるのは厳しいんじゃないか』という意見があったと思うんですけど，科学者といっても同じ人間なわけで，思いやりとか良心をもたせるのは厳しいみ

たいなのはちょっとなんか……．科学の道に行った人でも高校までは同じ教育を受けてきたわけなので．同じ人なのに思いやりをもたせるのは厳しいみたいなのはどうかなと思ったんですけど」(一同笑い)．

aさん「それはですね，要は性悪説になっているというか，最悪，良心をもたない科学者が現れた場合でも，システムとしてちゃんと機能するようなしくみが大事なんじゃないかなっていう．もちろん理想論としては期待したいし，私とか良心をもっているつもりです．けれど，社会にどんなやつが現れるかわからないので，最悪な場合を想定しても被害が最小になるようにしなきゃいけないんじゃないかなっていうことが，『思いやりや良心をすべての科学者にもたせるのは厳しいんじゃないか』という意見のもとです」

kさん「じゃあ，科学者だからつねに思いやりをもっていないっていうことじゃなくて，一般にそういう人がいるかもしれない……」

aさん「いるかもしれないから，そのときに」

kさん「ああ，じゃあ，大丈夫です」(一同笑い)

これらの議論の後，石井から humanities についての意見が出た．英語で言えば自然科学は natural science, 社会科学は social science, 人文科学は human science であるが，これら3つのすべてに通底するものとして humanities があると考えたほうがいいのではないかという意見である．

　一般的分類では3種類の science があるわけなんだけれども，humanities という概念とこれらの science は別のレベルにあるんじゃないかというのが私の考えです．自然科学・社会科学・人文科学のすべてに通底するものとして humanities というのがあると．こういうふうに考えてみたらどうか(次頁の図参照)．科学者もみんな同じ人間なんだっていうさっきの話に通じるんですけども，みなさん別に理系人間・文系人間として生まれてきたわけではないですよね．普通に人間として生まれてきて，いろいろ学んでいく中で自分はこちらの分野をやろうと分かれてきた．にもかかわらず，いったん分かれた後では既成の学問の枠組みの中に自分を位置づけてしま

う.もともと自分は human であった,あらゆる人間が human であったことが忘れられてしまう.しかし文系・理系にかかわらず humanities という共通のものがあると考えると,ここに哲学とか,倫理とかが全部入ってくるんじゃないか.つまり自然科学には自然科学の哲学があり,社会科学には社会科学の哲学がある.人文科学には人文科学の哲学もある.倫理もそうですね.そう考えると humanities はすべての科学を包括する基盤にあるということになるので,どの science をやるにしてもそれが human としての営みである以上,責任を免れるわけにはいかない,というふうに整理してみる必要があるんじゃないか.そして人文社会科学は文系,自然科学は理系という伝統的な分類も一度見直して,すべての基盤にある humanities という観点から学問の再構成をしてみたらどうかと思います.(石井)

文系		理系
人文科学 Human science	社会科学 Social science	自然科学 Natural science
Humanities		

【石井 板書】

〈論点3:RRI の発想と日本の責任論の発想の違いにたいしてどう思いますか〉

 C グループでは,RRI の発想と日本の責任論の発想という対立ではなく,動的な責任論と静的な責任論の対立という形で話し合いが進められた.動的な責任論は,問題の発生を未然に防ぐために,できる限りの力を尽くして問題が起きないようにすることを志向している.それにたいし,静的な責任論は,実際に問題が起きてしまった場合に,どうやって責任を配分するのかということを考えるときに適応されるものである.これらの両方を併用することがよいのではという提案があった.

 D グループからは,議論を利害関係者にたいして開き,他者の意見を聞くことによって,悪いものは悪いと未然に防げる点は,RRI の良い点であるという主張が報告された.また,科学技術の開発の議論だけでなく,他の分野でも議論を利害関係者にたいして開くシステムは必要で,周りの意見を聞くことは大事だという意見も紹介された.さらに,議論を開かずに閉じられた共同体の中

で解決することがなぜまずいのかを考えると，閉じられた共同体内にいることにより考え方が固定化されてしまう点がまずいのではという意見が指摘された．そして考え方が固定化されるとなぜダメなのかについては，「問題が見えづらくなる，間違っているのがどこなのかわかりづらくなってしまうという，偏った考え方をしてしまう」といった意見が出された．しかし一方で，共同体が閉じられると専門性が高くなって議論が進みやすい，あるいは専門分野の研究が発展しやすい点もある．したがって，閉じられた共同体内の議論，およびそれを開く場，と2段階あればいいのではということが提案された．専門性が高く閉じられた領域と，それ以外の分野の利害関係者にたいしての議論を発展させる場と，2つの場があっていいのではないかという提案である．また，議論を開くRRI的なやり方のマイナス点として，専門性がない人たちに説明するコストについての指摘があった．

　Aグループからは，日本の責任論は，責任の配分をしやすいため誰の責任かを追及しやすい反面，閉鎖的であるがゆえに同じことを起こさないようシステムを構築しにくいという問題があることが指摘された．一方で，RRIの場合はその逆で，システムの改変で同じことが起きないようにしたにもかかわらず，次の事件が起きてしまった場合，どこに責任の所在があるのかというのがすぐには断定ができない点が問題として挙げられた．

　　RRIはより議論が深いので，根本的問題に引きつけて，じゃあ未来のためにはどのような改革をしていかないといけないのかっていう未来性がある一方で，日本の責任論に関してはとりあえず悪かったものを排除する，たとえば責任をとって辞職するというような話があると思います．そこで終わってしまうのであまり未来に進んでいかない，発展していかない責任論の考え方かなと思いました．ただ，RRIはそれでもやはり時間とお金がかかってしまっていて，それがゆえにもたもたしているうちに同じような問題が再発してしまったりとか，ちょっと先ほどもいったと思うんですけど，社会停滞を生みかねないというようなデメリットも依然として指摘されています．（gさん）

Bグループは，日本の責任論の発想を具体的に東日本大震災の原発事故を例に考えた．この事故のさいは，東電にすべて責任を押し付ける形で推移した．議論を開いて話し合いをおこなわずに 1 つの組織だけに責任を押し付けるのが日本の責任論の発想ということになった．そのような責任論と比べて，RRI の発想のほうが理想的だという点では全員一致したと報告された．そして，そういう RRI の発想を，日本に導入するにはどうすればよいかという議論をおこない，東電の場合，会社の壁を取っ払うという案もあるが，今ある組織をすべて解体するのはむずかしいため，たとえば会社内で外部から専門家を招いた委員会などを作ること，トップダウンの判断だけでなく下からの意見に基づく判断をおこなうこと，といったやり方が提案された．また，住民と会社側のあいだでの話し合いもおこなうべきだという意見が出された．

　　それに関しては今東京都で築地市場[18]に関して市場関係者と専門家のあいだでの話し合いがおこなわれていて，これはまさに RRI 的な発想に基づくんじゃないかなと思うんですけど，その話し合いにおいて住民側が過剰に感情的になってしまったり，結局は行政側が住民側の意見を無視して物事を進めてしまうという問題があるのではないのかという指摘がありました．他にも住民側と専門家側が話し合う上で課題になるのが，住民側に与えられる情報というのが非常に限られているということと，その住民側がその与えられた情報をインプットするのに非常に時間と労力がかかるという点があると思います．結局住民側としては物事のスピードが遅くなるために，もういいよって専門家に任せてしまおうという問題があるんじゃないかと思います．その背景になっているのが日本とヨーロッパの文化の違いという指摘がありました．そういう文化の違いはあるんですけど，日本に RRI の発想を取り入れることは重要だという話になって，そのためには話し合いが大事で，専門家としては住民に情報を伝えたり，原発を建てるさいに神話を作るようなことは絶対にしてはいけないという話になりました．（h さん）

---

[18] 本議論のおこなわれた 2017 年 6 月には，移転先の豊洲市場の土壌汚染問題が調査，議論中であった．2018 年 10 月に築地市場は営業を終了し，豊洲市場が開場した．

Bグループの話は，東日本大震災や築地市場の議論など具体的な場面に応用して論を展開しているので，説得力がある．このあと論点4に入った．

〈論点4：学問が社会にたいして責任を負う回路はどう設計すればよいと考えますか．そのさい，個人としての責任とシステムとしての責任についてどう考えますか〉

　Dグループは，責任というより「サポート」という言葉を使ってシステムを考えられないかという提案について話し合った．責任を誰かにとらせて賠償金をもらって解決するという形ではなく，とりあえず関わった人たちみんなでサポートして，悪い結果を解決するというような形である．それにたいし，グループ内で，責任を負うというのはお金を払うということだけではなく，自覚あるいは当事者意識をもつことに関係するという反論が出た．責任を負う＝当事者意識をもつという意見である．この意見は，論点1の最後にpさんが「悪い人探しのための責任というよりは，責任があるからどう行動していくべきかという指針のための責任」と指摘したものと通じる．その後，Dグループでは，「責任が誰にもないというふうにとらえられるのではなく，全員責任があるという考え方もできるのではないか」という議論になった．また市民の責任の議論も紹介された．

　Aグループからは，社会にたいして責任を負う回路としてはRRI的な動的な責任タイプのほうが長い目で見れば根本的解決になるのでよいという意見が出た．そしてRRIを浸透させるためにどうすればコストを低く抑えられるかの議論となった．たとえば，議論の期限を設定して時間コストを減らすといった意見である．個人としての責任とシステムとしての責任に関しては，以下の意見が出た．

　　科学者と社会の2つで考えたときに，科学者側としては個人的に，個人として自分の研究がどのような結果をもたらしうるとか，そういうのを考える責任があると思うんですけど，それを逆に社会の側から一個人の科学者にたいして攻撃することはあってはならないので，社会の側から見ると責任をとるのはシステム・組織であるほうが良いのではないかという話に

なりました[19]．（f さん）

B グループからは，責任を考える上で，なにか事件が起こる前の事前評価となにか事が起きた後の事後評価を分けて両者のバランスをとることが提案された．

　まず事前の評価として，なにか悪いことに使われそうな可能性のある技術があれば，そういったことが起きる可能性があることを事前に明らかにする責任があるのではないかという話をしました．たとえば研究者がいろんな研究をオープンにしていくことで，開かれた議論の機会を作ると，それはある意味，他の研究者がその研究を見て，いろんな反論をしたり，こういう使い方の可能性があるので厳しいんじゃないかという雰囲気をもたせる機会を設けたり，あるいは市民にたいしても，「そういった研究が今進んでいる」ということを知らせ，こういった研究にたいしてじっさい市民の側でもなにか責任について議論をしていく．そういった機会を設けることが必要なんじゃないか．次に，なにか起きた後，どういうふうにするかという考え方についても，一般論としてなにか起きたときに被害を最小限にとどめる，そのためにどうすればいいのかを考えるような，行政・組織的な責任というものが市民にも科学者にも求められるのではないかという話をしました．そこでもやはり市民が責任というものをどういうふうに分配していくのかということを考えていく以上，参加する義務といいますか，一緒に考えることが必要だと思い，そういった開かれた議論の場を設

---

[19] この f さんの意見は，RRI 概念を作った人といわれるフォン・ショーンベルクの次の主張と呼応する．「個人が責任を考えるのは，自らの意図に基づいて行動し，ある結果が自分の行為の結果であると合理的に評価できるときのみである．その結果が意図どおりであろうとなかろうと．しかし，科学的発見の結果や技術のデザインは，そういった評価がしにくい．科学的発見も技術的イノベーションの結果も，特定の個人の意図に帰結させるのはむずかしいのである．技術的イノベーションの結果はたいていの場合，個人の行為の結果というより，集合的行為の結果，あるいは市場経済のような社会的システムの結果である」(R. Von Schomberg, "Organizing Collective Responsibility: Our Precaution, Codes of Conduct and Understanding Public Debate," U. Fiedeler, *et al.* (ed.), *Understanding Nanotechnology*, AKA Verlag Heidelberg, 2010, p. 61)．その上で彼は，「集団としての共責任」(collective responsibility) の必要性を説いた．

けることが必要になる．最終的に個人としての責任ではなくて，システムとして考えていく方向にもっていくべきなんじゃないかという結論に達しました．（qさん）

　Cグループからも，なにかをする前となにか問題が起きた後という2つのフェーズに分ける必要性が示された．なにかプロジェクトを開始する前には，RRIを参考に議論をオープンにして学者・市民・行政・第三者が議論に加わり，システムとしての責任を考える．なにか問題が起きた場合は，システムを作る判断をした人（行政の人をふくむ）の責任を考える手もあるという意見である．
　このように，教室での議論は，単にRRI的な動的責任論を賞賛するのではなく，それを具体的にどのように応用するか，コストをどう乗り越えるか，そして事前と事後に分けてどのように責任論を構築していくかという話に展開していき，学問が社会にたいして責任を負う回路を設計する上で参考となる点がいくつも指摘された．　　　　　　　　　　　　　　　　　　　　　　　　（藤）

議論を振り返って

　「学問は社会にたいして責任を負わねばならないか」というテーマは，前著『大人になるためのリベラルアーツ』の第9回で扱ったものと同一であるが，今回は藤垣が問題提起文を新たに書き下ろし，論点も異なるものを設定した．すなわち，同じテーマを異なる角度から異なるメンバーで議論するとどうなるか，という試みである．
　今回の問題提起文では，科学者の社会的責任について「標準的見解」（行為の結果にたいして行為者が責任を負うのは，行為者がその結果を意図していた場合であり，かつその場合に限る）と「広い見方」（行為者がその結果を意図していなくても，十分予見されるに足る証拠がある場合には責任が生じる）という2つの考え方が提示されていた[20]．

---

20) これはまさに，第7章で扱った軍事研究にそのままあてはまる図式である．たとえば，自分はあくまでも新しい化学肥料の開発という基礎研究に携わっているのであって，それが爆薬の原材料として応用されたとしても責任はないという論理は，「標準的見解」によれば

これら2つの立場について問う論点1では，後者を支持する意見が多数を占めていたようだ．ただし意図せざる結果の予見については，個人に全面的に責任を負わせて事足れりとするのではなく，他者の目を入れることが有効であり必須であるという指摘が重要である．もちろん科学技術の分野においては，(映画に出てくるマッドサイエンティストのような例を別にすれば) 完全に個人ベースで研究が遂行されることのほうが稀であり，多くの場合は一定規模のグループで作業がおこなわれると思われるので，その意味では他者の目が存在するのが通例であるが，そうした集団はすでになんらかの目的意識を共有しているのが普通なので，ともすると純粋に客観的な視点から自分たちの研究の社会的責任を相対化することができにくいかもしれない．また，大学などの研究室ではしばしばありがちなことだが，チームを率いるリーダー（大学であれば教授）に権力が集中する結果，立場の弱い若手研究者はなかなか発言しにくいといったケースもありうるだろう[21]．そのような状況下では，人間は複数いても組織全体が均質性の高い大きな「個人」のようなものなので，やはり他分野の研究者や一般市民などを組み込んだ第三者機関によるチェックが必要であると思われる．

　もっとも，「広い見方」のほうにもデメリットがないわけではないことは学生から指摘があった通りである．研究成果がもともと自分の意図していなかった目的に勝手に応用され，なんらかの被害をもたらした場合にまで責任を問われるのであれば，こわくて新技術の開発になどとても従事していられないと考えるのは自然であるから，そうした負のサイクルに入ると研究はどんどん萎縮してしまいかねない．そのあたりのバランスをどうとるかは，科学者集団のみならず，社会全体で考えるべき課題であろう．

　人文社会科学の果たすべき役割を問う論点2については，科学技術研究の暴走を抑制するという予想通りの回答がまず提示されたが，同時にそれが「自然科学者は研究，人文科学者は倫理」という安易な分業論につながることにたいしては，当然ながら否定的な見方が示された．もちろんそれぞれに時間をかけ

　　成り立つかもしれないが，「広い見方」に立てば正当化されえない．
21) 　こうした環境が研究不正の温床になりがちであることは，度重なる不祥事からも明らかである．

て学ばなければならない専門的知識というものは確実に存在するので，最先端の科学者が同時に法律の専門家でもあるといった理想的な形は現実味が薄いが，ある問題が生じたときになにを参照すればいいのか，あるいは誰に詳細を尋ねればいいのかということについての基本的な知識（あるいは大雑把な見取り図のようなもの）は，やはり広く共有されてしかるべきである．その意味では自然科学者もある程度は人文社会科学者であることが望ましく，逆に人文社会科学者のほうもある程度までは自然科学者であることが望ましい．

　同じ論点2で示されたhumanityの概念をめぐっては，科学技術はそもそも人間のためにあるのだから，科学の根本には当然，問題提起文で示された「人間性，人間らしさ」あるいは「思いやり，慈悲心」という意味でのhumanityが介在すべきである，というストレートな意見が印象に残った．これは素朴といえば素朴な主張かもしれないが，科学者の社会的責任が問題になったときだけご都合主義的にhumanityを持ち出すのではなく，より根源的なところでこの概念の意義を再確認するという意味で，忘れてはならない視点であろう．

　ここで「人文・社会・自然」という伝統的な学問の3分類について私が教室で語ったことを少し補足しておきたい．授業ではhuman scienceを「人文科学」と訳す習慣に従って話したために，概念整理がいささか曖昧になってしまった感があるが，これはむしろ「人間科学」と訳すべきであった．そして，この用語は文字通り「人間」そのものを対象とした科学，すなわち心理学，認知行動学，教育学などの学問分野を指す狭義の概念として定義したほうがわかりやすかったと思う．

　すなわち，学問をその対象によって分類するとすれば，人間が作ったわけではないnatureを対象としたscienceがnatural science，人間が作ったsocietyを対象としたscienceがsocial science，そして人間そのものhuman beingを対象としたscienceがhuman scienceであるという整理の仕方である．このように考えてみると，ふつうは理系の学問として了解されている工学の一部（たとえば都市工学や建築学など）はnatural scienceというよりもsocial scienceに分類したほうがしっくりくるし，臨床系の医学などはまさに人間を対象としているという意味でhuman scienceであると考えたほうが納得しやすい．このように学問体系を組み直してみると，従来の「文系／理系」という二分法自体がじつはかなり

雑駁な図式にすぎないことがわかってくるのだが，それはそれとして，これらはいずれもなにかを対象とした science であるという点では共通している．

では，いわゆる「人文科学」はどこに位置づけられるのかといえば，これはあらゆる sciences の基底にあって，人間が人間であることの根拠そのものを問い直す営みとしてとらえるべきではなかろうか．じっさい，哲学や倫理学などは，厳密な意味での「科学」というよりも，それらを通底する根源的な「知」のありようを探求する学問であるから，その意味では人文「科学」というより単に「人文学」，あるいは（「科学知」に対置される概念としての）「人文知」と呼ばれるべきものであるように思われる[22]．そしてまさにそれを私たちは humanities と名付けてきたのであり，このような「知」が自然科学・社会科学・人間科学のすべてを支える共通の基盤をなしているからこそ，あらゆる学問には当然のこととして，人間であるがゆえに万人が負わねばならない社会的責任が生じるのである．

ではその責任は個人，あるいは閉じた共同体に帰せられるべきものか，それともシステムそれ自体に負わされるべきものか．論点3ではとかく前者の立場をとりがちな日本的責任論と，徹底的に後者の立場をとるRRIの違いが焦点化されたが，両者を二項対立的なものとしてとらえるのではなく，「静的な責任論」と「動的な責任論」の相互補完性という観点からとらえる提案が学生から出されたことは注目に値する．

確かに，社会的に大きな影響を及ぼすなんらかの事態が発生してしまった場合，まずは専門家集団の内部で，どこにどれだけの責任があるのかという「責任配分」の議論を精密化する作業は不可欠である．しかしそこでとどまってしまったのでは問題点が広く共有されず，閉ざされた共同体の中で自己完結してしまうので，どうしても視点が偏向したり思考が固定化されたりする可能性が高いし，再発防止にもつながりにくい．だから次の段階で議論を他分野の専門家集団や一般市民に広く開き，システムそれ自体の欠陥を検証する必要がある．

---

[22] 「科学哲学」や「生命倫理」といった言葉は，哲学や倫理学がいわゆる自然科学をも貫いて存在するものであることを端的に物語っている．また，歴史学は「科学史」や「技術史」などが存在することからもわかるように，あらゆる学問に適用されうる普遍的な方法論としてとらえられるし，思想・文学・芸術等の営みも同様の普遍性をそなえているので，当然「人文知」の重要な要素をなすものと考えられるであろう．

そうすることではじめて，同じことがふたたび繰り返されないよう，未来に向けてシステムを改善していくことが可能になる．ただし学生からも指摘があったように，その改善が十分になされないうちに次の問題が起こってしまうと，今度は責任配分の議論が間に合わず，現実的な対応が遅れてしまうというデメリットもあることは，念頭に置いておかなければなるまい．

　最後に学問の社会的責任をどのような回路で担保すればいいのかを考える論点4では，フェーズを事前と事後に分けてとらえる考え方が期せずして2つのグループから提示されたことが興味深い．ある科学技術の研究がなんらかのリスクを伴うことが予想される場合，まずはその研究自体の是非について，そして次に成果の利用可能性について，事前に研究者・行政組織・一般市民等が集まってオープンに議論する場を設けることが重要であるが，他方，実際に問題が生じてしまった場合には，現実の被害を最小限に食い止めるための方策を事後的に協議するシステムを用意しておくことが必要である．これは科学研究の社会的実装にあたって不可欠の方策だろう．しかしいずれにしても，直接研究に従事する側やこれを制度的・財政的にバックアップする行政側はもとより，その成果を将来的に享受することになる一般市民の側もまた，単に他人ごととして一方的に責任を追及する側に立つのではなく，あらゆる局面においてみずからも当事者意識をもって責任を引き受けることが求められる．「学問の社会的責任」を考えることはすなわち，社会を構成するすべてのステイクホルダーの責任を考えることにほかならないのである．　　　　　　　　　　　　　　（石）

第 10 章

自由と公共性は両立するか

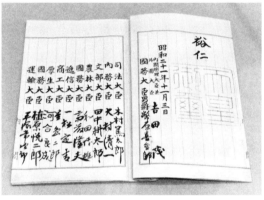

©AFP / Toru YAMANAKA

問題提起

　「自由と公共性は両立するか」という問いを考えるために，2つの概念の定義を確かめるところから始めてみよう．
　まずは「自由」から．『広辞苑』（第七版）では「①心のままであること．思う通り．自在．②責任をもって何かをすることに障害（束縛・強制など）がないこと」という定義が与えられている．また『大辞林』（第三版）では「①他からの強制・拘束・支配などを受けないで，自らの意志や本性に従っていること（さま）．②物事が自分の思うままになるさま．③わがまま．気まま」となっている．ここで扱う「自由」は，さしあたり『広辞苑』の②，『大辞林』の①に相当するものと考えていいだろう．
　次に「公共性」だが，こちらはいずれの辞典でも「公共」という見出しの下に派生語として置かれており，「広く社会一般に利害や正義を有する性質」（『広辞苑』），「広く社会一般に利害・影響を持つ性質．特定の集団に限られることなく，社会全体に開かれていること」（『大辞林』）という定義が与えられている．
　こうして並べてみると，自由については「他」，公共性については「社会一般」というように，用いられている言葉は異なるものの，両者に共通するのは「他者」という概念であることがわかる．人間がたったひとりで生きることができるなら，そもそも他者は存在しないことになるので，「他からの拘束や支配」を受けることはないはずだ．しかしいかなる人間も単独では存在できないので，誰もが多かれ少なかれ他者の影響や束縛を受けざるをえない．立場を替えていえば，私たちの言動も多かれ少なかれ他者に影響を与え，他者を束縛せずにはいないので，否応なく「広く社会一般に利害や影響をもつ」ことになる．つまり完全に自由であるためには他者の存在を消去しなければならないが，人間が社会的存在である以上それは不可能であり，どうしても公共性という要素の介入を許容せざるをえないのである[1]．
　こうした両者の関係を端的に述べたもっとも有名な歴史上の文献といえば，

やはりフランスの『人間と市民の権利宣言』(1789年), 通称『人権宣言』だろう. その第1条には「人間は自由, かつ権利において平等なものとして生まれ, 生きてゆく. 社会的な区別は, 共同の有益性に基づくのでなければ設けられない」と述べられており, 同じく第4条には「自由とは, 他者を害しないすべてをなしうることにある. よって各人の自然的諸権利の行使は, 社会の他の構成員たちにこれらと同じ権利の享受を保証すること以外の限界を有しない. これらの限界はただ法によってのみ定められうる」とある. 「公共

『人間と市民の権利宣言』

性」という言葉そのものは用いられていないものの, 第1条に見られる「共同の有益性」, 第4条に見られる「他者を害しない」「社会の他の構成員たちにこれらと同じ権利の享受を保証する」といった表現は, 社会における自由がけっして全面的かつ無条件的なものではなく, 一定の留保事項によって制限されうることを示しているという意味で, ほぼ「公共性」の言い換えと考えて差し支えないであろう.

『人権宣言』の基本理念は普遍的な妥当性を有するものとしてその後も受け継がれ, フランスでは第四共和国憲法 (1946年) の前文にその精神を確認する旨が述べられているし, 現行の第五共和国憲法でも前文の冒頭に「フランス人

---

1) 「自由」と「公共性」の関係は, 経済思想的な文脈で語られることも多い. たとえばまさにこれらの言葉をタイトルに反映した小野塚知二編著の『自由と公共性——介入的自由主義とその思想的起点』(日本経済評論社, 2009年) では, 経済活動に関して個人の全面的な自由を原理とする古典的自由主義が, 19世紀末の西欧 (とくに英独仏) において社会的規制の介入を組み込んだニュー・リベラリズム (編著者はこれを「介入的自由主義」と規定する) へと変容し, さらに1980年代以降はその反動として「自己選択・自己責任」に重点を置くネオ・リベラリズムへと移行してきた過程が跡付けられている. ここでもやはり, 基本になっているのは「個人の自由」と「他者の介入」のせめぎあいである.

第10章 自由と公共性は両立するか 207

民は，1789年宣言により規定され，1946年憲法前文により確認かつ補完された人間の諸権利と国民主権の諸原理にたいする忠誠，および2004年環境憲章により規定された権利と義務にたいする忠誠を厳粛に宣言する」と謳われている．

ひるがえって日本に目を向けてみると，日本国憲法の第十二条には「この憲法が国民に保障する自由及び権利は，国民の不断の努力によって，これを保持しなければならない．又，国民は，これを濫用してはならないのであって，常に公共の福祉のためにこれを利用する責任を負う」とある．ここでは自由の濫用を制限するものとして明確に「公共の福祉」という概念が提示されているわけだが[2]，続く第十三条では「生命，自由及び幸福追求に対する国民の権利については，公共の福祉に反しない限り，立法その他の国政の上で，最大の尊重を必要とする」とあって，今度はこれに反しない限り自由が最大限に尊重されるべきものであるという書き方がされている．要するに，自由と公共性はたがいに背中合わせの関係にあるという考え方が基本になっているわけだ．

社会の構成員に平等性が認められる限り，自由を享受する権利はすべての構成員にとって等しく与えられているはずであるから，原則的にいかなる自由も制限されるべきではない．ただし，それはあくまでも公共性に抵触しない限りにおいてである，というのは，民主主義的共同体の約束事としてはきわめて真っ当な考え方であるように思われる．となると，問題は自由と公共性が接触する境界線をどこに引くべきか，ということになろう．心の中で人を殺したいと思うのは個人の自由の範疇内であっても，実際に人を殺すことは公共性の観点から許されない，といったことなら誰もが即座に了解するにちがいない．だが，世の中にはそれほど明確に境界線を引くことのできない事象が満ち溢れている．

たとえば，自室で音楽を聴く自由は誰にでも保証されているが，その音響が過度に大きくなれば，近隣の住民にとっては静寂に暮らす権利を妨げるただの騒音にすぎない．では騒音の度合いがどれほどの域に達したときに公共性との軋轢が生じるのか．これは音響にたいする感覚の個人差や住環境の状況によっ

---

[2] この「公共の福祉」というキーワードは居住・移転・職業選択の自由を定めた第二十二条や，財産権の不可侵性を定めた第二十九条などでも用いられており，日本国憲法の理念を支える重要な要素になっていることがわかる．

ても判断が異なってくるので，単純に定式化することのできない，微妙な問題である．

　昨今クローズアップされている「ヘイトスピーチ」についても同じことがいえる．思想・信条の自由は最大限に尊重されるべきであるから，同じ主義主張をもつ少数のグループ内で特定の人種や民族を誹謗中傷するような言葉をいくら口にしても，それだけで非難されることはない．しかし不特定多数の聴衆を前にしてこの種の主張を大声で喧伝すれば，中傷の対象とされた人びとの人権はもちろんのこと，そうした言葉にたいして不快感や嫌悪感を覚える人びとの良識や市民感覚も侵害されることになるので，公共性とのコンフリクトが生じることになる．

　ここで確認しておかなければならないのは，「公共性」と呼ばれる以上，それは特定の個人の自由だけではなく，冒頭で見た辞書の定義にもあったように「特定の集団に限られることなく，社会全体に開かれている」自由，すなわち「社会一般＝不特定多数の人びと」に認められるべき自由（あるいは権利）に基づいていなければならないということだ[3]．だからこの概念が政治と結びつくとき，「多数の利益」を大義名分として「少数の自由」が制限されるケースも当然生じることになる．たとえば幹線道路を通すために必要な土地を国が接収するとき，その土地に暮らしてきた人びとが立ち退きを迫られるとすれば，これからできる道路を利用する不特定多数の利益（公共の福祉）のために，現に居住している少数の人びとが現在の生活を続ける自由は奪われることになる[4]．

　このように，自由を過度に尊重すれば公共性が侵食され，公共性を過度に強制すれば自由が毀損されるという緊張関係の中で私たちは生きているわけだが，両者が必ずしも二項対立的にとらえられるものではないという視点もありうる

---

[3] これは必ずしも，実際の当事者が複数でなければならないということではない．たとえば特定の人種や民族に属する人に向かって攻撃的な言葉が口にされる場合，相手がひとりであってもその行為は当該人種や民族全体の尊厳を侵すことになるので，「公共性」に抵触するものと考えられる．

[4] もちろん彼らにたいしてはそれなりの補償が提供されるはずであるが，それでも住み慣れた土地を離れるのは苦痛であろうから，金銭的解決によってすべてが解消されるわけではない．

ハンナ・アーレント

ことを最後に紹介しておこう．思想的文脈で自由と公共性の関係について考察したハンナ・アーレント[5]は，『全体主義の起源』において，民主主義社会において公的な生活にたいする人びとの無関心が蔓延したとき，「個」の消滅した全体主義的状況が生まれるという命題を提起した．すなわち，人間が公共性にたいする関心を喪失したとき，ふつうに考えれば「個」が「他」の歯止めを失って無際限に膨張し，恣意的に自由を濫用する状況が生まれるように思われるが，逆説的なことに，実際はむしろ人が個人としての属性をもたない匿名の存在と化し，無名の大衆となって国家の統治構造にみずから進んで組み込まれてしまうというのである．

自由が拡大伸張すれば公共性が縮小後退し，公共性が拡大伸張すれば自由が縮小後退する，という単純なゼロサム的図式にたいして，これは「公共性が縮小後退すれば自由も縮小後退する」という二項連動的な図式であるといえよう．この観点にのっとっていえば，公共性への関心を欠いた自由はもはや本来の自由ではなく，全体主義の支配下に置かれた「無気力な自由」，というより，個としての存在（「人間性」と言い換えてもよい）を抹殺された「無自覚な不自由」にすぎないということになる．逆にいえば，公共性への緊張感に満ちた想像力に支えられてはじめて，個人の自由は個人の自由として成立する，すなわち「公共性なくして自由はない」ということである．そしてもちろん，この命題を裏返してみれば「自由なくして公共性はない」という言い方もできるだろう．自由と公共性はこのように二律背反的なものではなく，一方が他方を支える相互保持的な関係にあるという視点は，今回の課題を考える上でも欠かせないものではなかろうか．

（石）

---

[5] ドイツ出身のユダヤ人哲学者・思想家（1906-75）．ナチスの迫害を受けて 1933 年にはフランスに亡命，1941 年にはアメリカに亡命し，いくつかの大学で教鞭をとりながら，1951 年に『反ユダヤ主義』『帝国主義』『全体主義』の 3 部からなる『全体主義の起源』を刊行した．ちなみにアーレントとともに「公共性」の問題について必ず引き合いに出される思想家に，『公共性の構造転換』（1962 年）で知られるユルゲン・ハーバーマス（1929- ）がいる．

論点

1 日常生活において，あなた自身が自由と公共性の矛盾・葛藤に直面した経験があればその具体例を挙げ，実際にどのように対処したかを述べなさい．

2 自分の経験とは別に，自由が公共性に抵触するような事例をいくつか想定し，それぞれのケースにおいて両者の境界線をどこに引くべきかを論じなさい．

3 フランスの『人権宣言』や日本国憲法の記述を参考にしながら，一般に自由と公共性の関係はどうあるべきかについて論じなさい．

4 アーレントの議論を参考にしながら，「公共性なくして自由はない」という考え方について自由に論じなさい．

……………………… 議論の記録 ………………………

本授業は，2018年5月23日におこなわれた．Aグループは α さん，ι さん，μ さん，Bグループは γ さん，ζ さん，λ さん，Cグループは β さん，ε さん，η さんで，合計9名であり，中国と韓国の留学生がそれぞれ1人ずつ含まれている．

私たちは日常的に自由と公共性の矛盾する場面に直面しているが，それをことさら言語化して考えてみる機会は多くない．今回はそれをあえて言葉に出して議論してみる試みである．

〈論点1：日常生活において，あなた自身が自由と公共性の矛盾・葛藤に直面した経験があればその具体例を挙げ，実際にどのように対処したかを述べなさい〉

論点1は個人的経験を尋ねるものなので，グループ討論ではなく，それぞれに直接語ってもらうことにした．

複数の学生から出されたのは，電車でのマナーに関する話だった．とくに話題になったのは，優先席をめぐる経験である．

> 電車に乗っていて疲れていて座りたいときに，優先席が空いていて実際に座ってしまったんですけど，後で譲ったことがありました．やっぱり社会的にはそういうふうにいわれて育ってきたので．自由を優先しつつ，公共性というか，社会的な規範と葛藤した例かなと思います．（ ι さん）

他の学生もいろいろ覚えがあるようで，関連するコメントがいくつかあったが，そのひとつは，そもそも世間の考え方が間違っているのではないかというものである．本来，優先席というのは優先的に座るべき人がいた場合に譲ればいいのであって，それを必要としている人がいなければ若者も堂々と座っていいはずである．それなのに，社会通念として若者は座ってはいけないかのように思い込まれている傾向があるという．

> 電車で移動しているとそういうことを感じますね．たとえば，若者が座ると露骨に説教を始めるおじさんがいたりとか．あとアホやなと思うのは，けっこう電車が混んでいるのに優先席の辺りがガラガラになっていたりとか．こういうのを見かけると，公共性うんぬん以前に，なんで勝手に規範を作っているんだろうと思います．個人の自由を侵害しておきながら，公共性の点からも誰も得していないという．（ γ さん）

また ζ さんからは，運動部の部員はユニフォームを着ているときは絶対に優先席に座ってはいけないという規律があることを紹介した上で，この規律には違和感がある，健康だからこそいつでも席を譲れるのだから座ってもいいのではないか，とくに車内が混んでいるときなどは座ったほうがむしろ混雑が緩

和されるのに，誰も座らないのは異様な気がする，という感想が述べられた．

ここで，「公共性」のとらえ方自体が国によっても違うのではないかという観点が提起された．たとえば，韓国では優先席には誰も座らない．中国では必要があれば席を譲る前提で座る．日本では周囲の目を気にして座らない人が多いが，中には座ったまま寝たふりをする人もいる．さらに η さんからは，同じ国でも，地域コミュニティの感覚が残っている場所ではすぐに席を譲る傾向が強いが，都市化が進んだ地域ではだんだん譲らなくなっているという指摘があった．

こうした「文化による違い」は，もちろん電車の優先席のことには限らない．たとえば日本では公共の場で携帯電話で話すことはマナー違反とされるが，β さんによれば，中国では仕事に支障が出ないように，人前であっても携帯電話で話すほうがむしろ公共性にかなったことであるという感覚があるという．

電車談義が一段落したところで，インターネットの問題に言及があった．ネットには誹謗中傷的な言葉が蔓延しているが，匿名性が確保されているのであればなにをいっても許されるのかという問題で，まさに言論の自由と公共性の関係に及ぶ話であるが，この話題については論点4であらためてとりあげられることになる．

ほかに出た事例としては，η さんから服装の自由の話があった．露出度の高い服が好きな女性の友人がいて，彼女によれば，自分の着たい服を着たいのだけれども，そうすると人の視線を感じて落ち着かないのだという．公共の場での服装が他人の視線というファクターによってどこまで制限されるべきかということだが，あまりに露出が多ければ公序良俗に反しかねない一方，「じろじろ見られるのはそういう格好をしている本人が悪い」という言い方をすればセクハラにつながりかねないので，なかなかむずかしい問題ではある．

このほか，小学校時代を振り返ってみると，給食を好き嫌いせずに残さず食べなさいとか，クラスの誰とでも仲良くしなさいとか，大人であれば強制されることのない規律によって自由を侵害されることが多かったという話題が α さんから出たが，それらは公共性との軋轢というより，いわゆる「道徳」に関わる問題かもしれないというところで，次の論点に移った．

〈論点2：自分の経験とは別に，**自由が公共性に抵触するような事例をいくつか想定し，それぞれのケースにおいて両者の境界線をどこに引くべきかを論じなさい**〉

　Aグループからは，空港の建設，宗教的な衣装，公共の場における喫煙という3つのケースが挙げられた．

　　　空港の建設に関しては，金銭賠償とか空港建設に関する利益がお金で計算できるので，それをもとに合意すれば解決できるのかなということになって，おもに宗教的な服装とタバコについて検討しました．これらは境界線がすごく曖昧で，一義的に引くことはできないと思います．どこまでが自由として認められるかというと，自分が同じことを相手に強要された場合にそれを許容できるかということ．たとえばフランスでは政教分離原則があるのでイスラム教に批判的な見方が強いですけど，逆にフランス人がイスラム教国に行っても同じような規制には従わないだろうとか……．喫煙についても，公共性との抵触という点でいうと，受動喫煙や匂いという問題はあると思うんですけど，それも喫煙者同士であればある程度許容できるのかなという感じで，あまり明確な基準は決められないなと．（αさん）

　Bグループは，大学内での振舞い方，芸術における表現の自由，そして論点1でも出た電車内での行為などを話題にして，本当にルールとして規制しなければいけないものと，最終的には個々人のマナーに帰する問題を分けて考えるべきではないか，本当に決めなければいけないもの以外は自由に完全に任せるというのもひとつの解決法ではないか，という議論を報告した．

　Cグループは，国際関係における自由と公共性について考えたという．国家レベルでの自由とは「主権」であるから，その主権が制限される場合として，資源開発，環境問題，核開発，軍備という4つの例を想定してみると，たとえば環境問題については，大国とそうでない開発途上国の差は歴然としていて，前者の場合は公共性が自由を制限しているとは認めがたいときがある．一方で，核開発の例を見てみると，核を保有する大国が公共性を口実にして，NPT[6]に加盟していない国の自由にたいして制限を加えているというように，自由と

公共性については明確な線引きが存在せず，かなり恣意的に線引きがされているのではないかということであった．

ひと通り話題が出そろったところで，石井はまずAグループが提起した空港建設問題をとりあげ，かつての成田闘争[7]の例を挙げながら，「空港建設という公共性のために国家が住民を強制的に立ち退かせることは許されるか」という問いを投げかけてみた．すなわち，多数の利益のために少数の自由を制限することは許されるか，という問いである．

これにたいしては，βさんから中国の強制立ち退き事件[8]の例が引き合いに出され，これはひどいという意見がある一方，「それは仕方ない」「公共性のためだから」といっている人びとも相当の割合で存在するという話が紹介された．そしてこの話はさらに，「人権」の問題へと展開していった．

> 基本的には，いかに少数であろうとも，人権を侵害するレベルなら擁護すべきだと思います．ただ，それでも人権と人権のぶつかり合いというか，多数の人権と少数の人権の衝突みたいなものは想定できますよね．たとえばテロリストの一味で，これから仲間がテロをすることを知っている者を拷問することは許されるのか．拷問は人権侵害だけど，それによって500人の命が確実に助かる，しかしテロリストの人権を守ると500人が確実に死ぬといった場合です．要は，1人の人権侵害 vs 多数の人権侵害，となるわけですけど，そういった場合，「人権を守る」といってもそれを人数の多い少ないで計っていいのか，という議論も想定できるし，事前／事後とか作為／不作為という問題も出てきて，やっぱり単純には解決できないなと思います．（λさん）

---

6) Treaty on the Non-Proliferation of Nuclear Weapons（核兵器の不拡散に関する条約）．国連安全保障理事会の常任理事国であるアメリカ合衆国，ロシア，イギリス，フランス，中華人民共和国の5か国以外の国が核兵器を保有することを禁止するもの．
7) 成田国際空港の開設をめぐって，1960年代の後半から1978年の開港に至るまで繰り広げられた激しい反対運動．建設に抵抗する近隣住民に新左翼勢力が加わって，途中からは政治的な武力闘争の様相を帯びた．主要な舞台となった地名を冠して「三里塚闘争」とも呼ばれる．
8) 中国では2010年前後から地方政府が土地再開発のため暴力的に住民を排除する事件が頻発し，抗議の焼身自殺者も相次いで大きな社会問題となった．

次に石井は，宗教上の衣装の問題がフランスでは大きな論争を招いたこと，そして政教分離がイスラム教だけでなくキリスト教にも関わるものであることに言及したが，これは日本にいるとほとんど直面することのない事態なので深く掘り下げることはせず，より身近なタバコの問題に話を移した．まず喫煙習慣の有無を尋ねたところ，手を挙げた学生は1名だけであったが，その学生は不自由さを日常的に感じているという．喫煙所でタバコを吸う限り誰にも迷惑はかけていないはずなのに，なんとなく睨まれたりすることがしばしばあって，実害がなくても吸ってはいけないかのような風潮があることに自由の侵害を感じるという．ちなみに中国では（建物内を別とすれば）吸い放題，しかし韓国では自宅以外での喫煙はほとんど許されないということで，これも国や文化によってずいぶん違いがあることが確認された．

　Bグループから出てきた「大学内での振舞い方」については，教室での服装と授業中の飲食がおもな話題になったが，ここでもまた，日本では周りの目があって検閲が働くけれども，白人コミュニティではかなり自由が許容されているという「文化の違い」についての指摘がγさんからあった．また表現の自由については，芸術よりもむしろヘイトスピーチとの兼ね合いについて少し議論があった．

　Cグループから提起された4つの問題（資源開発，環境問題，核開発，軍備）については，ちょうど北朝鮮問題がマスコミの話題になっていたという事情もあって，話題は自然に核開発の問題に集中した．αさんは，基本的に国家は合意しない限り拘束されないはずなので，北朝鮮もかつてNPTに加入していたときはその制約に合意していたわけだから，それ自体は自由に含めていいのではないかという感想を述べたが，これにたいしてβさんからは，NPTへの加入自体が周囲の圧力によるものだったりするので，必ずしも合意したのだからそれも自由であるとはいえないのではないか，という反論があった．また「ある国が核を保有することは公共性の上から許容されるが，別の国が保有することは公共性に反するという理屈は果たして正当化できるのか」という石井の問いにたいしては，βさんから，核が安全な管理の下に置かれているかどうかで違いが出てくるのではないかと思うが，その線引きはやはり相当曖昧な

気がするという意見が述べられた．

　ひとしきり議論が出尽くしたところで，藤垣からは，大学行政の場でも自由と公共性の対立はあらゆる局面で見られる，つまりこの問題は身近な電車内の問題から核開発問題まで，相当な階層性があるというコメントがあった．また，自分の子どもの成長過程を振り返って，人は成人するまでのどの時点で自由と公共性にたいする態度を獲得するのか，それについて教育はどのような役割を果たすべきなのかと考えていた，という感想が述べられた．

〈論点3：フランスの『人権宣言』や日本国憲法の記述を参考にしながら，一般に自由と公共性はどうあるべきかについて論じなさい〉

　Bグループから出たのは，軍隊とか，ある信念を共有している集団では，個々人の方向性やベクトルが揃っているので公共性は利益をもたらすが，広い社会の中で個々人の生きる目的とかベクトルが全然違うときには，公共性によって個人が利益を得られることはないので，結局のところ，最低限の公共性に配慮しながらも，基本的には最大限の自由を個人に与えるのがいいのではないかという意見である．

　Cグループは，フランスの『人権宣言』や日本国憲法で用いられている「共同の有益性」や「公共の福祉」といった概念は解釈に大きな幅があるが，これまで見てきた事例からもわかるように，自由と公共性の基準は場合によって一様ではなく，具体的な記述をしてしまうとそこに判断の余地がなくなってしまうので，憲法のような規範とそれを解釈する機関が確立されてさえいれば，曖昧な用語の使用はむしろ最善の策なのではないかという意見を紹介した．確かに社会的・経済的ないし政治的な力をもった人の自由のほうがマイノリティの自由より尊重されてしまうという事例は少なからずあるが，そうしたパワーのアンバランスから離れたところで判断を下す機関があることが，自由と公共性のあるべき姿なのではないかという意見である．これはつまるところ，司法の役割の重要性を再確認する立場といえるだろう．

　Aグループは，人権宣言や日本国憲法の根底にある「不可侵の自由」という考え方の曖昧さに注目して議論を進めたようだ．自由が多かれ少なかれ公共性を侵害する可能性があることは認めざるをえない．しかしそれによって不利益

を被る人が，例外とみなすことができない規模で存在するというのは問題だし，つねに一部の人だけが恩恵を受け続けて一部の人びとがずっと恩恵を受けられないという立場の固定化もよろしくないので，誰にたいしても公共性が同程度に保証されていることが必要だという意見である．

これらの意見を集約すると，結局，多数の利益のために少数の利益を犠牲にすることはやむをえないのかという問いに行き着くのではないか，という石井の発言を受けて，μさんはEUの地域委員会の例を挙げ，そこでは国家レベルの代表だけでなく，州レベルの代表も同じ資格で意見を述べ，それが可能な限りEU全体の判断に反映されるようにする手続きがあるという話を紹介した．これはマイノリティや弱者の立場をいかにして集団全体の意思決定に関与させるかという問題であり，第6章（民主主義は投票によって実現できるか）とも密接に関わるテーマであろう．

石井はさらに，この問題を時間軸という観点からとらえることも重要であるというコメントを加えた．

　　多数派／少数派というのをいま生きている人間たちの中だけで考えるべきかという問題もあるでしょう．現時点での，ある限定された共同体の中での多数派／少数派ということはもちろんあるんだけど，それをさらに時間的にも広げて，将来これから生まれてくる人びとのことも考えたときに，いったいなにが本当に正しいのか，最適の選択なのかと考えてみると，必ずしも現在の多数派が最適解を選ぶとは限らないという考え方もできますよね．（石井）

〈論点4：アーレントの議論を参考にしながら，「公共性なくして自由はない」という考え方について自由に論じなさい〉

ここまでの議論でだいぶ時間を使ってしまったので，最後の論点については初めから全員でのフリー・ディスカッションという形をとった．

まず話題になったのは，論点1でも提起されていたインターネットの問題である．

βさん「インターネットって，まさに全体主義なんですよ．ツイッターでも掲示板でもいいんですけど，同じ意見の人たちが集まって，オピニオンリーダーがいて，好きなことをいってみんなが聞いてという繰り返し．ある勢力が主流になって一気に広がるというのも全体主義的ですよね．何年か前は人種差別主義的な言葉がわっと広がって，それが世間一般にもある程度受容されたということがありましたし」

石井「いま β さんがいってくれたことは大事な点だと思います．自由というのは自分の頭で考えて自分の言葉で発信することであるはずなのに，インターネットに溢れているのは，他人の意見をそのまま無自覚になぞったようなものが多くて，これは一種の思考停止ですよね．要するに，そこで実現されている自由は公共性の感覚を決定的に欠いているがゆえに，じつはぜんぜん自由じゃない．他人に支配された思考がただ増殖しているだけで，まさに全体主義という感じ．その意味で，アーレントのいっていることはインターネットに重なると思います」

εさん「今の話ですけど，インターネットが発達したから自分の頭で考える習慣がなくなったというのは，程度の問題ではそうかもしれないんですけど，インターネットがなかった時代はそうじゃなかったかというと，微妙なところがあるんじゃないでしょうか．私はもともと物心ついたときからインターネットに影響されて意見をもっているような世代なので，純粋に自分の頭で考えた意見がどこまでなのかがもはやわからないところがありますけど，インターネットから得た情報を使ってなにか主張をするときは自由だなって感じます」

βさん「いや，でもインターネット上では「極性化」とか「サイバー・カスケード（cyber cascade）」という現象があるんですよ．ある意見に自分が賛同したものをさらに他人が賛同するというサイクルが永遠に繰り返されて，昔にはないスピードでコピペされていく．そして，反対意見が全然入ってこなくなるんですよ．ほとんど入ってこなくなる．たとえばレイシズム的な人たちの会話の中に，突然，『それは違う！』って介入する人はいないんです，リプライとかリツイートとか見ても．なので，単純な『影響』と同列に語ることはもはやできないレベルの『極性化』や『カスケー

ド化』が起こっているというのが，今の状況だと思います」

　というわけで，学生たちは生まれたときからインターネットがあることが当たり前である世代に属するだけに，議論はにわかに白熱してきたが，ここでλさんから，問題はインターネットという手段よりも，むしろ情報の量と質にあるのではないかという意見が出された．情報量は加速度的に増えているけれども，とくになにも考えていない人も気軽に発信できるようになったぶん，質は反比例的に下がってしまっているのではないか．まさに「極性化」が進行し，一方的な情報だけが膨大に増殖してゆく結果，それが世界のすべてであるかのような気分になり，あたかも違う意見の人は存在しないかのような錯覚に陥ってしまう傾向があるのではないか．

　石井はこの意見を受けて，次のようにコメントした——まさにそれが「公共性」の崩壊につながっているのではないか．発せられた情報がなんのために，誰に向けて発せられたのかがちゃんと吟味されて責任を伴っていれば質は保たれるはずだが，一方向にどんどん拡大されてしまうと，もはや質は保証されない．だからそれは，誤った情報かもしれない．そうしたポストトゥルース[9]的情報の増殖に歯止めをかけるのがまさに公共性への意識であるが，その意識が崩れてしまうと，インターネットはきわめて危険なツールになってしまう．

　これに関連して，ネット上でしばしば見られる「炎上」という現象についても議論があった．それによって悪質な言説が淘汰されるのであれば，これを公共性による自浄作用の現れとしてとらえることもできるのではないかという石井の発言にたいして，自ら炎上を経験したことがあるというある学生は，単なる感情のうねりとして発生する炎上は必ずしもそうではない，格好のスケープゴートを標的にして，みんなで寄ってたかって叩くことでストレスを発散させているにすぎないと述べた．

　以上のやりとりを踏まえて，最後に藤垣からは次のようなコメントがあった．

---

[9]　文字通りには「真実以後」あるいは「脱真実」の意で，世論が形成されるにあたって客観的事実よりも人びとの感情に訴える要素のほうが強い影響力を及ぼす状況を指す．イギリスのEU脱退やアメリカのトランプ大統領誕生などが相次いだ2016年頃から急速に使用頻度が高まり，オックスフォード英語辞典はこの語を同年のワード・オブ・ザ・イヤーに選んでいる．

公共性なくして自由はないということについては，現京都大学総長の山極寿一先生と元大阪大学総長の鷲田清一先生による対談本[10]の中に非常に面白いことが書かれています．つまり，自由というのはそもそも自らが選択できるものであって，関係性の中で作られる自由というものがあると．だからその選択の根拠として公共性が必要である，というようなことですね．まさにアーレントがいったようなことが語られていたのを今思い出しました．

　あとインターネットの話では，炎上っていうのはもちろん個人攻撃という悪い側面もあるんですけれども，地縁の中で隠ぺいされる危険性のあったものがインターネットで炎上することによってオープンになるということもあるんですね．大津で中2の生徒が自殺したとき[11]がそうでした．そういう意味で，「良い炎上」といったらおかしいですけど，昔だったらその地域で潰されてしまったものを全国レベルで話題にするという側面もあるのかもしれないと思いました．

　あと，現在の2年生が1年生のときから使っている「情報」科目の教科書[12]で「インターネットは公共空間か，それとも共同体か」という問いを投げかけています．公共空間を定義するものとして，「人びとのあいだに生起するものに関心をもつ」「意見が違って当たり前」「帰属意識を求めない」といった要素があるんだけれども，これらはじつはSNSでは成り立っていないんですね．だからインターネットは，地縁血縁から独立した人びとを結びつけるという意味では公共的だけど，それ以外の面では帰属意識を求める共同体が林立しているんじゃないかと．ここでの公共性の議論もこの問いと重なっていて，大変面白く思いました．（藤垣）

（石）

---

10) 鷲田清一，山極寿一『都市と野生の思考』，集英社インターナショナル，2017年．「議論を振り返って」の中で再び詳細にふれる．
11) 2011年10月，大津市の中学2年生の男子生徒がいじめを苦にして自殺した事件．このときは学校や教育委員会が事件を隠蔽しようとしたが，ネットで情報が広がって全貌が明るみに出た．脚注17参照．
12) 山口和紀編『情報　第2版』，東京大学出版会，2017年．

議論を振り返って

　この回は，まず論点1で日常生活の中の自由と公共性の両立について，身近な問題に思いをめぐらせるところから議論を始めた．電車の中のマナーや優先席，人前で電話をすることの是非，服装の自由と他者の視線との葛藤など，さまざまな例が挙がった．

　論点2では，自分たちの経験とは独立に事例を考えた．空港建設のための立ち退き問題，宗教的服装（例：イスラム教徒の服装）の自由をめぐる問題，ヘイトスピーチの問題，国家レベルの自由の問題など，こちらもさまざまな例が挙がった．ここで藤垣の述べた「人は成人するまでのどの時点で自由と公共性にたいする態度を獲得するのか」という感想は，以下のような経験に基づいている．

　幼児を預ける施設に通う子どもには，親子遠足がある．3歳児をつれたお母さん集団とともに公園をめぐっていると，保母さんのふとした言葉が耳に入った．「みんな仲良く」．大人はみな仲良くできず，好き嫌いで人を判断したり，派閥を作ったりして社会を運営している．それなのに，どうして子どもに向かって「みんな仲良く」といえるのだろう．考え始めたら答えが出ず，自分の子どもに「みんな仲良く」といえない自分に気づいた．親が自分のできないことを子どもに押し付けるとしたら，それはそれで問題であろう．しかし，もし子どもが友達をいじめているのを目撃すれば，やはり親として叱ることになるだろう．「＊＊ちゃんの自由を奪ってはいけない」ということになる．ここで「みんな仲良く」というのは，公共性を3歳児に身につけさせるためのひとつの規範である．そして自由の中には，他者を攻撃しない限り，みんなと仲良くしない自由もふくまれるのである．保母さんの言葉は，3歳児が自由と公共性の両立について考える1つの場面である．

　公共性というものは，社会を維持するための決まりごとである．第8章「絶対に人を殺してはいけないか」の論点4で小浜氏が指摘した共同体のルールの話は，殺してはいけない絶対的根拠を見出すかわりに，公共性のルールでそれを説明しようとするものであった．ではその公共性のルールを，人は成長のそ

れぞれの過程でどのようにして身に
つけていくのであろうか．幼児時代，
小学校時代，中学，高校，そして大
学のそれぞれのステージで，親の教
育や学校教育，そして社会生活から
さまざまなルールを知り，自分の自
由とのおりあいをつけていくことに
なる．その繰り返しのプロセスが各
文化の中で自由と公共性の境界を構
築していくのだろう．

カトリーヌ・ドヌーブ
©AFP/FRANCOIS GUILLOT

　続く論点3では，フランスの人権宣言や日本国憲法の「公共の福祉」概念は，解釈に大きな幅があることが指摘されたが，大筋の議論は「多数の利益のために少数の利益を犠牲にすることはやむをえないのか」という問いに集約された．ただ，個人の中で「公共性と自由の葛藤」を考えることと，集団としてあるいは国家として「多数派と少数派の葛藤」を考えることは，やはり区別して議論したほうがいいだろう．

　問題提起文に出てくるフランス人権宣言の「他者の人権を侵害しない限り自由」という記述を読んで，筆者はなぜフランス女優のカトリーヌ・ドヌーブが米国女優を中心とした #MeToo[13] にたいして距離をとる発言をした[14] のか，

13）#MeToo は，「私も」を意味する英語にハッシュタグ（#）をつけた SNS 用語であり，主にセクハラの被害体験を告白・共有するさいに使用される．2006 年から地道に存在していたが，2017 年 10 月 5 日に『ニューヨーク・タイムズ』が，映画プロデューサーのハーヴェイ・ワインスタインによる数十年に及ぶセクハラを告発し，それをきっかけとして，米国の女優が同様の被害を受けたことのある女性たちに「#MeToo」と声を上げるよう呼びかけたため，多くの著名人や一般利用者が加わり，世界的なセクハラ告発運動に発展した．

14）「#MeToo」運動の盛り上がりを受けて，2018 年 1 月の米ゴールデングローブ賞の授賞式では女優たちがセクハラに抗議してそろって黒のドレスで出席した．その直後の 1 月 9 日，フランス女優のカトリーヌ・ドヌーブらフランス女性 100 人は，仏夕刊紙『ルモンド』（中立系）に「『性の自由』とは切っても切り離せない『口説く自由』を私たちは守ります」と題した公開書簡を発表した．この公開書簡は炎上を招き，ドヌーブらは仏紙リベラシオン電子版で，公開書簡はセクハラを擁護するものではないが，「公開書簡で感情を害されたかもしれないすべての被害者に心より謝罪します」と述べた．しかし，ドヌーブらが「#MeToo」運動を批判したのは，セクハラ当事者擁護のためではなく，インターネットのもつ「密告」「私刑」「情報操作」などへの批判であり，性の自由や芸術表現の自由の擁護のためであった．

ようやく理解できたような気がした．フランスでは「他者の人権を侵害しない限り自由」であり，女性の人権もこの人権宣言同様保障されていることを前提としている．女性の人権が保障されている国では，「女性の人権を侵害しない限り，男性が女性を口説くのは自由」となる．しかし，ほどなく日本でおきた事件[15]は，#MeToo運動からも，ドヌーブらによる論争からもほど遠いものだった．日本国憲法には「公共の福祉に反しない限り」自由（第十三条）と書かれているのであって，読み方によっては公共の福祉のほうが人権よりも上位概念のように読める．そもそも人権概念が希薄な国でのセクハラと，人権概念が上位にある国でのセクハラとでは，意味が異なるのではないかと考えさせられた．

さて，問題提起文では，自由が拡大伸長すれば公共性が縮小後退し，逆も真であるような単純なゼロサム図式にたいして，ハンナ・アーレントによる「公共性が縮小後退すれば自由も縮小後退する」という二項連動的図式を紹介する．この考え方は，山極寿一による以下の言葉にも表れている．

> 究極の自由とは究極の不自由なんです．人間が自由を感じるのは，他人から何かを期待されたり，他人とかかわりをもつなかで，自分の行為を自分で決定できるときだけなんです．自分ひとりで何をしてもいいという状況，まったく孤独な空間の中では，逆に自由を感じることはないし，おそらくは何もできない．他者との関係性を利用しながら，自分の考えを紡いでいくのでなければ，そもそも自由な発想などというものは成り立ちえない[16]．

これは，公共性がなければ，自由も存在しえないという考え方だろう．

---

[15] 2018年4月12日発売の『週刊新潮』は，当時の財務次官が複数の女性記者にセクハラ発言をしていたと報じた．『週刊新潮』は13日にニュースサイトで「胸触っていい？」「手縛っていい？」といった次官のセクハラ発言とされる音声データを公開した．4月18日に次官は辞任し，翌19日，株式会社テレビ朝日が，セクハラ行為を受けたのは同社の女性社員であったと発表し，同社は財務省に抗議をした．これを受けて財務省は4月27日，元次官に対し，減給20％，6か月の処分相当とすると正式に発表した．
[16] 鷲田清一，山極寿一『都市と野生の思考』，前掲書，139-140頁．

この点についてさらに考察を深めるために，学生の議論でも盛んに話題にされた「自由と公共性にインターネットが与える影響」について考えてみよう．まず，2011年の大津市中2いじめ自殺事件においてインターネットが果たした役割を考える．この一連の事件[17]の中では，マスコミとインターネットの相互作用によって，大津という1つの地域で起こった問題が全国的な議論をひきおこした．インターネットがない時代であれば，大津市内の権力構造の中で揉み消されてしまった可能性のある事件が，インターネットとマスコミの相互作用で全国的議論となり，地域の権力構造をひっくり返すことになった．この事件の場合は，インターネットによる炎上やサイバー・カスケード現象が，閉ざされた地域の権力構造の中で以前であれば弱者の泣き寝入りで終わったかもしれない事件を，公の議論に開き，公共性による自浄作用を呼びおこした例であると考えられる．

　それでは，インターネット上の議論空間は，公共空間だろうか，それとも共同体であろうか．公共性の定義[18]を参考にして考えてみると，公共性は「誰もがアクセスしうる空間，価値は互いに異質，共通の関心事にたいして差異が

---

[17] 2011年10月，大津市内の市立中学校2年生（当時）の男子生徒がいじめを理由に自殺をはかった．直後に中学校は全校生徒対象にアンケートを2回実施したが，教育委員会は結果を公表せず，調査は打ち切られた．10月から12月に遺族は大津署にたいして被害届を3度提出するが，3度とも受理拒否された．2012年2月，男子生徒の両親が市・加害者らを提訴する．同年7月3日に，いじめと自殺の因果性や教諭の放置を示すアンケート結果が発覚（『産経新聞』がまず報道）したことをきっかけに，インターネット上で連日の「炎上」が起こる．7月4日に市教育委員会が記者会見，7月6日フジテレビ「とくダネ！」で書面の黒塗り部分が判読可能状態で放映され，画像を解析したネット書き込みにより，加害者の実名が流出する．7月7日に遺族が4度めの被害届を提出し，7月11日に滋賀県警が中学校・市役所の家宅捜索をするに至る．7月11日に市長がいじめとの因果関係を認めたが，市教育長は否定のままであった．7月18日，大津警察署が加害者3人を刑事告訴，9月に校長が，教諭3人がいじめを認識していたことを認めた．12月，加害者のうち当時14歳だった2人が書類送検され，13歳の1人が児童相談書に送致される．2013年1月に第三者委員会が「いじめが自殺の直接的要因」と明記した．

[18] 第1に共同体が閉じた領域を作るのにたいし，公共空間とはだれもがアクセスしうる空間である．第2に，共同体の成員が同じ価値を共有するのにたいし，公共空間の成員のもつ価値は互いに異質である．第3に，共同体は内面に抱く情念（愛国心など）が統合の媒体であるのにたいし，公共空間では，人びとのあいだに生起する出来事への関心が鍵となる．共通の関心事にたいして差異があるのが当然である．第4に，共同体はアイデンティティ（自己同一性）をもつのにたいし，公共空間では，一元的・排他的な帰属を求めないとされる（斉藤純一『公共性』，岩波書店，2000年）．

あるのが当然，一元的・排他的な帰属を求めない」性質があることがわかる．インターネットはグローバルで多対多の通信射程をもつため，誰でもアクセスできる空間，つまり血縁，地縁といった閉鎖空間から離れた新たな公共性のある空間を作る可能性をもつ．その一方で，インターネットそしてブログ，ツイッター，LINE といった技術は，血縁・地縁とは異なる新たな閉鎖空間を作ることもできる[19]．上記のような公共性のある場ではなく，インターネット上の閉じられた共同体を作る危険性がある．自ら炎上を経験したことがある学生が指摘するように，恰好のスケープゴートを標的にして，みんなで寄ってたかって叩くことでストレスを発散させているとしたら，そのようなストレス発散の場は，「同じ価値を共有する成員を求め，共通の関心事に差異ではなく共感を求め，一元的帰属を求める場」（脚注 18 の定義と正反対）に堕してしまうだろう．オープンスペースを作っても，ネット上での複数の共同体のあいだに分断が作られるのでは，公共性からはほど遠いことになる．インターネット技術は，新たなる自由を提供すると同時に，自由と公共性を両立させるための別の課題を提起する．

　上記のように公共性を脚注 18 の定義に基づいて考えると，それは明らかに自由と両立すべき性質をもつ．公共空間では成員のもつ価値は互いに異質であることを認め合った上で，成員の自由がなりたつのである．ここでは，問題提起文と同様，公共性が縮小後退すれば自由も縮小後退する．自由であることは，他者のもつ価値が互いに異質であることを認めあうこと．自由であることの責任を考えさせられる定義である．　　　　　　　　　　　　　　　　（藤）

---

[19] ブログの管理者にたいする国際比較研究のために，Su らは，米国，欧州，日本，中国，台湾，オーストラリアのブログ管理者 1173 人に質問紙調査をおこなった（N. M. Su, *et al.*, "A Bosom Buddy Afar Brings a Distant Land Near: Are Bloggers a Global Community?," P. van den Besselaar, *et al.* (eds.), *Communities and Technologies 2005*, Springer, 2005, pp. 171-190）．その結果によると，「ブログは社会運動の場」と考える管理者が，米国・欧州では多いのにたいし，日本では有意に少ない傾向があること，そして，「ブログはアイデンティティ表出の場」と考える管理者が日本では有意に高いことが示された．つまり，日本のブログ管理者は，公共空間ではなく共同体を作っている可能性が高いのである．

番外篇

議論によって合意に達することは可能か

提供：DeA Picture Library/アフロ

議論の記録

　前著『大人になるためのリベラルアーツ』同様，本書でも番外篇として「議論によって合意に達することは可能か」と題する1章を設けた．学生たち自身に「答えが容易に決められない問い」を考えてきてもらい，全員で議論しながら最終回でとりあげる課題を絞り込んで1つに決定する試みである．この授業は2017年6月7日におこなわれたもので，出席者は全部で15名であった．
　複数の提案もOKということであらかじめアイデアを募集したところ，17名の学生から以下の36個のテーマが出そろった（数字は便宜的につけたもので，順不同）．

1　司法は民意を反映すべきものか
2　安楽死は認められるべきか
3　人間は善をなさねばならないか
4　画一化は社会の停滞をもたらすのか（多様性の重要さについて）
5　AIの発展は人を幸せにするか
6　小学校から英語教育を導入すべきか
7　センター試験に記述式問題を導入すべきか
8　人は勉強をしたほうが幸せになれるか
9　希望しない学生であっても大学で第二外国語を勉強すべきか
10　芸術やスポーツの道に進みたいという子どもを応援すべきか
11　開業医の子どもは親を継ぐべきか
12　人工甘味料をはじめとする添加物は使用を禁止されるべきか
13　自分のアイデンティティを自国の文化と切り離して語れるか
14　犯罪を犯してしまうときの心理的動機にはどのようなものがあるか
15　世界の言語を統一したほうが国際社会にとって良いのか
16　真実・事実・真相のちがいとは
17　タイムマシンやどこでもドアの発明は人類にとってよいことか否か
18　学問は社会の役に立たなければならないか

19　科学は宗教を駆逐したか
20　大学における最良の授業形式とはなにか
21　新卒一括採用は廃止すべきか
22　宗教がなければ人は生きていけないのか
23　死後の世界はあるか
24　死刑制度に効果はあるのか
25　強いAIと人間の違いはなにか（AIは心をもつことはできるか）
26　健常な人間と精神異常者の違いはなにか
27　ポピュリズムにメディアで対抗することは可能か
28　感情論に基づく政治参加は肯定されるべきか
29　エリート養成のための初等教育は肯定されるべきか
30　国家に秘密は存在してよいか
31　プライバシー（自由）と治安は両立できるか
32　芸術作品について，自分の作品が模倣でないと断定できるか
33　真理は考えつくものか／発見されるものか
34　科学技術や産業の発展をどこかで打ち止めてはいけないか
35　長寿は人を幸せにするか
36　なぜ年長者を敬うのか（年長者を敬う必要はあるか）

提出にあたっては「イエスかノーかで答えられる問い」という限定をつけておいたにもかかわらず，中にはそうでない問いもいくつかあったが（14，16，26，33など），これらについては議論の過程で問いの形式を変えればよいという前提で，まずは1人3票，ただし自分の提案に入れることは不可という制限付きで投票してもらった．結果は以下の通り．

〈第1回投票と議論〉

【第1回　投票結果】

問番号	票数	問番号	票数	問番号	票数	問番号	票数
1	2	10	0	19	1	28	1
2	2	11	1	20	1	29	2
3	1	12	0	21	1	30	2
4	1	13	0	22	1	31	0
5	1	14	0	23	0	32	0
6	0	15	5	24	2	33	0
7	0	16	0	25	0	34	0
8	3	17	1	26	4	35	3
9	2	18	2	27	2	36	1

　この通り，票はかなりばらけた．いちばん多いのは15番の5票で，「世界の言語を統一したほうが国際社会にとって良いのか」．次いで26番が4票で，「健常な人間と精神異常者の違いはなにか」．3票は2つあって，8番の「人は勉強をしたほうが幸せになれるか」と，35番の「長寿は人を幸せにするか」．2票になるとかなり多くて，「司法は民意を反映すべきものか」(1)，「安楽死は認められるべきか」(2)，「希望しない学生であっても大学で第二外国語を勉強すべきか」(9)，「学問は社会の役に立たなければならないか」(18)，「死刑制度に効果はあるのか」(24)，「ポピュリズムにメディアで対抗することは可能か」(27)，「エリート養成のための初等教育は肯定されるべきか」(29)，「国家に秘密は存在してよいか」(30)．あとは1票か0票という結果であった．

　そこでまず，1票も獲得しなかったテーマを順に検討し，とくに支持が得られなかったものは消していくことにした．その結果，「小学校から英語教育を導入すべきか」(6)，「センター試験に記述式問題を導入すべきか」(7)，「芸術やスポーツの道に進みたいという子どもを応援すべきか」(10)，「人工甘味料をはじめとする添加物は使用を禁止されるべきか」(12)，「自分のアイデンティティを自国の文化と切り離して語れるか」(13)，「犯罪を犯してしまうときの心理的動機にはどのようなものがあるか」(14)，「真実・事実・真相のちがいとは」(16)，「死後の世界はあるか」(23)，「強いAIと人間の違いはなにか

（AI は心をもつことができるか）」(25) までがすべて支持者ゼロで消えた．

　31 番の「プライバシー（自由）と治安は両立できるか」については，c さんから「自分が出したテーマではないが，仮にもう 1 票あったらこれに入れていた」という発言があったので，この段階では残すことにした．「芸術作品について，自分の作品が模倣でないと断定できるか」(32)，「真理は考えつくものか／発見されるものか」(33)，「科学技術や産業の発展をどこかで打ち止めてはいけないか」(34) の 3 つについては，とくに発言がなかったので没とした．

　残ったテーマのうち，2 票獲得している 2 番の「安楽死は認められるべきか」と 24 番の「死刑制度に効果はあるのか」は，いずれも第 8 章の「絶対に人を殺してはいけないか」に包含される問いである．また 5 番の「AI の発展は人を幸せにするか」は，「人工知能研究は人為的にコントロールすべきか」というテーマがこの時点で予定されていたので（第 5 章），問いの立て方は異なっていても重複の可能性が高い．さらに 18 番の「学問は社会の役に立たなければならないか」も，「学問は社会にたいして責任を負わねばならないか」（第 9 章）というテーマがすでにあるので，ほぼ重なってしまう．ということで，これら 4 つはこの段階で消すことにした．

　その上で，残ったテーマについて意見を求めたところ，a さんから，8 番の「人は勉強をしたほうが幸せになれるか」と 9 番の「希望しない学生であっても大学で第二外国語を勉強すべきか」は一緒にできるのではないかという提案があった．すると b さんから，それなら 20 番の「大学における最良の授業形式とはなにか」も統合できるのではないかという発言があった．確かに話題が「勉強」である点では共通しているが，それぞれ問いたいことは微妙にずれているような印象もある．a さんからは「人はなぜ勉強するのか」，イエス・ノーで答えられる形にするなら「人が勉強しなければならない理由はあるか」という問いで 8 番と 9 番を一緒にするという具体案が提示されたが，これにたいしては m さんから，やはり 9 番で提起されているのは第二外国語の問題なので，論点がかなりずれてしまうのではないかという意見が出た．

　石井はこれを受けて，9 番は少し広げると「直接すぐ役に立たないと思われるような勉強もしなければならないのか」という問いになるので，8 番にはそうした意味がふくまれているという了解のもとに，一応 9 番を消すという処理

をすることにした．

　次にkさんから，4番の「画一化は社会の停滞をもたらすのか（多様性の重要さについて）」と15番の「世界の言語を統一したほうが国際社会にとって良いのか」は，結局同じ問いになるのではないかという意見が出た．この点についてはmさんが，自分が出題者であることを明かした上で，これは単純に全員の母国語が英語になるという事態を想定した問いであり，そうしたら言語の壁がなくなるし，自分たちも英語を勉強する必要がなくなるかもしれないというくらいの意味だと述べた．確かにこれら2つの問いは同じ問題の裏表というとらえ方もできそうだが，この段階で1つの問いに統合するのはまだ早いのではないかと判断して，当面はそのままとした．

〈第2回投票と議論〉

　第2回の投票は，1人3票はそのままで，今度は自分が出したテーマに入れてもいいという条件でおこなうことにした．その結果は次の通り．

【第2回　投票結果】

問番号	票数	問番号	票数	問番号	票数	問番号	票数
1	3	15	3	22	4	30	1
3	3	17	0	26	3	31	3
4	3	19	3	27	3	35	5
8	7	20	1	28	2	36	1
11	0	21	0	29	2		

　最多の7票を集めたのは，9番と統合した8番であった．次に多いのが35番の「長寿は人を幸せにするか」で5票．22番の「宗教がなければ人は生きていけないのか」がこれらに次いで4票．さきほど話題になった4番と15番はいずれも3票なので，もし統合していれば6票という計算になる．このほか，「司法は民意を反映すべきものか」(1)，「人間は善をなさねばならないか」(3)，「健常な人間と精神異常者の違いはなにか」(26)，「ポピュリズムにメディアで対抗することは可能か」(27)，「プライバシー（自由）と治安は両立できるか」(31)が3票を獲得，「感情論に基づく政治参加は肯定されるべきか」(28)と「エリート養成のための初等教育は肯定されるべきか」(29)が2票という結果

であった．

　そこでまず，今回 0 票であった「開業医の子どもは親を継ぐべきか」(11)，「タイムマシンやどこでもドアの発明は人類にとってよいことか否か」(17)，「新卒一括採用は廃止すべきか」(21) の 3 つについて検討した結果，いずれも支持者ゼロで没となった．

　次に支持者が 1 票の 4 つについて検討した．まず 19 番の「科学は宗教を駆逐したか」は，22 番に「宗教がなければ人は生きていけないのか」という問いがあり，こちらは 4 票獲得しているので，ここで宗教と科学の関係も論じられるであろうという前提で消すことにした．20 番の「大学における最良の授業形式とはなにか」はすでに 8 番との統合可能性が話題になったので，この段階で 1 票しか入っていなければ消してもいいだろう．30 番の「国家に秘密は存在してよいか」も，とくに強い支持がなかったので没とする．36 番の「なぜ年長者を敬うのか（年長者を敬う必要はあるか）」については，「敬わなくちゃいけないんじゃないか」という「年長者」である石井の発言はあったものの，やはりこの段階で消えることになった．

　以上の結果として残ったテーマを眺めながら，統合可能性をめぐって少し議論してみることにした．まず対象となったのは，やはり 4 番（画一化）と 15 番（言語の統一）の関係である．

　前者で「画一化」というのが具体的にどういう意味なのかよくわからない，人種の画一化なのか，あるいは教育面での画一化なのか，という c さんの質問にたいして，出題者の o さんは次のように意図を説明した．

　　たとえば日本の教育を海外の教育と比べたときに，「天才を排除する」じゃないですけど，答えを 1 つに決めるような傾向があって，そういう教育が日本でイノベーションが起きにくい現状をもたらしているんじゃないか，みたいな意図で書きました．世界というより，どちらかというと国内の話です．(o さん)

石井はこの説明を受けて，4 番の問いに「多様性の重要さについて」という括弧書きがついていることに触れ，そのままだと「画一化は社会を停滞させる

ので多様性は重要である」で終わってしまいそうだが，15番の問いと関連づければ，言語を統一したほうが便利だという議論は当然ありうるので，画一化といっても必ずしもマイナスイメージばかりではないという幅が出るのではないか，したがってむしろ問題を言語に限定するほうが賛否両論が出て議論がしやすいのではないか，という提案をしてみた．これにたいしては，確かに「画一化」という概念だけだと抽象的すぎるので具体的な話題に限定したほうが話しやすいという意見，さらには両者のあいだをとって，「異なる文化の融合は良いことか」という一般的な問いでも議論できるのではないかという意見などが出されたが，最終的には15番をそのまま残し，言語の問題を通して文化全般について考えるという線で落ち着いた．

次に話題になったのは，26番の「健常な人間と精神異常者の違いはなにか」という問いである．第1回投票では4票を集めて単独2位だったテーマであるが，さすがに正面から議論するのはためらわれるという意見が出た．支持者のaさんからは，精神的な疾病を薬物などで治療することが許されるかという関心から票を入れたという説明があったが，教室には医学の専門家も学生もいないので，話題を医学的なことに限定せず，一般に「正常と異常の違い」を問うという了解で残すことにした．イエス・ノー・クエスチョンにするとすれば，「正常と異常の境界線は引けるか」となるだろうか．

27番の「ポピュリズムにメディアで対抗することは可能か」については，出題者のcさんから，インターネットのような双方向メディアの活用がポピュリズムの台頭に大きな役割を果たしている世界の現状を踏まえ，本来のマスメディアがこれを抑止することができるかというのが問題意識であるという説明があったが，これは28番の「感情論に基づく政治参加は肯定されるべきか」に吸収可能であろうという意見が出て，議論の結果，両者を統合して27番は消すことにした．

残ったテーマのうち，3番の「人間は善をなさねばならないか」については，このままでは答えが決まっていて問いにならないのではないかという指摘があったが，それなら「人間は生まれながらにして善を志向しているのか」というニュアンスで解釈しようということになった．また，5票を集めた35番の「長寿は人を幸せにするか」については，延命治療や安楽死にも関係しそうな

のでこれも2番と同様，第8章の「絶対に人を殺してはいけないか」に吸収できそうだという意見があったが，この段階では消さずに一応残すことにした．22番の「宗教がなければ人は生きていけないのか」は，個人の内面に踏み込む可能性があるのでむずかしいかもしれないという意見があったが，「社会にとって宗教は必要か」という問いに変えてはどうかという提案があり，これに従うこととした．

　以上のプロセスを経て，結局この時点で次の10個のテーマに絞られたことになる．

1　司法は民意を反映すべきものか
3　人間は善をなさねばならないか（人間は生まれながらにして善を志向しているのか）
8　人は勉強をしたほうが幸せになれるか
15　世界の言語を統一したほうが国際社会にとって良いのか
22　社会にとって宗教は必要か
26　健常な人間と精神異常者の違いはなにか（正常と異常の境界線は引けるか）
28　感情論に基づく政治参加は肯定されるべきか
29　エリート養成のための初等教育は肯定されるべきか
31　プライバシー（自由）と治安は両立できるか
35　長寿は人を幸せにするか

〈第3回投票と議論〉

　3回めの投票は，1人2票でおこなった．結果は以下の通り．

【第3回　投票結果】

問番号	票数	問番号	票数
1	2	26	3
3	3	28	3
8	3	29	2
15	5	31	5
22	3	35	1

この通り，支持者ゼロのテーマは1つもなく，まだ収斂する気配は見られない．そこで，まず1票しか入っていない35番を消した上で，2票の1番と29番について議論することにした．
　1番の提案者であるoさんによれば，裁判員制度で量刑判断の基準に市民感情を持ち込むことが妥当かどうかというのがそもそもの問題意識であるという．これを聞いたkさんから，それなら28番（感情論に基づく政治参加）と重なるのではないかという発言があり，この点についての議論がひとしきり展開することとなった．

　石井「要するに政治とか司法とか，そういった公レベルのことにどこまで一般市民感覚を反映させるべきか，という問いになるんでしょうか．でも，政治と司法はちょっと違うかな．司法というのは厳密な法体系があって，それを的確に適用するというプロフェッショナルな作業だけれども，それがあまりにも市民感覚から離れているという反省から裁判員制度ができたという経緯がありますね．やっぱり政治参加と裁判員の司法参加とでは『参加』の意味が違うような気が私はするんですけど，どうですか」
　dさん「私は，法律まで話が及ぶのであれば，政治について議論してもおかしくないかなという気持ちです．プロの裁判官による裁判に市民感覚的には違和感があるのだったら，法律自体を民意に従って変えていくこともありうるという意味で，政治参加にもつながっていくかなと思いました」

　この意見を受けて，では1番と28番を統合する上のレベルの問いはなにかと尋ねてみると，後者の提案者であるcさんから，それは結局「民主主義の本質とは」という話になるので，「民主主義は投票によって実現できるか」（第6章）にふくまれるのではないかという見解が述べられた．確かに人びとが一時的な感情に流されて多数を占めてしまう危険もあるという議論は重複しそうなので，28番はここで消してしまうことにした．一方，1番については問い方がやや抽象的なので，「裁判に市民感覚を適用すべきか」というふうに具体化して残すことになった．
　29番の「エリート養成のための初等教育は肯定されるべきか」については

ここまで全然議論していなかったが，提案者のqさんによれば，小学校のころから優秀な子どもを選別して英才教育をすることは，他の子どもからの断絶とか格差の再生産といった問題を生むのではないか，といった問題意識から出てきた問いであるという．この説明にたいしては，それがどうしていけないのかわからないという意見もあったが，一応賛否両論ありうるのでそのまま残そうということになった．

31番の「プライバシー（自由）と治安は両立できるか」もここまであまり話題になってこなかったが，今回は5票を獲得し，15番と並んで一気に最上位に浮上してきた．これについては面白い問いであるという支持が表明される一方，イエス・ノーで答える形にはなっているものの，「両立できる」ことは最初からわかっているので，結局両者の境界をどこに引くかというバランスのとり方に議論が終始してしまうのではないかという意見も出て，この点をめぐってしばらくやりとりがおこなわれた．その結果，プライバシーを確保しつつ治安も確保できるような政策もありうるのではないかという視点から社会的レベルの議論ができるであろうということで，これもそのまま残すことになった．結局，先の10のテーマから28番と35番が消え，最終投票の対象は8つにまで絞られたことになる．

〈最終投票と議論〉

最終投票は1人1票で，挙手でおこなうことにした．

【最終①　投票結果】

問番号	票数	問番号	票数
1	0	22	2
3	0	26	1
8	3	29	2
15	3	31	4

まだ票が割れているので，教室は笑いに包まれた．最多得票は最後に話題になった31番（プライバシーと治安）だが，3票のテーマも2つあり，このまま多数決で決めてしまうわけにもいかない．そこで，2票以下の5つは落とし，残る3つ（8番，15番，31番）で決選投票をおこなうことにした．その結果は

以下の通り．

【最終② 投票結果】

問番号	票数
8	4
15	4
31	6

　というわけで，最後まで大差はつかなかったが，ここで投票は終了し，31番を最終回のテーマとして採用することにした．振り返ってみると，これは第1回投票では得票数ゼロであり，「もう1票あれば入れていた」という学生が1人いたおかげで辛うじて残ったものである．あの時点でこの発言がなければ早い段階で消えていたはずなので，結果はまったく違ったものになっていたであろう．そう考えてみると，じつに意外な，しかしきわめてスリリングな議論の成り行きではあった．

　最後に，この問いの立て方はこのままでいいか，それともなんらかの修正を加えたほうがいいかということを話し合ったが，（　）内にある「自由」という言葉は削除してもいいだろうということで，最終的にテーマは「プライバシーと治安は両立できるか」で確定となった．

　この後，具体例としてひとしきり話題となったのが，監視カメラのことである．万引き防止のためにコンビニに設置したり，痴漢防止のために電車内に設置したりすることにはさほどの抵抗はないであろうが，それが学校の教室だったらどうか，進学塾だったらどうか，さらに家庭内の子ども部屋だったらどうかというように，身近なケースをあれこれ想定してみると，どこまでが治安の維持のために許容されるのか，どこからがプライバシーの侵害にあたるのかはなかなかむずかしい．しかし犯罪行為があったときには，建物内でも路上でもほとんどのケースで犯人が監視カメラに映っていて，現在の日本が文字通り監視社会であることが実感される．

　「どこに監視カメラをつけるべきか（あるいはつけるべきでないか）」という問題もふくめ，テーマの下位分類になるような問いを少しアイデアとして出してほしいという藤垣からの要望に応えて，「そもそもプライバシーとはなにか」「プライバシーを侵害されていると思うサービスはあるか」「授業の様子を全部

撮影されたら抵抗があるか」「やましいことがないならば監視されてもいいか」等々の提案が学生からあがった．また，監視する側の視点から「なぜ監視するのか」という問いも出された．これは当時話題になっていた「共謀罪」の解釈にもつながっていく問題だろう．そのほか，「前科のある人のプライバシーは制限すべきか」「子どもや老人に GPS をつけることは許されるか」といった問いも出たが，やはり監視する側の論理として考えられるべき題材かもしれない．

これらを踏まえて，藤垣が最終回の問題提起文を書くことになった．　　（石）

議論を振り返って

今回の番外篇（学生の考えたテーマの中から，授業最終回に話し合うテーマを決める議論）には，17 名の学生から 36 個のテーマが集まった．その問いの分布の幅広さは，答えのない問いを考える上で参考になる．また，最初の投票で 0 票であった 31 番の問いが，問いの吟味を経て最終候補に残ったプロセスも印象的な回であった．第 6 章「民主主義は投票によって実現できるか」で，情報不足で適切でないものが選ばれる例を話し合ったが，今回の番外篇は，投票と議論を繰り返すことによって，情報不足を補って合意にたどり着く例として読むこともできる．

前著ではテーマがもともと 11 個しかなかったので，第 1 回めの投票の後から各問いについて自由に討論した．各問いの掘り下げ，つまり〈問いを分析する〉作業をおこなった．それにたいし今回は，36 個もテーマがあったため，第 1 回めの投票後は〈問いを分析する〉ではなく，0 票しか入らなかった 13 個のテーマを削除してもよいかどうかの議論からはじまった．削除することに反対の意見の出された 31 番の問いを除いて，12 個のテーマが削除された．

次に残りの 24 テーマについて，〈問いを分類する〉および〈問いを上位概念でまとめる〉という作業をおこなった．重複の可能性はないか，類似の問いはないか，類似の問いを上位の問いでまとめることは可能か，そのようにまとめることによって論点がずれてしまうことはないか，といったことを議論した．それで残ったのが 19 テーマである．この 19 個にたいして第 2 回めの投票をおこなった．

第2回めの投票の後，ふたたび0票しか入らなかった3つのテーマ，および1票しか入らなかった4つのテーマを削除するかどうかを話し合い，7つを削除した．その上で，〈問いを上位概念でまとめる〉作業をおこなった．
　まず「画一化」の中身をめぐる議論となり，ここで〈問いを分析する〉作業と，〈言葉を吟味する〉作業[1)]がはじまった．画一化は多様性と対置される概念である．単に「多様性のほうが画一化よりもよい」という結論になってしまわないか，画一化という概念だけでは抽象的すぎるので具体的な話題に限定したほうがいいのではないか，教育の画一化と言語の画一化はなにが同じでなにが異なるのだろうか，といった議論をおこなった．そして，言語の問題を通して文化全般について考えることを考慮し，2つの問いを統合した．
　さらに，ポピュリズムにメディアで対抗する可能性の問いと，感情論に基づく政治参加の問いについて〈問いを分析する〉作業をおこなった．その結果として，2つの問いを統合した．
　これらの議論プロセスをへて残ったのが10テーマである．この10個にたいして第3回めの投票をおこなった．その結果，1票しか入っていない1テーマを削除した．2票を獲得した2つの問いについてさらに〈問いを分析する〉作業をおこなった．司法における民意の反映（裁判員制度）の問いと，感情論に基づく政治参加の問いは統合可能だろうか．司法における参加と政治における参加では別々のものだろうか．もし，この2つを統合する上のレベルの問いを考えると，民主主義の話にならないだろうか．となると，第6章の問いと重ならないだろうか．こういった議論をおこなった上で，感情論に基づく政治参加の問いを削除した．
　さらに，エリート養成のための初等教育の是非を問う問いの分析をおこなった．英才教育はよいことだろうか．他の子どもとの交流が断絶されるのは本当によいことか．格差の再生産につながらないだろうか．また，プライバシーと治安は両立できるかの問いにたいしても〈問いを分析する〉作業をおこなった．

---

1) この2つは，前著で扱った対話で思考を深めるための最初の基礎的演習の4つ，〈問いを分析する〉〈言葉の1つ1つを吟味する〉〈問いを分類する〉〈論を組み立てる〉のうちの最初の2つである．石井洋二郎，藤垣裕子『大人になるためのリベラルアーツ』，前掲書，273頁．

両立できることがわかっているので，両者のあいだの境界設定の話にならないか．バランスのとり方の議論になってしまわないか．プライバシーを確保しつつ治安を確保できるような政策もありうるのではないか．そういった分析作業をへて，この問いは残された．

　ここまでの議論で8つのテーマに絞られ，最終投票がおこなわれた．2票以下の5テーマを削除し，決選投票となり，「プライバシーと治安は両立できるか」の問いが選ばれた．

　以上の議論を振り返ってみると，最終的に選ばれたテーマは，第1回めの投票では0票であり，削除の可能性もあったのだが，一人の学生が削除に反対したために残った．第2回めの投票では3票，第3回めの投票では5票を獲得しているが，第3回めの投票直前まで，この問い自体の〈問いを分析する〉作業はおこなわれていない．これは，他のテーマの〈問いを分析する〉作業を通して，他のテーマの問いへの理解が深まり，その結果として直接の議論はなくても，相対的にこの問いを適切と考える度合いが高まったといえるだろう．第3回めの投票後はこの問いについて直接〈問いを分析する〉作業をおこない，この問い自身への理解を深めていった．したがって，番外篇で1つのテーマを選ぶさいには，投票と〈問いの分析〉を繰り返し，問いへの理解を深め，情報を十分共有した上で，最適な1つを選ぶプロセスをとっていることがわかる．

　以上のプロセスをまとめておこう．
　① 投票をおこなう．
　② 0票または1票のみ獲得したテーマを削除してよいかどうかについて議論する．
　③ 類似した問いを上位概念でまとめる．
　④ ②と③のプロセスで問いの数を減らし，①へ戻る．

ということを繰り返す．そして，適宜②と③のプロセスで〈問いを分析する〉〈言葉を吟味する〉〈問いを分類する〉ということをおこなっている．問いにふくまれている用語の意味をより詳しく考えてみること，問いを出題した人の意図を確認し，理解を深めること，その問いで出てくる議論の幅を推定してみること，などである．これらの作業と投票を繰り返すことによって，情報不足で適切でないものを選ぶことを避けることができる．

このプロセスの詳細設計をクラスで話し合うことも可能である．たとえば，①の投票において，1人何票投票してよいことにするか，自分が提案したテーマに投票することを可とするか不可とするか，などである．
　さて，テーマが1つに定まった後も，〈問いを分析する〉作業は続けられた．問題提起文の後にくる4つの論点を定めるためである．自由という言葉を削除すべきか．具体例としてなにがあるか．監視カメラを設置する目的はなにか．どういう場所なら監視カメラは許されて，どういう場所には抵抗があるのか．なぜ監視するのか．誰でも同じように監視されるべきか．ここで興味深かったのは，最初は「監視カメラの設置はどこまで抵抗がないか」「授業の様子を全部撮影されたら抵抗があるか」の問いに代表されるように，「監視される側」からの視点が多く見られたのにたいし，後半に「なぜ監視するのか」など，「監視する側」の視点が出てきたことである．このように〈立場を入れ替えてみる〉作業[2]をおこなって，このテーマへの認識を深めていった．これらの議論は，最終章の4つの論点を構成する上で役に立った．論点に〈立場を入れ替えてみる〉要素を入れ込むことによって，議論を通して自然に立場を往復する視点が育つ．
　このような学生による〈問いを分析する〉作業をもとに，藤垣が最終章の問題提起文を書いた．なお，2017年度の最終回は学生の選んだテーマで問題提起文を書いたが，2016年度，2018年度の最終回は，学生の選んだテーマとサブテーマのみ示し，問題提起文を書かずに議論をおこなった．問題提起文がある場合とない場合の差は，当該課題への基礎情報があるかないかの差として議論の違いに表れたように思う．2016年度履修（問題提起文なしの年度）のある学生は最終レポートで，以下のように述べている．

　　最後の授業では，学生で設定したテーマで議論を行ったが，良い問いを作ることの難しさを実感し，また，これまでのテーマと設問がいかに優れていたかということに気づかされた．良い議論を作るには，大きなテーマ

---

[2] この作業は，対話で思考を深めるための後半の4つの演習，〈立場を支える根拠を明らかにする〉〈前提を問う〉〈立場を入れ替えてみる〉〈複数の立場の往復〉のうちの1つである．石井洋二郎，藤垣裕子『大人になるためのリベラルアーツ』，前掲書，274頁．

に対して，小さなテーマを適切な順序で設定することが必要不可欠であると分かった．但し，良い問いを作っていくには，議論の筋道をある程度整理しておく必要があり，議論の発展と議論のテーマの設定とは不可分に進行するのだということも分かった．（Fさん）

問いの分析に基づく問題提起文による情報共有と4つの論点の設定が，議論の発展にとって大事であることが指摘されている． （藤）

最終章

プライバシーと治安は両立できるか

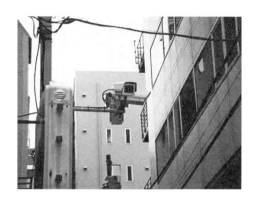

問題提起

　国家の治安を守るためには，犯罪者捜査のために監視カメラの映像や通信，位置情報（GPSなど）の解析，犯罪組織に関する各国の捜査機関との情報交換などが有用となる．同時に，これらの監視カメラや通信，位置情報の解析や情報交換は，国民のプライバシー[1]を侵害する可能性[2]をふくむ．監視社会の是非をめぐっては，さまざまな議論が展開されてきた．カメラによる監視，画像の録画とその利用については，肖像権，プライバシー，表現の自由をめぐっての侵害的性格が議論されている[3]．具体的には，商店街などの公的な場にとどまらず，子ども部屋や介護対象高齢者への監視カメラはどこまでが「見守り」でどこまでがプライバシー侵害なのかという線引きの問題も発生する．

　情報セキュリティの側面からいえば，セキュリティ維持のための機密性，完全性，使用可能性を高めるための方策[4]は，個人データの管理を強化することになり，プライバシーの保護に抵触することになる．逆に，プライバシーを守るための方策が，セキュリティにとって問題となる事柄もある．たとえば，個人情報の保護が不正者の追跡を困難にする，暗号化メールを流すことで個人

---

1) プライバシーとは，「他人の干渉を許さない，各個人の私生活上の自由」を指す（『広辞苑』第七版）．
2) 治安目的でなくても，技術の発達はつねにプライバシー侵害の危険性をはらむ．たとえば，2013年にJR東日本と日立がSuicaのデータを利用した解析サービス（Suicaに記録されている属性情報や移動記録を利用）は，個人情報保護法に抵触していると懸念されると国土交通省から注意を受け，メディア上でも波紋を呼んだ．また，2011年に発表されたスマートフォン向けアプリケーション「カレログ」は，利用者が観察対象者（利用者が女性の場合，彼氏）のスマートフォンから現在地情報，バッテリー残量，アプリケーション一覧をリアルタイムで取得できるサービスであったが，「プライバシー侵害ではないか」と批判され，同年に総務省が個人情報保護の観点から問題点を検討した．
3) 末井誠史「防犯カメラの規制」，国立国会図書館レファレンス，2010年7月．http://www.ndl.go.jp/jp/diet/publication/refer/pdf/071401.pdf
4) 情報セキュリティには，機密性（confidentiality: 認可されたものにのみ情報にアクセスできるようにすること），完全性（integrity：情報が正確で完全であること），使用可能性（availability：必要なときに必要な情報資源にアクセスできること）といった側面がある．第1の側面が侵されれば情報漏洩，第2の点では改ざん，第3の点では使用妨害といったことが問題となる．

情報の流出を見逃す，デジタル証明書の情報から個人情報が知られる，などの問題が，これらの対立の具体的事例である．このとき，個人情報の保護を優先するのか，不正者の追跡のほうを優先するのか，など，対立のうちどちらを優先するかが問題となる．

　具体例を考えてみよう．2015年12月に米国カリフォルニア州で起きた銃乱射事件の捜査過程で，実行犯の一人が使用していたiPhone5Cのロック解除が必要となり，FBIおよびカリフォルニア地方裁判所がApple社にたいしてロック解除への技術的協力を命じた．しかし，Apple社は，この要求を拒否した．政府の要請に応じて顧客の個人情報を提供するという前例が生じることによって，今後顧客のプライバシーが政府によって不当に侵害される事態の前例となることを懸念したのである．そして，そのリスクは本事件で実行犯が使用していた携帯のロックを解除することによって得られる社会的便益よりも大きいと主張した．その後FBIはApple社の技術協力なしに独自の方法でロック解除に成功し，Apple社への技術協力要請を公式に撤回した．しかしこの事件は，Apple社以外のIT企業やアメリカ国民に影響を与え，アメリカ国民の意見はロック解除賛成派と反対派に二分されている．

　日本の例では，2017年6月に成立した改正組織犯罪処罰法で，犯罪を計画段階で処罰する「共謀罪」の構成要件を改め「テロ等準備罪」が新設され，治安とプライバシーの相克が議論された．この法改正の目的は国際組織犯罪防止条約（TOC（United Nations Convention against Transnational Organized Crime）条約）の締結であり，テロリズム集団などの「組織的犯罪集団」に適用され，2人以上での犯罪の「計画」と，少なくとも一人による現場の下見などの「準備行為」があれば処罰可能となる．本法の成立には賛否両論があったが，賛成派の弁護士の意見では「あらゆる法規制は権利侵害の要素を含むが，それにより守られる権利もある」「プライバシー侵害の危険性は極めて抑えられており，得られるメリットのほうがはるかに大きい」[5]とある．上記米国の事例同様，政府や捜査当局によるプライバシー侵害と社会的便益の相克が焦点となっていることが示唆される．改正組織犯罪処罰法の成立によって国際組織犯罪防止条約

---

5) 『日本経済新聞』2017年6月16日朝刊．

の締結が可能になると，海外捜査機関と情報を共有できるようになり，テロ準備への対策が容易になる，というのがメリットである．それにたいし，組織的犯罪集団の定義が曖昧であるため，捜査当局の恣意的解釈が発生する危険性があり，それはプライバシー侵害になる，というのがリスクのほうである．賛成派は，リスクにたいしては裁判所の判断や国民の監視があれば防げるとしている[6]．

　ここで，「監視」という言葉が2通りに使われていることに注意しよう．1つは，国家（治安の主体）によって国民が「監視される」（受動）という意味であり，もう1つは国家や捜査当局の恣意的解釈を国民が能動的に「監視する」という意味である．前者は monitoring, surveillance，後者は supervisory, oversight という英語がよく使われる．受動的監視はプライバシーを侵害する可能性があるため，それを守るために能動的監視が必要ともいえるだろう．

　このように，プライバシーと治安の相克は，いつの時代も議論の対象となる．

（藤）

6）『日本経済新聞』2017年6月17日夕刊.

> **論点**
>
> 1　監視する側からすると，監視のメリットはなんですか．
>
> 2　監視される側からすると，監視されるデメリットはなんですか．
>
> 3　監視カメラの設置はどこまでは許されて，どこまでは許されないと思いますか．その境界はすべての人にとって同等であるべきと考えますか．
>
> 4　監視の2つの意味についてどう考えますか．その上でプライバシーと治安は両立可能と考えますか．

議論の記録

　この議論は，2017年7月12日におこなわれた．Aグループは，eさん，iさん，pさん，qさん，Bグループはaさん，gさん，nさん，Cグループはfさん，kさん，mさん，Dグループはbさん，dさん，jさんの合計13名である．

〈論点1：監視する側からすると，監視のメリットはなんですか〉

　Aグループからは，まず治安を維持する側からの監視のメリットとして，事件や事故が起こったときの監視カメラの映像など客観的証拠としてのメリット，監視されているという意識を市民に植え付けることによる犯罪抑止効果の2点が挙げられた．また，市民が国家を監視したり市民同士が監視するメリットとしては，市民の行動を市民同士が監視して倫理的に反する行動を抑止する効果（たとえば，コンビニでおでんを指先でさわった人，あるいは線路内に立ち入りをした人の写真をネット上にアップロードして炎上する例など），会社内不正の内部

告発，あるいはその市民監視による効果などの点が挙げられた．

Bグループからはメリットとして，監視をすると異常事態にすぐ対処できる点が挙げられた．たとえば子どもや老人がどこかにいってしまうという異常事態への対応である．米国による通信傍受も異常事態を察知して対応するメリットがあるという意見も出た．もう1つのメリットは監視による規範の内面化（見られているかもしれないと考えて規範を意識して行動するようになる）である．ただ，これについては監視することによって安心感を得る一方で，その安心の裏側に行動をコントロールされるという不満感があり，両方の側面があることが報告された．

Cグループからは，監視に犯罪の抑止力があること，犯罪が起こった後の捜査が円滑に進む点が指摘され，国民に安心感を与える点が挙げられた．また，「人は監視されることでよりよい行動をとる」点，および「人は見えないところがあると不安になるので，よりよく知ると安心を得られる」点が挙げられた．後者については，見たくない部分もあるので，どこまで知りたいか，知りえるかの境界が問題になることが報告された．

Dグループからは，やはり防犯についてのメリット，および事件解決へのスピードが挙げられた．監視カメラの設置については，国家への信頼の増大および証拠判断にたいする公平性の担保が挙げられた．また，中国の監視の例についての言及があった．

> 中国はインターネットを監視することで，ある程度，共産党や社会主義への批判をカットしていますが，それによって教育的な効果をある程度生み出しているのではないかなという話になりました．同じように価値観に関しても国家が教育できるのではないかなと．（bさん）

また，警官ひとりを配備するより監視カメラをつけたほうがコスト面では効果が大きい点も指摘された．このあと，教室全体で論点1についての小討論となった．

aさん「最後の，監視カメラのほうがコストが安いからいいという意見に

ついてなんですけど，警官の配備も監視だと思うので——それは確かに監視カメラが優先されることもありますけど——警官から監視に変わるのではなくて，ある監視から別の監視に，違う形態に変わったんじゃないかと思います」

bさん「そうですね，たしかに．あとは個人間の監視についていうと，相手についてよく知ることで個人の安心感が得られ，監視する側の幸福につながる側面がメリットとして挙げられますね．それがすべての人にとっての幸せかはわからないですけど」

eさん「監視することによって教育的効果を生む，与えたくない情報を与えないようにするというDグループの意見はわりと特殊な例だと思います．監視することによって相手の行動をコントロールしようとするのは変わらないけれども，中でも監視することによって監視させないというか——相手を見ていることによってというか——ちょっとそれだけ絞って考えてみるとまたなんかありそうだなと思いました」

藤垣「双方向じゃないってことですね」

dさん「その双方向じゃないというところについて，それは対等な立場かどうかという問題かなと思います．国民と国家ってある視点から見たら対等かもしれないけれど，ふつうに考えたら対等じゃないし，たぶん親と子の関係に似ているんじゃないかと思うんですけど．そうすると，子が親を監視するのはあまり考えられないけど，親が子を監視することってわりとよくあることだし」

　どちらがどちらを監視するかということで権力が発生することへの指摘である．これは論点2でさらに展開される．

〈論点2：監視される側からすると，監視されるデメリットはなんですか〉

　Bグループからは，監視される側は監視する側の規範を自分の中に取り込まざるをえないことが指摘された．また，監視によって自己の多面性のうちの1つに規定されることへの嫌悪感が表明された．

たとえばコンビニのカメラとか町中の防犯カメラがあると思うんですが，あそこで自分の無防備な姿とかが映されるのがとても嫌だと思うんですよ．それはなぜかという話になったんですが，不特定の誰かわからない他者に見られたくない自分の絶対的な領域に踏み込まれるというのが，とても気持ち悪いのではないかということが挙げられました．べつに犯罪などはしていないのになぜ嫌なのかという話では，自分のもっている道徳面でなにかしら批判されたりする可能性，他者から「あなたってこういう人なんですね」と規定されるということも恐いというふうになりました．

人というのは見せたい自分をもっていて，意図しないところで見せたくない自分が流れ出てしまうと，他者に自分を規定されていくというか，自分で自分を規定したいのに他者に決められてしまうという不安があるという意見が出ました．

また，相手からはなんの弱みも見せてもらっていないのに，自分は弱みをひたすら一方的に提供するというのが嫌だという意見が出ました．マイナンバーなどで過去の履歴がすべて知られてしまい，それが自分を規定するようになってしまうことからも，世間にたいして自分で自分を規定できない不安が生じるのではないかという話になりました．（gさん）

Cグループからは，監視する側のほうに権力があり，監視されていることを知らされている場合は，監視される側は自分が弱い立場にいることが印象づけられてしまう点が指摘された．また，Bグループの指摘と同様に，監視されることによって本音と建前の使い分けができなくなり，集団ごとに異なる自分を見せたいという「自己の多面性」がなくなってしまう懸念が指摘された．

この点については，前著『大人になるためのリベラルアーツ』の最終回で，差異を乗り越えるためには分人をもつこと（自己の中の多面性を自覚すること）が重要であると指摘されたのにたいし，監視はその逆の効果をもつことを示唆していると考えられる．つまり監視によって自己の多面性が抑圧され，差異を乗り越える力が失われる方向に働くことを示唆しているといえるだろう．

Dグループからは，表現の自由が奪われること，プライバシーが侵害されること，システムに不備があった場合に，不備によって監視されたデータが悪用

される可能性などが示された．

　　あとは，その人自身の価値観が固定されるんじゃないか——さっきの話にもつながるんですが……．政府に監視されている場合，価値観が政府寄りになったり，監視している人に良く見せようとするような価値観に固定化されてしまうんじゃないか，それで価値観から行動も画一化してしまうという可能性があるんじゃないかという話が出ました．これと似ているんですが，監視をしつけとか保護という観点で見られるんじゃないかとなって……．そうすると主体性が奪われるんじゃないかという話が出て，たとえば子どもだったら，親に監視されすぎると親が良いということをしたり，してはいけないということをしなかったりして，親に依存しすぎて自立できなくなったりとか，主体性が失われてしまうんじゃないかとか．（ｄさん）

ここでは，上記の「自己の多面性の喪失」が「価値観の固定」という形で表現されている．Ａグループからは，実際に見られていること自体への嫌悪感のほか，監視された情報が適切に管理されずに漏えいしてしまう恐怖が指摘された．また規範から外れた行動がしづらくなることについては，行動の自由を制限する結果に結びつくことが指摘された．

　　たとえば意味のない行動をしてみたいときが人間誰しもあると思うんですが……そういうことをしたくても，監視カメラなどがあって他人の目が気になってしまうと，単に意味のない行動なのに，規範から外れたものとして解釈されてしまって，本当の意味で自分の主体性というものが他人にもっていかれるんじゃないかという話がありました．最後に彼氏と彼女の監視の話があったと思うんですが，あの例では彼女のほうが彼氏にアプリをつけるみたいな話だったと思うんですけど，逆の場合が起きた場合，一般的に男性のほうが女性よりも強いという権力構造があるとすると，彼氏が彼女にそのアプリを使うことを義務づけることで，監視する権利をもつ者ともたざる者という権力構造というものを，監視ツールがさらに再強化

をするという，構造の再生産の役割もあるんじゃないかなという点をデメリットとして考えるべきではないかという話になりました．(qさん)

監視する権利をもつ者による権力構造の話については，石井から以下の指摘があった．

　監視の問題ってけっきょく，誰が誰を監視するかによっていろいろ違ってきますよね．最初は個人同士，それが共同体になってくると，一番身近な共同体は家族，それから次は近所の目．ゴミを捨てるときにちゃんとルールに従って出さないと見られているという感覚がありますよね．でも近所という地域共同体では自分が監視する側でもあるので，その意味では相互監視的なものになる．
　ところが学校という空間になると，試験監督というものがありますよね．これはまさに監視をしているわけですが，この辺になってくると視線が一方的になってくる．つまり，共同体の規模をだんだん大きくして考えていくと，視線が一方的になっていくということがたぶんあって，それが国家レベルになると，一方的に監視する国家と監視される国民という関係になる．ミシェル・フーコーの『監視と処罰』[7] という有名な本がありますけど，この本を読むといろいろ書いてあります．
　ところで究極の権力がなにかというと，これは神ですよね．誰も見ていないのに赤信号で止まってしまうというのは，要するにお天道様が見ている――「お天道様」という言葉はもうみなさん，あまり使わないのかもしれないけど．天が見ている．神が見ている．そういうふうに考えていくと，究極の権力というのは神というものだと．しかし人間というのはばかなことをしたがるものだっていうさっきのqさんの発言に私も共感するんですけど，私たちはあらゆるものをさらけだして生きているわけではないですよね．でもそういう裏の裏まであばきだしてしまう一方的な視線と権力の問題，あるいは視線の暴力性の問題というのがある．ある種，暴力装置と

---

[7] 『監獄の誕生』，田村俶訳，新潮社，1977年．『監視と処罰』は原題の直訳で，邦訳ではサブタイトルとして用いられている．フーコーについては，「おわりに」脚注5参照．

ミシェル・フーコー（左）と『監獄の誕生』（田村俶訳, 新潮社, 1977年）（右）
左：©AFP/OFF

して視線が働く，〈見る／見られる〉という関係が一方的になることにおいて権力関係を発生させる．そしてその構造が最終的には神という究極の権力によって吊り支えられている．そんなことを考えながら聞いていました．（石井）

フーコーの話が出たところで，この本の日本語訳の題は『監獄の誕生』であること，フランス語の原題は « Surveiller et punir » であって，『監視と処罰』であること，しかし英語訳は « Discipline and punish » となっていて，『規律と処罰』になっていること，英語のディシプリンには，専門分野，規律，規律によって縛ること，懲罰の意味があり（例：懲戒委員会は，committee of discipline という），仏語の原題と英語の翻訳とのあいだにずれがあること，などが石井と藤垣とのあいだで議論された．

〈論点3：監視カメラの設置はどこまでは許されて，どこまでは許されないと思いますか．その境界はすべての人にとって同等であるべきと考えますか〉

この論点については，7分ほどグループ討論をしてブレーンストーミングをおこなった後，グループごとの議論の報告をおこなわずに，すぐに教室全体の自由討論となった．

bさん「逆に監視カメラをつけないところを考えたら，意外と家，トイレ，教室以外ないんじゃないかみたいな話になって……絶対ついていないところって，みなさんなんか他にありましたか？」

mさん「まだ電車にはついてないですよね？」

bさん「あー」

石井「教室はわからないよ」

一同「えー！」（笑い）

dさん「でも，電車につけたら痴漢は減るか」

mさん「そういう議論もした人はいたみたい」

nさん「なんか教室でも，塾みたいなところはついてますよね，ここはついてないけど」

dさん「なんで学校につけないのかなと思って，ちょっとだけ調べたんですけど——理由がたいしたことなくて，お金がかかるとか，教室につけることによって先生も監視されるからそれをいやがる先生とかもいて，あとは集めたデータの管理もどうしたらいいかわからないという感じで，積極的理由でなくて消極的理由でつけないところも多いみたい．国がもっと推し進めればつくことにはつくけど，国がそんなに推し進めていないみたいな」

石井「カメラつけられても抵抗ないですか？」

aさん「先生が自由な授業をできなくなるかなということはあると思って，どういうことを教育するかというのは，時の政権とかに影響を受けるので，そうすると思想統一的なことが起きるのかなというのと，もうひとつはたわいない例なんですけど，放課後に教室に呼び出して告白とか，そういう青春が奪われるじゃないですか」

dさん「どれだけ監視するかにもよりますよね．一応，監視カメラをつけているけど，犯罪が起こったときにしか見ませんよ，みたいな」

aさん「それってどうですかね．そんなこといわれて信用できますか？ 映像があるわけですから，あるっていうことがもう問題じゃないですか．ある以上はだれがどう利用するかわからないし」

mさん「流出しちゃった場合になんか……」
aさん「っていうのもありますし，サイトでもありますけど，監視カメラに適当なパスワードを設定していると全部ハックされてしまって，いろいろな監視カメラを見られるサイトも実際にあるんですよ」
一同（驚き）
aさん「まあ，調べれば出てくると思いますけど．こういうのとかもあるので監視カメラを置くというのはけっこう大きな境界だと思います」
dさん「青春が失われるか……」
一同（笑い）

このあと，監視カメラを教室につけない理由として，家と教室の共通性，つまり個人を特定できるか否かという点が挙げられた．個人が特定される場合はよくないが，特定できない場合は抵抗感が低くなるという意見である．

また，監視カメラの設置許可の境界がすべての人に同等であるべきか否かについては，人権の面からは同等であるべき（ある人が監視されていない状況では他の人も監視されてはいけない）だが，犯罪者の独房には監視カメラがつけられているので，同等な扱いにはなっていない点が指摘された．これを受けて，監視カメラの設置許可の境界は，「場所で区切る」考え方と「人で区切る考え方」があることがBグループの議論の結果として紹介された．場所であればさきほどの教室の話や，公共空間と私的空間の違いの話になり，人であれば犯罪者や介護老人は他と対等かという話になる．

さっき話していたんですけど，ドイツなどでは性犯罪者とかをGPSで監視するというのがあり，それってどうなんだろうって．その人はすでに出所して罪を償っているわけですから．あとはテロを起こしそうな人を監視するとかも，「テロを起こしそうな人」ってなんだよという，ものすごい恐ろしい考え方があって．結局，ないほうが望ましいのかなという話をしたんですが，一方で認知症とかで監視せざるをえない場合もあるので，人によっても境界というのがあるよねという話になりました．同等であるべきという話がありましたけど，選択できるようにするべきだというのも

ある一方で，選択の権利もなく監視されてしまう人がいるのも，ある意味では問題だし，認知症とかだとしょうがない部分もあるのかなという，そんな感じです．（aさん）

このあと，介護すべき老人や子どもの監視の話となり，見守りと監視の境界をどう設定するかの話となった．

dさん「たぶん防犯の意味が一番大きいと思います．GPSをつけることによって，もし，たとえば中学生ぐらいの子がGPSをつけるのが嫌だといっていても，実際にさらわれたらGPSをつけていて良かったとなるわけだし」

aさん「ただ自分が中学生のときにGPSつけられたらチョー嫌じゃないですか？」

dさん「そう，めっちゃ嫌なんですけど」

aさん「さらわれるということに関していうと，たとえばグリコ・森永事件[8]じゃないですけど，社長だって誘拐される可能性はあるわけで，その人たちにGPSをつけるのかっていう．それは別に犯罪捜査の問題であって，GPSをみんながつければいいってことじゃない」

石井「まあ，GPSと監視カメラはちょっと違うと思うんだけど，結局『抑止』のためと，『対応』のためと，『検証』のためとに分けるとわかりやすいのかなと思います．抑止のためというのは，たとえばここにはカメラがついていますと明記することで，スーパーの万引きを未然に防止するとか．『監視カメラが見ていますよ』という警告の効果ですね．対応というのは，現にいま危ないことが起きてもすぐに駆けつけられるようにする．たとえば隣の部屋に子どもがいて，別室で仕事してるときにもモニターで見ていれば，危ないと思ったときに子どものそばにすぐいけるという使い方ですね．老人にGPSをつけたりするのも同じ発想かな．それから検証というのは，それこそ犯罪が起きたあとから映像を見て，『これが映って

---

[8] グリコ・森永事件とは，1984年と1985年に大阪・神戸を中心として発生した食品会社を標的とした一連の企業脅迫事件．

いるから犯人はこいつだ』っていうケース．そういうふうに機能を分けて考えると，どの機能だったら許容できるか，といったことが考えやすくなる」

このあと，抑止・対応・検証それぞれの場合ごとの監視カメラ設置の境界について話し合った．

〈論点４：監視の２つの意味についてどう考えますか．その上でプライバシーと治安は両立可能と考えますか〉

この論点については，論点３と同様，５分ほどグループ討論をしたのち，すぐに教室全体の自由討論となった．

まず国民が国家を監視する場合には国家が発信した情報を国民が検証することしかできないので，そういう意味では対等な監視ではないという点が指摘された．国の意思決定の公開性と透明性の話である．特定秘密保護法の中ではもちろん対等ではなくなる．

> eさん「なんかけっこう個人対個人でいっても，国家対国民でいっても，わりと似ているところがあるなと思って，国がここまで見せたら不都合だからといっているのと，国民がここまで見られたくないからダメですよというのは似ていると思います．ただ違う点というのは，見る能力があるかとか——今の話もそうだけど——たとえば省庁の会議室にカメラを仕掛けるようなことを組織的にやれるような機構があるかというとないわけで，そのような意味で国と国民はあんまり対等じゃない」
>
> pさん「国家がここは見られたらいけない情報だからダメですよっていうのは，国家の安全とか治安とか，なにか大義的なものがあると思うんですけど，個人が見られたくないというのは，なんかプライバシーとか，すごいふわふわしたものだったりするかもしれないので，そこは『悪いことしなければいいでしょ』とかみたいな，そういう言い方が正当化されちゃうかもしれないですね．国家だと大義があるので『しょうがないかな』ってなっちゃうかもしれないですけど……」

石井「あの,ちょっと言葉の質問なんだけどさ,国家というときになにをイメージしているの? だって国民が国家を作るわけでしょ.国民と国家を対立概念として使っているじゃない,いま.国とか国家といっているものはなんなんですか?」
dさん「政府? 内閣とか……」
石井「政府…….うん,それが民主主義の問題だと思う.われわれはつい,国家対国民と考えるけれども,もともと国家を作っているのは国民ですよね.その国民が選んだ議員で構成される国会があって,それで政府があるわけだけど,それは国民が変えられるものでなければいけない――もちろん選挙がないと変えられないけど.だからアプリオリに国家と国民を対立させる考え方をしていると,ちょっと危ないかなという気がします」
藤垣「さきほどeさんが国家を見るためには省庁の会議室といったのは非常に面白いですね.ああ,eさんにとって国家は省庁なのかと.国会は全部ビデオが撮られていて,特別委員会とかも全部ビデオが見られるんですよ.それにたいして省庁の会議室のほうは行政です.みなさんは国家というとき国会ではなく行政(政府)を指しているらしい.」

この議論のあと,プライバシーと治安は両立可能かの話に入った.

kさん「なんか程度の問題だと思って.プライバシーは治安と両立するか,○か×かみたいになっていると思うんですけど…….プライバシーをどこまで制限すれば,治安がどこまでできるかという『程度の問題』だと思います.どこまでプライバシーを制限してという『程度の問題』として考えたほうがいいんじゃないかと思いますね」
dさん「そうなんですよ,程度の問題だっていうのはよくわかるんですけど,その程度が個人によって違うというところが,大きな問題なのかなと.プライバシーやパーソナルスペースは,生まれてきた環境とかに左右されるから,私とかみなさんはそんなに監視への抵抗がないんじゃないかなって思うんですよ.今まで育ったところの至るところに監視カメラがあったし慣れているから,それにたいして今さらプライバシーを侵害されている

と嫌悪感を抱く人はいないのかなと思っていて．ただ，今までなかったところに，たとえば来年から導入しますっていわれたら『まじ？』みたいな感じになると思います．どのくらいプライバシーを守れるかという程度も国とか時代とかによって変わってくるので，国とかのレベルで考えたときに，どの国がどうでとか，世界的な犯罪をどう防ぐか，オリンピック開催中のテロをどう防ぐかということも問題になってきたりするのかなと思いました」

この話を受けて，藤垣から，実際に国によってセキュリティ概念やプライバシー概念が異なるため，以前OECDでは情報技術におけるセキュリティ概念の標準化をおこなったことがあることが報告された[9]．

以上のようにこの回では，監視する側のメリットと監視される側のデメリットをそれぞれ詳細に検討した後に，監視することの権力性を吟味した．さらに，監視カメラ設置許可の境界を場所で区切るやり方，人で区切るやり方で分類すること，および抑止／対応／検証の場合ごとの境界の違いを議論した．その上で，国民にとっての受動的監視と能動的監視の差と非対称性を検討し，標題の「プライバシーと治安は両立できるか」という問いが単なる二者択一ではなく，プライバシーをどこまで制限した場合，治安がどこまでできるかという「程度

---

[9] 国ごとの「セキュリティ文化」の違いは国のあいだの争いのもとになることも予想される．国境を越えると，文化の違いによるセキュリティ対策の差が生じ，一国の中の民主的ガバナンスだけでは通用しなくなる．文化の違う国々のあいだでは，プライバシー，財産権（所有権），犯罪，賠償責任など，多くの事柄で調整が必要となる．OECDは，このことを懸念して，国境を越えての情報流通が盛んになっている現状において，文化の違う国々を横断する「セキュリティ文化」という概念を，ネットワークセキュリティのガイドラインの中で提唱している（OECD情報システム及びネットワークのセキュリティのためのガイドライン）．このガイドラインによると，セキュリティ文化とは，「情報システム及びネットワークを開発する際にセキュリティに注目し，また，情報システム及びネットワークを利用し，情報をやりとりするに当たり，新しい思考及び行動の様式を取り入れること」と定義される．このガイドラインは，情報システム及びネットワークを保護する手段として，セキュリティ文化の普及を促進することを提言しており，認識（awareness），責任（responsibility），対応（response），倫理（ethics），民主主義（democracy），リスクアセスメント，セキュリティの設計および実装（security design and implementation），セキュリティマネジメント（security management），再評価（reassessment）等が扱われている．ここで民主主義の項目は，「情報システム及びネットワークのセキュリティは，民主主義社会の本質的な価値に適合すべきである」となっている．

の問題」であることが確認された. (藤)

議論を振り返って

　紆余曲折を経た議論の末に学生たちが最終的に選んだテーマは,「プライバシーと治安は両立できるか」というものであった. 自分が若かったころを思い返してみると,「プライバシー」という言葉自体がまだそれほど普及していなかったような気がする. すぐに思い出すのは, もう半世紀以上も前に話題になった三島由紀夫の『宴のあと』裁判[10] のことだが, この小説のモデルとされた有名人や地位のある人物を除けば, 一般市民がプライバシーを侵害されるという事態はあまり想像できなかった.

　しかし 1990 年代以降, とくに 1995 年のオウム真理教による地下鉄サリン事件を契機として, 都市部を中心に公共空間への監視カメラ設置が急速に進み, 家から一歩外に出たが最後, いつどこで誰に見られているかわからないという状況が常態化するようになった. 今や自宅以外でプライバシーを守ることは, ほとんど不可能になっているといっても過言ではない. じっさい, なにか犯罪が起きたとき, よほどの過疎地でなければたいてい犯人の画像がどこかのカメラに映し出されていて驚かされる. 治安の維持という観点から見れば確かに安心な状況ではあるが, 監視社会の行き過ぎに窮屈な思いを覚える人も少なくないだろう.

　監視する側のメリットを考える論点 1 で挙げられたのは, ほぼ予想通り, 犯罪行為や反倫理的行動の抑止, 幼児や老人の身に起こる緊急事態への対応, 客観的証拠による事件解決の迅速化といったところだが, ここで注目したいのは,「規範の内面化」という視点が学生から提示されたことである. 誰かに見られ

---

10) 三島由紀夫が 1960 年に刊行した小説『宴のあと』は, 小石川の高級料亭の女将である福沢かづが, 客として店を訪れた元外務大臣の野口雄賢に惹かれて結婚し, 夫が都知事選に出馬すると選挙違反も辞さない情熱をもって支援するが, 野口は対立政党の汚い妨害工作にあって敗北, 最後は離婚に至るという筋書き. 野口は実在の人物, 有田八郎をモデルにしていたが, 有田は 1961 年に三島と版元の新潮社を提訴,「表現の自由かプライバシーの保護か」を論点とした最初の裁判となった. 東京地裁は原告の主張を認めて被告側に 80 万円の損害賠償を命じる判決を下し, 被告側はこれを不満として控訴したが, 1965 年に有田が死去したため, 翌年遺族とのあいだに和解が成立, 現在でもこの小説は無修正で読むことができる.

ているかもしれないと思うと，私たちはおのずと社会的規範を逸脱しないように意識して行動するようになる．監視カメラの遍在は，人びとの振舞いを検閲したり記録したりするという外面的な効果以外に，こうして人間の規範意識そのものを形成するという内面的な効果も同時にもたらすわけだが，これは中国におけるインターネット情報の

三島由紀夫
写真：青山四郎

規制が一定の教育効果を及ぼすという指摘とも呼応するものだろう[11]．

以上の議論はごく自然に，「国家と国民」という関係と親子関係とのアナロジーから，対等ではない者のあいだに生まれる権力関係の問題に及んでいった．

論点2は論点1の裏返しで，監視される側のデメリットを問うものだが，特定できない誰かの目に自分の無防備な姿がさらされてしまうことの不快感はつまるところ「自分で自分を規定したいのに他者に決められてしまうという不安」にほかならないという学生の分析は，なかなか核心をついている．私たちは他者の目を意識している限りにおいて，「見せたい自分」を見せる自由を保持できるが，そのような意識が働かないところで「見せたくない自分」を見られてしまうと，自分がどういう人間であるかを判断する権利を「誰だかわからない誰か」に譲り渡すことになり，自分で自分を規定する自由を奪われてしまう．その結果，相手や集団によって異なる自分を使い分けることができなくなり，自己の内なる多様性を失ってしまうことになる．

こうした見方は，別の学生が「価値観の固定化」あるいは「主体性の喪失」という言葉で指摘した事態と基本的に同じものである．その根本には，いずれも「監視する者／監視される者」という権力関係が横たわっている．ここからミシェル・フーコーの『監獄の誕生』に話が及んだのは，したがって偶然では

11） これを推し進めていけば，北朝鮮のように「規範の内面化」効果が独裁体制の維持に利用されることになる．

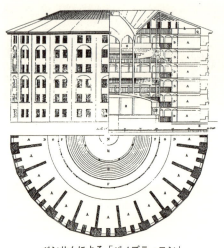

ベンサムによる「パノプティコン」

ない．授業では触れなかったが，よく知られているように，この書物にはイギリスの哲学者，ベンサム[12]が設計した「パノプティコン[13]」という円形の監獄建築モデルが権力関係の比喩として登場する．看守によって一方的に見られる囚人たちには，当然ながらいわゆる「プライバシー」は存在しないわけだが，監視カメラに囲まれて生きる現代の私たちも，その意味では巨大なパノプティコンの中に放り込まれた囚人の集団なのかもしれない．

　論点3はこうした監視カメラの許容範囲を問うものだったが，学校の教室に設置されると「放課後に教室に呼び出して告白するという青春が奪われる」という発言には思わず微笑んでしまった．LINEがいくら普及しても，この種の古典的な恋愛風景がまだ見られるのだとすれば，意外に若者の感性そのものは変わっていないのだろうか．

　ここで興味深かったのは，カメラの設置が認容できる境界を「場所で区切る」考え方と「人で区切る」考え方があるという見解だった．前者については，不特定多数の人びとが集まる公共空間（駅，デパート，コンビニ，大きな街路など）に設置することは今や当たり前になっているが，会社のオフィスや学校の教室のように，そこに集まっている人間が特定できる場所になると，プライバ

---

[12] ジェレミ・ベンサム（1748–1832）は功利主義の創始者として知られるイギリスの哲学者・法学者．『統治論断片』『道徳および立法の諸原理序説』などの著作がある．
[13] 文字通りには「全展望監視システム」の意で，円形に配置された複数の独房を，円の中心に位置する看守が同時に監視することができる構造の監獄．収監されている囚人たちは，お互いの姿はもちろん，中央の看守の姿も見えないが，看守の側からは全員を見ることができる．教室の後ろに立って生徒全員を監視する試験監督も，構造は異なるが，視線の一方性という点ではパノプティコンのヴァリエーションと考えることができる．

シー空間的な性格が強くなるせいか，やはり抵抗があるのが普通である．マンションのエントランスやエレベーターの中などに監視カメラが取り付けられていることはめずらしくないが，これはプライバシーの保護よりも，犯罪の防止という観点が優先されるためだろう．

いっぽう後者については，老人，子ども，犯罪者等々，ケースバイケースで利用の可否を考えなければならない．徘徊傾向のある認知症の老人や幼稚園児にGPSをつけることに反対する人はそれほど多くあるまいが，性犯罪歴のある前科者につけるとなると，人権との兼ね合いが問題になるので意見が分かれるところだろう．授業ではドイツの例が挙げられていたが，アメリカ合衆国の半分以上の州でも実際にこうした監視制度が採用されているし，他にもイギリス，フランス，カナダ，スウェーデン，韓国などで同様の措置が実施されている．この種のことに抵抗感が強い日本で導入される可能性は今のところ低いと思われるが，他にも検討中の国はいくつかあるので[14]，世界的に見れば私たちが思っている以上に普及は早いかもしれない．

最後に論点4では，問題提起文で提示されていた監視の2つの方向性が話題になったが，学生たちが「国民」にたいして「国家」と口にするときにイメージしているのは主として政府であるということが，個人的には興味深かった．本来は国民が選挙によって選んだ代表が国会を構成し，そこで議論・決定された政策が政府によって実施されるというのが民主主義国家の政治原則であるから，国家と国民は対立するものではないはずなのだが，私たちはともすると，自分の外側にあって国民を統制する権力装置として「国家」というものを思い浮かべがちである．監視の2つの意味のうち，受動的監視（国家が国民を監視する）のほうがどうしても能動的監視（国民が国家を監視する）より優位に置かれがちであるのは，このように自分からは切り離されたものとして国会や政府をとらえる慣習が私たちの裡に深く根付いているからではなかろうか．

考えてみれば，今回のテーマに用いられている「プライバシー」という言葉も「治安」という言葉も，じつはいずれも受動的監視にもっぱら関わる語彙であった．だから治安の維持を大義名分として国民の私生活を監視しようとする

---

14) オーストラリア，台湾，ブラジルなど．

国家にたいしてプライバシーの保護を主張する立場は，あくまでも国家が私たちの他者として（言葉本来の意味において）「疎外[15]」されることを前提として生じるものである．しかし上にも述べた通り，国家とはあくまでも主権者たる国民によって作られるものであるから，両者はそもそも一体をなしているはずであり，「見る／見られる」という一方的・対立的な関係性によってとらえられるべきではない．したがって私たちは，国家によってただ受動的に対象化されるのではなく，むしろ自分から能動的な視線を投げかけながら，いわば国家を自らの内に絶えず取り返し続けなければならないのである．プライバシーと治安の折り合う境界線も，こうした能動的監視の観点からとらえ直すことで，はじめて明確に見えてくるであろう． 　　　　　　　　　　　　　　　　　（石）

---

15) この言葉はもともと「ある存在が自己の本質を自己本来の存在の外に出すことによって，それが自分とは対立する疎遠な他者となること」（『大辞林』第三版）を意味するヘーゲルの用語で，これを受け継いだマルクスが「資本主義的生産の下で人間的存在や労働の本質が，人間に失われていること」（同前）の意で用いた．つまり，人間が作り出した商品や制度などが人間から切り離され，逆に人間を支配する力となって現れ，人間がそれによって自己の本質を喪失することを意味する．ここではまさに，国家がその制度のひとつということになる．

授業を振り返って——学生のレポート篇（2016–2018 年）

レポート課題は毎年同様で，以下のようなものである．
1 本授業の中でもっとも印象に残っている議論の内容とその理由を 1000 字以内で論述せよ．藤垣担当のテーマ（シラバスに F と書いてあるテーマ）と石井担当（同 I と書いてあるテーマ）から各 1 つずつ選ぶこと．
2 本授業を受ける前と後とで，自分の中でもっとも変化した点はなんであったか，1000 字以内で論述せよ．
3 異分野（他学部）の学生と議論することの中でなにが自分にとって発見となったか，1000 字以内で論述せよ．
4 本授業の経験が，今後のあなたの生活のどのようなところに影響していくと考えるか，1000 字以内で論述せよ．
5 上記以外に，今回の授業に関して特記しておきたいことについて，「独自の項目（問い）」を立てて自由に論述せよ．

ここでは，3 年分のレポートの中から，いくつかを紹介する．まず授業の意義についての意見である．

> この講義で得られる一番有益なものはこれらのテーマに関する知識や学説そのものではないことに気がついた．むしろ，この講義の中で我々は自らの思考のうちに潜む傾向やバイアス，他者の相容れない意見を相容れないものとしてそれでも受け入れるという姿勢を見つめ返すことが求められ，それを一番のレッスンとして受け取るのが最も実りのある学習であろう．この点においてこの講義はまさしく「教養学部」の講義であり，後期教養課程のコアな科目として策定されたことにも納得がいくと感じた．（c さん）

> 本授業の経験が，今後の自分の生活に影響してくると思われる点はまず，実際に常に意識するというのは難しいと思われるが，特段の説明もなく当たり前とされているものを当たり前だとは考えなくなるだろうということが挙げられる．（μ さん）

考えることや議論をすることの楽しさについての言及も多く見られた．

　この授業を通し，自らの頭を使って物事の本質に近づこうとし，そのこと自体にある種の楽しみと興奮を感じることができた．私の中で「考える」という言葉の意味が，以前は「用意された一つの答えにたどり着こうとすること」であったのが，「答えのない問いの中でもがくこと」へと変化していることに気付いた．よって，今後私は，できるだけ外の文脈での解釈から脱却し，自ら物事の本質に近づくようになると思う．（αさん）

　私がこの授業を受講する前後で最も変わったことといえば，「考えることが前よりも好きになった」ということである．……初めは正直に言うと問いの大きさのあまり「面倒だな」と思ってしまう一面もあったが，だんだんと自分の中で「ああでもない，こうでもない」と考えをこねくり回し，深めていくことが楽しく感じられるようになってきたように思う．（Iさん）

　議論することについての耐性がついたと考える．東京大学に限らず多くの日本の大学の授業形態はマス形式であり，基本的に議論をすることはなく，前期課程の授業が主にこの形態だった．この授業ではまず答えが容易に決められない，賛成反対がはっきり分かれる問いが用意され，まずは問いの定義から始めなければならず，最初の頃はもどかしい思いもしていた．しかし，他者の意見をまず素直に受け止めて，これにどのように効果的に反論するか考えていくうちに議論の進め方に慣れてきたと感じるようになった．（Nさん）

　授業も後半になるにつれて，皆の意見が一致しなくてもその考え方の違いや視点の違いが面白いと思うようになり，問いに対する答えを考える過程や議論することを楽しめるようになった．どこかに答えが存在するわけではないし，皆の意見がひとつにまとまるわけでもない，そのような問いに答える難しさを楽しめるようになった．様々な意見を受け入れられるようになったということかもしれない．これまで答えの存在する問題を「解く」ということの方が圧倒的に多かったため，その考え方から抜け出すことは容易なことではないが，この授業はそのひとつの練習になった．容易に答えが決められない問いを議論するなかで，私はこれまでいかに自分が意見を持たずにいたかに気づかされた．（nさん）

　議論の際に相手がどういうことを意識しどういうことを主張しているのかを考え

る癖が自分の中に生まれたということだ．自分の中にその議題についての何かしらの固定観念があるとき，それを払拭することが場合によっては必要となることもあるが，一見大変そうでもそれは普段から意識しているとそんなに難しいことではないのだろうと思えるようになった．というのも，今回の授業でも，相手の主張をしっかり受け止めてより広く視点を持つことで，すんなりと納得し，自分の意見が変わってしまったことが多々あったからだ．……生活の中で普段当たり前だと思っていることや特に疑問を感じなかったことに対して積極的に，なんでだろうを繰り返せるようになることは大事だと実感できたし，実践していきたいと思っている．
　（mさん）

　また，授業では「問いを分析する」「言葉の1つ1つを吟味する」「問いを分類する」「論を組み立てる」「立場を支える根拠を明らかにする」「前提を問う」「立場を入れ替えてみる」「複数の立場の往復」の8つの演習[1]を意識しておこなってきた．それぞれの項目について，学生が自分の言葉でまとめてくれたものがレポートの中に多く見られたので，以下に紹介する．

「問いを分析する」

　　今までは，あるテーマで議論が開始されたときに，それ自体を疑ったり，その意味を明確に定めたりした上で本題に入る，ということがあまりなかったように思う．「Aという問題を解決するためにはどうすれば良いと思いますか」という問いに対し，Aとは具体的に何なのか，そもそもなぜこのような問いが成立しているのか，なぜAを解決しなければならないのかなど，ある問いを取り巻く前提条件に目を向けることは多くなかった．あくまで「問いに答えること」に対してのみ忠実であろうとし，曖昧な文面を咀嚼吟味せず受け入れ，理解したふりをしてそれらしい見解を述べる．ある問いに対するこのような姿勢が，過去の自分には当たり前のこととして存在していたように思う．しかし，この授業を通し，言葉の定義一つ一つにまで神経を尖らせなければならない状況に追いやられた．なぜなら，そこまでしなければ必然的に論理的になることはできず，相手が真に納得するような（真の納得はそもそも不可能かもしれないが）説明をすることができないからである．
　　ある問いが与えられたときに，「その問いに答える」という作業を誠実に実行するための「環境」をまず整備すること．このプロセスを放棄すれば，問い自体がグ

1）　石井洋二郎，藤垣裕子『大人になるためのリベラルアーツ』，前掲書，273，274頁．

ループの中で統一・共有されない曖昧なものとなり，各自が自分の価値観で問いを受容し一見まとまりのある議論でも実際は内実を伴わない空疎な会話と化してしまい，仮に結論が導き出されたとしてもそれは非常に曖昧模糊としたものとなる．このように，「問いの答えに対する思考の動員のみならず，問い自体にも目を向けて思考」してはじめて，まとまりのある議論を展開し，筋道の通った主張を行うことができるということに気付いた．（αさん）

「言葉の1つ1つを吟味する」

　この点については，言葉への感受性が上がったという形で学生レポートの中で表現されていた．

　　言葉，あるいはその言葉が持つ意味に対する感性がついた気がする．例えば「グローバル人材は本当に必要か」という議論では，まず「人材」という言葉に違和感を持つ人が多くいたことに驚いた．私自身はこの言葉について何の違和感もなかったのだが，「人材」という言葉が「企業にとって」あるいは「国家にとって」有益な人間であることを指しているのではないかという指摘があった．同時に中国からの留学生の方が，中国で「人材」になれたら誇るべきことだというコメントも非常に興味深かった．同じ日本人でも言葉に対する認識が異なるのに違う文化圏の人であればさらに違う意味合いを考えるという点で興味深かった．……このように，言葉の中には「〜に対する」や「〜にとって」，「〜の場合において」といった対象・場面を想定しているものがあり，これらを考える際には必ず，その対象が何なのかということを認識する必要があると感じた．普段私が何気なく使っている言葉に対するなんとなくのイメージで議論を進めるとかみ合わないことがあるのは納得であった．（Nさん）

　　本授業で得たものの中で最も大きいと思うのは，言葉に対する感度が上がった点である．まず，この授業では答えが容易には出ない問いについて考える中で問い自体の言葉の意味合いに注目することが多かった．グローバル人材の必要性について考えるにあたってグローバル人材とは何かを考えたり，絶対に人を殺してはいけないかについて考える中で「絶対に」の意味を考えたりといったことである．問いの意味合いについて考えるだけで各自違った見解があり，考えが膨らんだ．例えば「人材という言葉自体が人を道具として見ているようで嫌いだ」という意見や「人材という言葉は元々雇用主側から見た視点である」という意見は今までの自分にない視点だったが，確かに「グローバル人材になりたい」と言う時点でそれはグロー

バル人材として「使われたい」という意図を含んでいるのではないかと新たに気づいた．このような考えの膨らみ方は，試験で聞かれるような問いから答えまでの道筋が決まっている問題に取り組んでいる時には決してないものである．世の中には沢山の言葉が渦巻き，また毎日沢山の言葉が生み出され，それが良いものか悪いものかもなんとなく決められてしまっている（例えば「グローバル人材」は普通良いものとして捉えられる）．このような言葉の渦の中で生きていると一つ一つの言葉について深く考える機会はなかなかなくなってしまうが，言葉を見つめ直してみることでその裏に隠された意図や事情を読み取れるようになると，同じ言葉一つからでも考えが深まるのだということを学んだ．（k さん）

「問いを分類する」「論を組み立てる」

　様々な場において問いが投げかけられるが，その問いがどれだけ意識的になされているかというのは完全に人や時，場合によって異なるだろう．自分自身，絶えず意識できているわけではない．ただ，問いに対しての意識を明晰にしておかなければならない場というのが学問の場だろう．論文などを書く際に問い自体が長くなりがちであるが，それは問いというもの自体がその前提における問題を含んでいるからではないか．一定の前提に立ち，その中で問題点が見いだされ，最終的に答えがなされるのである．今回の授業はその点が難しかった．というのは，問い自体の中で，いわば問いの前提を自明視した上で論点がたてられている場合と，問いの外にも出るような形で論点があたえられ，その論点に答えていく中で問いの持つ前提自体を疑う場合との2つの場合が入り混じっていたからである．その結果，話し合いを行うに際してしばしば混乱があったように思えるし，私自身としては思考を広げようという試みの中で，理屈じみた答えをしたことも多かった．問いを与えるものは，問いを与えるという行為の重大性を理解しなければならないのである．その上で，異分野間，多分野間での協力において最も困難なことは一つの問いにたどり着くことそれ自体なのではないか．（K さん）

　議論の枠組みや考え方を一段メタに昇華させて論じてきた気がする．問いに対してメタなかたちで考えることが好きな自分は，問いに直接的に答えているのかよくわからない，いわば「ひねくれた」思考法をとっていると時に感じるが，それでもやはりこの見方は重要なのだと思う．「大人になるためのリベラルアーツ」では 12 のテーマから様々な問いが設定されているし，授業ではそれらも含め 11 のテーマを扱った．……テーマは材料なのである．それぞれのテーマを下へ下へと掘り下げ

て議論していくことは，そのテーマの理解には一番近道である．しかし，もしそのテーマに纏わる知識や意見を全て網羅し理解したとしても，テーマが変わればまたそれを一から繰り返すというのではあまりに非生産的であるし，何より面白くない．自分の考えたことを「一段上」に昇華させることで，ようやく自らの考えが深まったと言えるのではないだろうか．「自分と彼との意見の相違はどういう背景から生まれてくるのだろうか」「なぜ今自分はこの考えを発想したのだろうか」「11 の議論の中で自分の主張に通底したものは何だったか」「通底したものがあるとしたらそれはどんな理由から説明できるのか」．このように議論を上へ上へと持ち上げていく姿勢がリベラルアーツには必要なのではないだろうか．例えば他人と意見の食い違いが生じた時に，単に相手を説得しようとする前にその相違の背景を考える．そうするとより俯瞰的な視点から議論を相対化できる．相対化された考え方は，特定のテーマのみならずあらゆる議論に応用できるものになるだろう．（ε さん）

「立場を支える根拠を明らかにする」「前提を問う」

　授業で取り扱った質問の問い方というのは，yes/no クエスチョンで答えやすいが個々人出した答えの裏にある自身の論理をより深堀していくため，同じ答えでも理由が異なったりしていて非常に興味深い．これがどう役に立つかというと，人を理解する際，どのように思考を組み立てているのかを観察することが重要であると思っており，本授業で扱ったようないたって一般的な議論のテーマを提起することによってそれが可能になるのではないかと思った．（η さん）

　他専攻の学生の方々と議論する中での最大の発見は，日頃自分がいかに無意識に偏ったものの見方をしているかということである．第一に，自分の専門分野の知識を改めて言語化することの難しさと意義を感じた．教養学部は少人数授業が多く主体的な議論に参加できるという点で非常に魅力的な学部である．一方で，そのような議論は同じ学科で同じ分野について学んでいる人同士で進められるため，暗黙の前提や授業で学んだ予備知識が知らず知らず入り込んでしまうことがある．しかし，実際にこの授業を通して他学部の学生と意見を言い合うことにより，今まで見過ごしていた自分の意見の土台を再確認し，専門知識のない人にもそれを短時間で一からわかりやすく伝えようと努力するようになった．「わかりやすい」説明は専門用語を使用した説明より難しいことが多く，伝え方を工夫することができた．このように，私は他専攻の学生の方々という聞き手の存在を意識し，自らの暗黙の前提に立ち返りながら議論をすすめることができた．（P さん）

「立場を入れ替えてみる」

　これについては，とくにロールプレイの演習（「代理出産は許されるか」の回)[2]の感想としての意見が多くよせられた．この回では，ロールプレイの第1ラウンドとして，6つの配役（依頼者，代理母，担当医，斡旋業者，子の人権擁護者，政府の高官）のうちどれか1つを当日学生に割り当て，5分の作戦会議のあと3分間で，割り当てられた役を演じてもらった．次に第2ラウンドは，ほかの学生が演じた役から自分の役への批判を受けて，自分の役への批判に反論することをおこなった．最後に第3ラウンドで，自分が演じてきた役を批判するということをおこなった．

　　　たとえば「代理母出産は許されるのか」について，授業ではロールプレイを通して議論した．もしこの授業を受けなければ，私はこの問題を一生考えることがなかったかもしれない．ところが，「子どもの人権擁護者」という立場で問題を考えてみると，まるで当事者のような気持ちで受け止めることができた．そもそも，私は人権というものが名目以上のどんな効力を持っているのだろうかと懐疑的だった．そして，そこで思考が止まっていた．しかし，ロールプレイでは嫌でも人権というものに向き合うことになった．（aさん）

　　　更なる問題理解のためのロールプレイを経て気づいたことが数点あった．まず，ロールプレイという議論の形式に対し，小学生でもできる子供だましのようなものだと当初は思っていたが，実際に行ってみると自身の役割・視点を固定することで異なる立場の人々の意見をより現実的に捉えることができ，議論の発展に大いに役立ったように感じられた（これは授業前に自分一人で参考資料を読んでいたとき，視点が定まらないがために現実的な問題として様々な立場の人が存在することを考えられず，取り留めのない思索に終始してしまったことと対照的であった）．（qさん）

　　　ロールプレイをした前後で意見がガラリと変わってしまった自分自身に対しての驚きが強かった．私は元々の自分の立場とは真逆の役割に当たった．……さらに，自分の主張を述べるとき，結構偏見だとか，思い込みで述べていることが多いのかもしれないと思った．そしてそれにすら気づいていない場合が多い．その偏見がかなり自分に特徴的なものだったりしたら，グループワークで他人から指摘をしてもらえれば解決するかもしれない．しかし今回の代理母出産のように，大多数が良く

---

[2] 石井洋二郎，藤垣裕子『大人になるためのリベラルアーツ』，前掲書，第5回所収．

ないものだと考えていると，それもまた「学生」だから持ってしまう偏見かもしれない．しかし学生に共通する偏見の場合それを指摘してもらうことができない．そのため他の考え方を見つけにくい．そういう時は，今回のロールプレイのように，視点を無理やり変えることで，自分の中に新たな意見を持つことができる可能性があるということを実感した．特にロールプレイは，その境遇の人になりきるため，学生という立場からの考えだと思いつきもしないことが出てきたりするものだと思う．（mさん）

「複数の立場の往復」
　この項目については，上記のロールプレイの第3ラウンド（自分が演じてきた役を批判する）を受けて以下のような意見があった．

　　自分が演じた役割を批判するという経験は，なかなかないものであり，非常に面白かった．と同時に，自分の最初の主張がいかに根拠の弱い主張であったかに気づいた．最初の主張を発表した時にはそれなりに自信を持って発表したつもりが，いざ批判を考えて見ると，意外と思いつくことができた．もちろん批判を思いつくことは容易なことではなかったものの，不可能なことではなく，自分の主張の根拠作りの甘さを痛感した．そして，自分の主張をより説得的にするためにも，こういった擬似的な批判をすることの大切さに気づけた．こうした2つの気づきができた点で代理母の出産の是非をめぐる議論は強く印象に残った．（lさん）

その他に授業の影響として，思考の言語化の意義，議論の意義についての言及があった．

　　思考を言語化することの難しさ・大事さをより強く認識するようになったことである．本授業を受ける前まで自分はどちらかというと答えのある問いを中心的に考えてきたが，本授業で答えのない問いを議論することを通じて，答えのない問いを考える上で自分の頭の中の思考を言葉にすることがいかに難しいかを実感した．……言葉にすることで相手との議論に発展が生まれて，自分では気づきもしなかった新たな観点が見えてくることもあり，そのような新たな発見は自分の思考をより進んだものにしてくれる．こうしてお互いの思考は議論が進むにつれて，お互いに共有されていき，最終的には一定の結論のようなものに至ることができるわけだが，この過程で一番肝要なのは，やはり，大前提である自分の思考を言語化することだと感じた．本授業を受ける前までは思考の言語化など意にも留めなかったというの

が正直なところで，そういった意味では本授業は，自分に新たな知的な刺激を与えてくれたように思う．（ζさん）

　（自分には）「議論における意見は相手に意図が伝わってから初めて意味を持つ」という前提があった．授業を受ける中でそれが必ずしも正しいわけではないことに気づいた．つまり，確かに伝わるに越したことはないのだが，伝わらなくても議論に貢献できる可能性があるのだ．……同じトピックについて深く議論しているとき，適切な言葉遣いが浮かばないことがある．また，その言語化はできていても今一つ決定力にかける意見が浮かぶこともある．そんな時にメンバーの「ぱっと思いついた意見」がその助けになる場合が存在するのだ．そして，このことは議論の楽しさに繋がる．楽しい議論が必ずしも建設的な議論を意味しないのは，ただ単に他人が思うがままに話す考えを聞いているだけで自分の考えが豊かになることがあるからだ．「何でも思いついたことは言おう」の重要性は単にメンバーに議論への参加を促す標語ではなく実りある議論への手掛かりでもあった．授業後は，思いついたことを稚拙であっても口にすることのハードルがとても小さなものになった．（εさん）

市民性と市民教育

　レポートの中には，市民性教育についての言及もあった．

　日本以外にもバックグラウンドを持つ学生がおり，彼らと話す中で日本と海外での認識の差を感じることもあった．例えば，「飲酒年齢を18歳に引き下げるべきか」という議論では，中国から来た留学生の提示してくれた，中国では飲酒に年齢制限がないということが興味深かったし，結婚年齢が中国では男子22歳女子20歳ということで日本との差異の理由を考えることも面白かった．フランスで中等教育を受けた方との議論では，彼女の言葉から頻繁に「市民になる」あるいは「市民であること」という言葉が出てきたことが印象的であり，市民革命の発端の地であるフランスでの教育のあり方を垣間見るようで非常に興味深かった．このフランスのバックグラウンドを持つ方と中国からの留学生の「市民」についての考え方が正反対であったのには驚いた．（Nさん）

　政治への関心だが，本授業では，想像以上に関心を持っている人，成人を迎えても選挙に行った人が少なく，非常に驚いた．日本の学校には，体系的な市民教育が欠如していると思われる．フランスでは，中学校から市民教育科（éducation citoyenne）が始まり，高校に上がれば政治の話題が文学や哲学の授業で出てくる．特定のイデオロギーについて学ぶのではなく，政治に関する知識や考え方を身に着けていくため，教育現場には欠かせないものだと思っていたが，日本にはまだほとんど根付いていないことに今後の課題の重さを感じた．（Lさん）

異分野で議論することの意義

これについてはさまざまな角度からの学生からの指摘があったので，以下に紹介しておく．

　本授業を受ける前と後で自分の中で最も変化した点は，異分野を学ぶ人と議論をすることに楽しさを見出せるようになったことである．今までは演習の授業などで同じ科類・同じ専攻の人としか議論をしたことがなく，共通の知識を前提とした同じような思考回路での議論であった．しかし，この授業では理系の人もいれば同じ文系でも全く毛色の違う人文系の人もいて，自分の専攻に関連することを話すには最初から噛み砕いて説明する必要があったし，相手の言わんとすることを理解するのにも苦労した．それでも楽しいと思えるようになったのは，専攻の異なる人との議論が刺激に溢れていることがわかったこと，自分の専攻について伝える技術をおぼろげながら獲得できたことが関係していると思われる．（Pさん）

　専攻が違うとこんなにも視点や発想が異なるのかということに驚かされた．当初は，同じ文章を読んできて同じ問いに答えるのだから同じような意見が出るのだろうと思っていたが，その予想は裏切られた．各人が各々の知識や思考の枠組みを基に，自分では知らなかったことや思いつきもしないような意見，自分にはない視点での発言を出しており，大変面白かった．また，各テーマに対する理解の幅も深さも広がり，例えば同じ学科の者同士で議論するよりも良い議論になったと思う．もともと，グループワークは一人での作業よりも多角的な視点が得られてうまく取り入れると効率が良いものだと思っていたが，異分野間のグループワークはこの極地にある．この点から考えると，日本の学問は異分野同士の交流が少ないというのは本当に残念だし，憂慮されるべきことだと思う．（Qさん）

　私たち一人一人，ある意味では自分自身という，あるいは自分の専門領域という無人島の中にこもってしまうときがあるのではないかと思う．まだ専門領域を勉強し始めて3ヶ月ばかりしか経っていない自分のことを振り返ってみても，それは当てはまる．自分の専門領域の中でものを考え，勉強したものを自分のなかで再構成

し，自分が語る言葉を選びとり，自分の知覚世界を言説に転換していくのであるが，自身が構築した言説と相容れない考えや論理を受け入れたがらない自分がいることに，異分野の学生との対話で気がついた．気づかないうちに，私のなかで，自分が知覚しないものが存在しないものへと転落してしまっていたとも言える．自身が知覚し言語化できるものと，そうでないものの間の相互移行が欠けた状態が長く続くと，自身の見ている世界と見ていない世界の間の溝が広がっていく．その溝は，見ていないものは受け入れたがらないという対立関係へと容易に転じうるのだと，強い危機意識を感じた．（Gさん）

　この授業を受ける前は，自分の専門でない領域について議論する事に抵抗を感じていた．それは，どうせ知識が足りずに議論として成立しないだろうという諦めと，その領域を専門とする人々に知識もないくせに首を突っ込むなと一蹴される不安があったからだ．しかし，授業中の議論を通じて，知らないからこその発言が新しい視点や本質的な問題を内包し，議論を展開させていく糸口となりうることを発見した．また，議論の参加者にその議論を充実させようという共通認識があれば，他分野の人間に対しても，理解可能な言葉でかみ砕いて専門についての説明を提供し，専門外からの発言も受け容れてくれるということが分かった．逆に言えば，議論を成立させるためには，しかるべき「聞く態度」を示していく必要があるという事に気付いた．この場合，「聞く態度を示す」ということは単に相手の話を聞くという事ではなく，他者に対して開かれた語りをし，他者の発言に対して真摯に応答することだ．この授業をきっかけに，私は自身の「聞く態度」を見直すようになった．（Fさん）

　「人工知能研究は人為的にコントロールすべきか」では特に私の卒業研究の内容である人工知能についての議論だったので，強く異分野の学生を意識することになった．率直に言えば，まず思ったのは「そんなことも知らないのか」ということだった．当然のことであるが，専門分野として学んでいる私とそうでない文科系の学生では知識の分布が異なる．ただ，人工知能という分野における私と彼らの知識の差は私が思っていた以上に大きかった．しかし，いざ話してみると事前の知識の量はあまり関係なく，スムーズに前提を共有して建設的な議論ができたように思う．もちろん技術の細かい部分まで踏まえて話し合うことはできなかったが，社会と技術の関わりや倫理についての議論において支障はなかった．
　ここから気付いたことは三つある．一つ目は，私が自分の専門分野の知識を過度に一般的なものだと思い込んでいたのではないかということだ．専門分野について

は毎日のように学んでいるので，ついついその知識を当たり前のように思ってしまいがちである．二つ目は，私も自分の専門分野以外の学問で基礎的な知識が不足しているかもしれないということである．もちろん，他の専門分野についても広く学ぶことは重要である．ただ，時間は有限である．他の専門分野に詳しくないのはお互い様なのだから，自分の専門分野に関しては丁寧に知識を共有して話さなければならない．逆に言えば，それさえできれば建設的な議論ができる．三つ目は，マスコミュニケーションによる科学技術に関する報道が不十分かもしれないということだ．ここ数年というもの，人工知能の研究はわかりやすい成果を出しており，報道も頻繁に目にする．しかし，成果についての報道が主であり，原理や手法に触れることがやや少ないのではないか．原理や手法について報道が十分であれば，技術を過大評価することなく向き合うことが容易になるだろう．（a さん）

　この授業で差異について一番はっきりと学んだのは，「コピペは不正か？」のテーマで議論した回である．それぞれの分野における引用の意味について語った際には，表象文化論の分野では手紙が研究の出発点として重要な材料になることもあるという話に，普遍性を追求するのとは異なる学問のあり方を学んだ．また，地域調査においてインタビューをする際のことで，その時点における回答というものをとり直すことはできないので回答の不完全な部分は解釈によって補うが，それは必要なことでデータの不正な使い方ではないという話には，再現性を不可欠な要素とする自然科学とは異なる学問のあり方を学んだ．分野による差異というのが想像以上に様々な種類にわたっていることに気づけたことで，異分野の人と話す際には自分が学問の前提としている部分にまで立ち戻ってどこまでが共通理解かを丁寧に確認しながら意識をすり合わせていく必要があるのだと感じるとともに，異分野の人と話すことで新たな考え方を得られるという面白さを知ることができた．（k さん）

　この授業での議論を通じて自分の持っている人文系の知識や考え方が，道徳や人の心を無視した極端な合理主義や利益中心主義に人間が走ってしまうのを阻止する働きがあるということに気づき，自分の勉強する人文系学問がバランスのとれた社会を作るのに不可欠であることを自覚しました．具体的に言うと，周囲の方が合理性を重視した議論を展開する中で，自分の勉強してきた文学や心理学，教育学といったものから現れてくる人間一般についての知見によって，合理性が致命的なレベルで犠牲にするものに目を向けさせることができていました．今までは享楽的な学問しか自分はやっていないと思っていましたが，自分の勉強してきた学問は一見すると役に立たないように見えても，人間が社会を形成する限りにおいて我々が切っ

ても切り離せない人間の性質をよく反映するものだと気づきました．また，自分は役に立たないと思っていた申し訳なさからあまり他分野の方と交流することがなく，外部からの批判も怖かったので外部情報もあまり取り入れることもなく，殻に閉じこもりがちでした．しかし，そのように自分の勉強している内容が社会において非常に重要な役割を負うことができると実感をもって自覚することができたので，今後研究をしていくにあたって積極的に自分の研究内容を外部に発信し，外部の情報に目を向けようと思えるようになりました．（gさん）

　そもそも効果的な異分野交流とはどのようなものか．おそらく異分野交流をするということは，何か一つの最終ゴールにたどり着くことが目的というよりも，それぞれの固定されていた価値観や先入観が少しほぐれ，多角的に物事を考えることができるようになるということに目的があり，それが達成されることが効果となると考える．そのため，私は，互いにそれぞれの分野をある程度理解してから交流をすることが効果的な交流を行う上で必要であると思う．自身の視野を広げるには，そもそもなぜ自分がそのような固定観念に囚われていて，そしてそれ以外にどのような思考プロセスがこの命題に存在するのかということを理解しなければならない．しかし他人が考えた思考プロセスそのものだけを納得しても深い理解は得られない．他分野のその人がそのような思考にたどり着いたのは，今までその人がどのようなことを学んできたのかに深く依存するため，彼らの領域を少しでも理解してから交流をすることが真に理解しあえるために大事なことであると考えている．（mさん）

　多様な学生が本授業を履修していたが，専攻が異なるだけで思考の様式も随分と違ってくるものだなというのが率直な感想であった．そして，そのような他学部の学生との違いを実感すればするほど，自分も，国際関係論を専攻する自分にしか思いつかなさそうなアイデアを提示しようと躍起になるわけだが，授業が終わってみれば，そのような相手との違いを生み出そうとする過程で，自分は自らの専門について今一度深く考えるようになっているのだということに気づいた．私の場合，専門は国際関係論であり，その中でも特に日中関係を関心としていたため，与えられた問を，一見全く関係がなさそうでも，国際政治や国際法などの社会科学の学問から捉えることはできないかと模索し，日本や中国など社会科学とは異なる軸からもアプローチをしようと試みた．このように，異分野の学生と議論を交わす中で，自分との違いを意識して，そこから自分の個性を発揮しようとすればするほど，自分の専門分野により真摯に向き合うことができるようになり，結果として，自分の専門に対する理解が深まるほか，その学問の全く新しい側面を見つけることさえも可

能となるのではないかと感じた．（ζ さん）

おわりに——後期教養教育の展望

　本書は，2016 年 2 月に東京大学出版会から出された『大人になるためのリベラルアーツ』の続編である．2016 年から 2018 年まで 3 年分の「異分野交流・多分野協力論」の授業の記録をもとに編集されている．複数の年度にわたって開講することで，同じテーマで議論しても学生が異なると議論展開もそれぞれ特徴あるものになるということを，教師として満喫した日々であった．たとえば，「コピペは不正か」の回は合計 4 回繰り返したが，2015 年度の学生は前著にもあるように研究倫理の授業として読む・聞く・大勢で議論する・研究室で議論する，の 4 種類に分類したのにたいし，2016 年度の学生は「自然科学系では情報をコピーするのにたいし，人文学では思考をコピーするのではないか」「同じデータにたいして異なる解釈をする場合，どこからが不正かの境界作業[1] が出てくる」「引用する＝議論する場を作ることではないか」といった論を展開した．2017 年度は「異分野の細かい不正はわからないので，同じ分野の人同士で細かい不正を議論すべき」派と「閉じられたところで議論していても不正について実感がわかないので，異分野の人と議論すべき」派に分かれて議論を展開した．2018 年度は「そもそもなぜ初期のころに引用は献辞とされたのか」について議論した．各学年ともに特色ある議論を展開してくれたため，教師の側は授業をしながら過去 4 年分の学生たちの顔を想起するというなかなか得難い経験をした．

　教師にとって本書にあるような授業は，学生の反応にたいして臨機応変に応答しなくてはならず，準備した講義内容をただ一方的に話せばよい授業に比べて，思考の瞬発力が必要とされる．その意味では準備ができる通常の授業のほ

---

[1] 境界作業とは，境界が「はじめからそこにある」とするのではなく，「人びとが境界を引こうとする」作業を観察することを指す．T. Gieryn, *Boundary of Science, Handbook of Science and Technology Studies*, Sage, 1995.

うが楽であるといえよう．学生が投げてくるどんな球にもその場で対応する力は，「いついかなるときでもみずからの知識を総動員して他者に簡潔に説明でき，かつみずからの思考の囚われを解放し，的確な判断を下せること」[2] という教養の定義そのものである．こうした授業では，教師の側の教養も問われることになる．

続編を編むにあたって注意したのは，科学技術の最先端の発展に市民として（あるいは専門家として）どう向き合うか，という問いをていねいに準備し，議論したことである．前著への批判として「いわゆる理系の学生が少ないせいか，自然科学に立脚した意見があまり観られず，議論の幅はやや狭く感じる」という意見をもらったことも参考にした．具体的には，環境・医療（生命科学）・情報・軍事の各分野のテーマについて議論した．これらは私の専門であるSTS（科学技術社会論）に関連する課題でもある[3]．科学技術の発展とどう向きあうかは，後期教養教育において大事な側面の1つである．

筆者は，前著を刊行したのちにいくつかの大学および研究会でこの本の紹介をし，また大学院での授業実践をおこなってきた．これらの経験からいくつかの論点を紹介したい．

1 プロのための教養教育

研究会での講演の中でもとくに印象に残った2件についてここに記しておく．1つは，医学系研究科のある教室の研究会で「医療関係者への教養教育——試論」について話したこと，もう1つは原子力関係のある研究会で「技術に係る専門家への教養教育——社会と技術のよりよい共存にむけて」について話したことである．前者は医師の教養教育，後者は技術者の教養教育といってよいだろう．

---

2) 石井洋二郎，藤垣裕子『大人になるためのリベラルアーツ』，前掲書，271頁．
3) STS（Science and Technology Studies あるいは Science, Technology and Society）とは，科学と技術と社会とのインタフェースに発生する問題について，社会学，人類学，歴史学，哲学，政治学，経済学および科学計量学，科学技術政策論などの方法論を用いて探求をおこなう学問分野であり，伝統的な専門領域に拘束されずに学際的にアプローチし，知識論，政策論，技術の使用と発展，科学の公共理解，科学コミュニケーションなどの研究を展開している領域である．http://www.4sonline.org/society

医師にとっての教養教育について考えるきっかけとなったのは，2011年の東日本大震災後の原発事故に関連して，2013年5月にIAEA（国際原子力機関）の応用健康部部長にウィーンに招聘されて参加した専門家会合での経験である．放射線の健康被害とその社会的影響をめぐって，福島県立医科大学，広島大学，長崎大学，放射線医学総合研究所，そしてSTS研究者で議論をした[4]．そこで応用健康部長は私に，「福島で今医師と市民とのあいだにコミュニケーションギャップが起こっているのは，日本の医学教育における教養教育が不足しているせいではないか」と言った．当時，2013年度総長補佐として，東京大学における後期教養教育（専門を学んだ後の教養教育）の設計をしていた私は，まさかIAEAに来てまで教養教育の話を聞くとは思わなかったので，驚嘆した．応用健康部長はフランスで医学教育を受けているが，フランスでは医者の卵はフーコー[5]を読むのにたいし，日本の医師の卵はフーコーを読まないという．医学教育では，フーコーをふくめて医療人類学や医学史を教えるべきだ，それではじめて感情が鍛えられる，というのである．そして，「原子力発電所の事故を招いたのは原子力技術とそれを支える電力会社と政府であり，原子力をめぐる社会史には日本特有のものがある．そういうフレームの中で医師は市民と向きあう．ところが，医者は医学のフレームでしかものをいえない．市民がなにをかかえているのか，医学のフレームでのみ見るには限界がある．『今の医学のフレームを相対化した上で，市民のもっている問いに応えること』ができない．これができないのは医学教育のせいである」といったのである．ここで「今の医学のフレームを相対化した上で，市民のもっている問いに答えること」とは，医療関係者にとっての教養といえるだろう．医学系研究科の教室研究会で「医療関係者への教養教育――試論」の講演をおこなったさいは，このような導入の後に，『大人になるためのリベラルアーツ』の授業実践を紹介したところ，教室員からたくさんの真摯で情熱的な質問や意見を得た．

---

[4]　詳細については以下参照．藤垣裕子「学者としての責任とSTS」，『科学技術社会論研究』，第12号，2016年,157-167頁．

[5]　ミシェル・フーコーはフランスの哲学者（1926-1984）．『狂気の歴史』『監獄の誕生』などの著作があるが，一貫して知識と権力の関係，知に内在する権力の働きについてさまざまな角度から分析をおこなった．本書の中でも最終章のプライバシーと治安の回の議論の中に登場している．

技術者にとっての教養教育について考えるきっかけとなったのは，やはり東日本大震災である．日本は長年「科学技術立国」を謳ってきたにもかかわらず，なぜあのような事故を起こしてしまったのか．原子力研究，地震研究，津波研究では世界トップクラスの研究をしていながら，なぜそれを生かせなかったのか．これらの問いは日本人自らが自問した問いであるとともに，海外のSTS研究者から何度も問われた問いでもある．これらの問いへの答えの1つは，分野と分野のあいだのコミュニケーションが下手であること，そして各分野ではトップクラスの研究をしていながら，多様な知を結集することが下手であることである[6]．多様な知の結集には，研究者間の協力に加えて，研究者と行政のあいだの知の結集もふくまれる[7]．日本の専門教育は，各分野におけるトップクラスの研究をおこなう実力ある研究者やそれを支える技術官僚を養成するためには成功を収めたが，分野の垣根を越えて往復する力，他分野と協力する力の育成にはあまり成功していないのである．そのことが東日本大震災後に明らかになり，日本学術会議でも議論となった．そして，現在の日本の専門教育に欠けている分野の垣根を越えて往復する力や他分野と協力する力を育成するのが，まさに後期教養教育（専門教育を受けたあとの教養教育）なのである．このような話を原子力関係の研究会でおこなったところ，やはりフロアからさまざまな意見が出て，活発な議論となった．

　これらの研究会から得られたのは，こうした後期教養教育が，大学のみならず，プロとして働いている医療関係者や技術者にとってもおおいに必要とされているという手ごたえである．

2　大学院生のための教養教育

　もうひとつは，大学院レベルでの教養教育の実践である．実際に筆者は大学院生のためのプログラム（東京大学大学院共通授業科目：エグゼクティブ・プログラム15：平成29年秋学期）でこれを実践してみた．法学政治学，医学，工学，理学，農学，経済学，総合文化，情報理工学などの研究科の院生90名ほどの

---

6)　藤垣裕子「福島事故の背後にあるもの——科学技術ガバナンスでも世界に誇れる国か否か」，『日本原子力学会誌』，Vol.59，No.10，2017年，19–23頁．

7)　添田孝史『原発と大津波——警告を葬った人々』，岩波新書，2014年．

授業「大学院生のためのリベラルアーツ——専門家の社会的責任と科学コミュニケーション」で，まず専門家の社会的責任についての講義を50分ほどおこなったあと，大学院生を小グループに分けた．いくつかの質問についてグループで議論し，各グループからの報告をみなで共有する，ということを3回繰り返した．大学院生からは，「自分自身の研究が社会にどのような影響を与えるかを正しく認識しようともしていなかったことに気づいた」「普段接しない人と話すと意外な発見があった」「大学院生としての責任を考える貴重な機会となった」などの感想を得た．学生レポートからは，情報工学，経済学，農学，工学分野の交流例の他，工学と法科の交流例（工学系の院生が，暗号化研究でセキュリティを強化できると同時に技術者の責任の幅が大きくなると考えるのにたいし，法科大学院の学生は，社会に潜む問題に最高裁が判決を下すことによってそれが通説として浸透してしまうことの責任を考えるなど），経済と法科の交流例（経済系の院生が，ESG 投資[8]指標は金銭評価しづらいものの指標化であるため詐欺的企業による悪用の危険性があることを指摘したのにたいし，法科大学院の学生が，責任の「標準的見解」対「広い見方」[9]は，「予見可能性」の軸のみで区別しているが，この軸だけでなく「結果回避義務（可能性）」の軸を加えるべきであると主張するなど）が紹介され，教師の側にもさまざまな発見があった．大学院生向けのリベラルアーツは，東京大学においても今まさに構築の途中である．本書に収録した学部生向けの授業以上に高度な専門性を身につけつつある大学院生たちの議論は，具体性も高く，時に抵抗も大きく，しかしながら時に考察も驚くほど深く，このような授業を設計する意義を感じさせてくれた．

　このような授業は，実は研究倫理教育にも役立つ．研究倫理とは，べからず集を学習すること以上に，「自らの研究が社会にどう埋め込まれるか想像できる力」（社会的リテラシー）の育成が重要である．このような想像力があってはじめて研究不正が社会においてもつ意味と発覚したときの重大さを予測できるからである．上記の大学院生レポートに「自分自身の研究が社会にどのような

---

[8] ESG とは，環境（environment），社会（social），ガバナンス（governance）の頭文字をとったもの．投資の意志決定において，従来型の財務情報だけでなく，ESG も考慮に入れる手法は ESG 投資と呼ばれている．ESG 投資は責任投資（responsible investment）などの呼称もある．

[9] 本書第9章「学問は社会にたいして責任を負わねばならないか」参照．

影響を与えるかを正しく認識しようともしていなかったことに気づいた」とあるように，そのような想像力を身につけるためには，いつも話している研究室の集団以外の人間と話をすることが不可欠となる．

3 責任ある研究とイノベーション

さて，欧州連合による科学技術政策 Horizon2020 では，責任ある研究とイノベーション（RRI）を主要概念として掲げている．第9章でも説明したとおり，RRI は研究不正をしないことにとどまらず，「研究およびイノベーションプロセスで社会のアクター（具体的には，研究者，市民，政策決定者，産業界，NPO など第三セクター）が協働することを意味する[10]」．RRI のコンセプトの提唱者フォン・ショーンベルクは，「科学的発見も技術的イノベーションの結果も，特定の個人の意図に帰結させるのはむずかしい」ことから，集団としての共責任（collective responsibility）を考えた．そして「共責任の倫理とは，学際的で文化共通のものであり，相反する職業上の役割責任のあいだのバランスをとり，評価の判断基準を提供するものである」とする[11]．このようなバランスは，リベラルアーツおよび教養[12]についての論客の一人である斎藤兆史[13]によるバランス感覚（センス・オブ・プロポーション[14]）と呼応している．したがって，RRI はリベラルアーツと関係してくる．

---

10) https://ec.europa.eu/programmes/horizon2020/en/h2020-section/responsible-research-innovation 参照．
11) R.Von Schomberg, "Organizing Collective Responsibility:Our Precaution, Codes of Conduct and Understanding Public Debate," U. Fiedeler, *et al.* (ed.), *Understanding Nanotechnology*, AKA Verlag Heidelberg, 2010, p.62.
12) 教養を論じるときに避けて通れない概念として，少なくとも以下の3つのものがある．1つは本書でも扱ったリベラルアーツであり，2つめは近代国民国家の形成とともに，ドイツを中心に大学の役割を定式化するために据えられた Bildung（人格の陶冶）概念に基礎をおくものである．近代産業社会の発展にともなって知識が断片化する力に対抗して，文化の「全体性」に向けて個人を陶治する力を涵養することこそ大学の使命とされた．その意味では，Bildung を源とする教養概念はきわめて国民国家主義的なものである．3つめは20世紀の米国で，専門教育と対置する形で言及されるようになった一般教育（general education）の概念である．すべての人が自由であることを掲げる民主主義国家アメリカでは，すべての構成員にたいする教育が必須であり，古代の奴隷制社会における貴族主義的理念構造をもつリベラルアーツ概念が批判された（藤垣裕子「後期教養教育と統合学——リベラルアーツと知の統合」，山脇直司編『教養教育と統合知』，東京大学出版会，2018年，37-76頁）．
13) 斎藤兆史は日本の英文学者．専門は，英文学，英学史，言語教育，文体論．

さらにRRI概念は，科学技術を開発する側の集団としての共責任を考えると同時に，システムとしての責任を考えている．かつ，さまざまな利害関係者（そこには市民をふくむ）の上流工程からの参加[15]のプロセスを重視している．RRIのエッセンスには，「議論を開く」「相互討論を展開する」「新しい制度化を考える」がある．閉じられた集団を開き，相互討論をし，新しい制度に変えていく，というRRIのエッセンスは，明らかにこれまでの日本の社会的責任論（集団を固定し，そこに責任を配分する）とは異なる．つまり，日本では固定している制度（institution）の壁の境界を外に開き，壁を再編する力をこの概念は秘めているのである[16]．上記のようなバランスをとり，日本で固定しがちな制度の壁の境界を外に開き，壁を再編するには，壁を所与と考えない人，既存の壁を再編する制度設計をする人の育成が不可欠である．そのような人の育成にリベラルアーツが必要となる．したがって責任ある研究とイノベーションの話は，リベラルアーツの話につながる．

　前著『大人になるためのリベラルアーツ』では，異なる専門分野の人との対話を通して，異なるコミュニティの考え方のあいだを往復することの重要性について説いた[17]．往復することによってはじめて，ひとつの視点に拘泥せず，別の視点からものごとを見られる力が身につく．本書の学生レポートの中でも，異分野交流の意義として「それぞれの固定されていた価値観や先入観が少しほぐれ，多角的に物事を考えることができるようになるということ」が挙げられていた．このような往復の力を身につけてこそ，壁を所与と考えない人，既存の壁を再編する制度設計をする人の育成が可能になるだろう．そこには，個人や組織の責任追及にとどまらず，新たな制度設計をおこなう力，制度・規則は

---

14) 斎藤は，原子力発電所，ダム建設，安楽死，……といった課題を1つ1つつぶさに検討してみれば，それぞれに細かい論点をふくんでおり，賛否どちらかの立場が絶対的な正義ではないことがわかること，そして正義を見極め，さまざまな視点から状況を分析して自分なりの行動原理を導くバランス感覚（センス・オブ・プロポーション）を身につけることが，教養そしてリベラルアーツを身につけることの1つの指標になるとしている（斎藤兆史『教養の力――東大駒場で学ぶということ』，集英社新書，2013年）．
15) 研究開発の開始→研究開発結果が製品としてできあがる→商品となって市場に流通するという一連の流れを上流→下流への川の流れにたとえ，研究開発の初期段階からの参加を上流工程からの参加とよぶ．
16) 藤垣裕子『科学者の社会的責任』，前掲書．
17) 石井洋二郎，藤垣裕子『大人になるためのリベラルアーツ』，前掲書，276–281頁．

自分で作るものという能動性，そして一度作ったものを作り換えることができるという意識（壁を固定して考えない）の醸成がある．

こうしたリベラルアーツ教育は，実はシティズンシップ教育[18]とつながっている．シティズンシップとは市民性を指し，市民が市民権を責任もって行使することを指す[19]．市民を単なる経済活動の中の受動的アクターとして見るのではなく，能動的な主体として見る見方である．たとえば米国には，気候変動の公平性（クライメートジャスティス）を唱え，自国をふくむ先進国のCO_2排出量規制をめぐる行動は負担の公平性という意味である種の不正義であると訴え，政府を動かそうとする活動がある．そういったことを能動的におこなうのがシティズンシップである[20]．またフランスでは，市民教育の一環としての教養が大事にされており，教養教育の主眼は，成熟したよき市民（シトワイアン）になることに置かれている[21]．この点は，本書の中でもフランスで高校教育を受けた学生からの「日本における市民性教育の不足」として問題提起されている（「授業を振り返って」参照）．

本書の中でも，第2章の成人年齢，第6章の民主主義，第10章の自由と公共性などの章は，まさにシティズンシップ教育の内容と重なる．さらに，第1章，第3章，第5章などの科学技術関連の章も，科学技術と社会の接点におけるシティズンシップ教育と考えることができる．

4　読書の先に要求されるもの

前著『大人になるためのリベラルアーツ』を刊行後，さまざまな場で教養について議論する機会を得たが，経済学者の柳川範之[22]先生との対談の場面で，

---

18)　現在，国際的に議論されている大学運営をめぐる3つの軸は，1つめがquality of research（研究の質保証），2つめがacademic-capitalism（大学が自らお金をかせぐことを考えることで，産学連携や指定国立大学制度などがこれにあたる），3つめがcitizenship教育（一般市民の市民性教育）である．したがって，リベラルアーツ教育は，大学運営における3つめの軸を担うことになる．
19)　第2章脚注12参照．
20)　アンドリュー・ドブソン『シチズンシップと環境』，前掲書．
21)　山折哲雄，鷲田清一「教養をめぐる，経済界トップの勘違い」．http://www.kokoro-forum.jp/report/toyokeizai0911/
22)　柳川範之は日本の経済学者．専門は金融契約，法と経済学．

大変興味深い論点が出てきたので，ここで紹介しておく．上述の第1項で「フランスでは医者の卵はフーコーを読むのにたいし，日本の医師の卵はフーコーを読まない」という話があったが，より深く考えると，実はフーコーを読むか読まないかの問題ではないのではないかという議論になった．つまり，フーコーを読むというのは，じつは答えの出ない問いや，今直面する課題に他分野の知識を応用する力を指すのではないか，という点である．フランスでは高校卒業時にバカロレア試験があり，その中の「哲学」の試験では，答えの出ない問いにたいして論述する力が問われる．前著でもバカロレア哲学試験を参考にして，答えの出ない問いを作成した．この試験の攻略本（日本でいえば大学受験の「赤本」に相当する）をパリで数冊購入して分析したところ，そこには「問いを分析する」「言葉の1つ1つを吟味する」「問いを分類する」「論を組み立てる」に類する作業が詳細に紹介されていた[23]．このような作業を繰り返して思考の訓練をすることが，成熟した市民を育成するのに役立っている．こういったフランスの背景を鑑みるに，実はフーコーを読むか読まないかが問題なのではなく，バカロレア哲学試験で鍛えた思考力をもってフーコーの著作を医師として医療活動に応用する力があるかないかがポイントなのである．

　つまり，教養とは，本を読んで知識を蓄えればよいのではなく，本を批判的に読んで鍛えられた思考力で，答えの出ない問いや直面する課題に応用する力を指すのである．こういう考え方は，企業に勤める一般社会人の教養にもあてはまることだろう．企業人に向けての教養教育を展開している日本アスペン研究所の方は，「日ごろ目の前の解法ばかり考えている思考に学問の側から相対化の視点を提供すること．これがアカデミアの役割であり責任である」といわれた．つまり目の前の解法から一歩引いてメタのレベルに立って，答えの出ない問いについて思考できる力が教養である．こうした思考力については，本書の学生レポートの中でも「たとえば他人と意見の食い違いが生じた時に，単に相手を説得しようとする前にその相違の背景を考える．そうするとより俯瞰的

23）　この4つについては，石井洋二郎，藤垣裕子『大人になるためのリベラルアーツ』，前掲書，274頁でもふれた．この4つの他に，「立場を支える根拠を明らかにする」「前提を問う」「立場を入れ替えてみる」「複数の立場の往復」の4つを加えた8点が，前著および本書の演習のポイントである．

な視点から議論を相対化できる．相対化された考え方は，特定のテーマのみならずあらゆる議論に応用できるものになるだろう」という指摘に表現されている．

このように考えてくると，「役に立つ」という意味に少なくとも2種類あることになる．1つは目の前の解法に「役立つ」ことであり，もう1つはその解法から一歩引いてメタレベルで思考する力を養う上で「役立つ」ことである．後者はすぐに役立つのではなく，ものごとを大きな視点でとらえなおし，より大きな視野で次の一歩を踏み出すために役立つのである．

5 異分野摩擦論を越えて——リベラルアーツの可能性

さて，本書のもととなった授業の名前は「異分野交流・多分野協力論」である．筆者は1995年に異分野摩擦について論文を書いたことがある．なぜ専門分野が異なると意見があわないのか，意見があわない原因として各分野の妥当性要求水準の違いを挙げ，異分野統合（学際研究）の可能性として妥当性要求の統合／並立／提言への利用の3つを挙げた[24]．妥当性境界[25]という概念は，異分野摩擦が起こる原因である妥当性要求水準の違いを説明するために作られた概念である．査読による掲載諾否の積み重ねによって，専門誌ごとの境界が作られる．この境界を内化すると異分野摩擦が起こる．

本書の学生レポートの中にも異分野摩擦が生じるメカニズムについて深い考察を示したものがあった．

> 自分の専門領域の中でものを考え，勉強したものを自分のなかで再構成し，自分が語る言葉を選びとり，自分の知覚世界を言説に転換していくのであるが，自身が構築した言説と相容れない考えや論理を受け入れたがら

---

[24] 藤垣裕子「学際研究遂行の障害と知識の統合——異分野コミュニケーション障害を中心として」，『研究技術計画』，Vol.10, No.1/2, 1995年，73–83頁．

[25] ジャーナル共同体（専門誌の編集・投稿・査読活動をおこなうコミュニティ）ごとに形成される．あるジャーナルに投稿された論文のうち，査読によってある論文は掲載許諾（アクセプト）され，ある論文は掲載拒否（リジェクト）される．この査読者の諾否の判断の積み重ねによって作られる境界を妥当性境界と呼ぶ．つまり妥当性要求水準ははじめからあるのではなく，査読の積み重ねによって作られるのである．藤垣裕子『専門知と公共性——科学技術社会論の構築へ向けて』，東京大学出版会，2003年．

ない自分がいることに，異分野の学生との対話で気がついた．気づかないうちに，私のなかで，自分が知覚しないものが存在しないものへと転落してしまっていたとも言える．自身が知覚し言語化できるものと，そうでないものの間の相互移行が欠けた状態が長く続くと，自身の見ている世界と見ていない世界の間の溝が広がっていく．その溝は，見ていないものは受け入れたがらないという対立関係へと容易に転じうるのだと，強い危機意識を感じた．（Gさん）

　同じ専門分野の人間だけの閉じられた空間のみで話をしているといつのまにか壁が作られてしまうメカニズムを，専門的概念を用いずに秀逸に説明している．第3項でもふれたように，このような壁の境界を外へ開き，壁を所与と考えないで再考するために異分野交流はある．つまり，異分野摩擦（専門分野が異なると意見があわない）は忌避すべきものなのではなく，リベラルアーツへの出発点なのである．
　異分野の人との議論を通して，まず「専攻が違うとこんなにも視点や発想が異なるのかということに驚かされ」る．次に，「日頃自分がいかに無意識に偏ったものの見方をしているかということ」に気付く．そして，「自分の専門分野の知識を改めて言語化することの難しさ」を実感する．そのことを通して，「今まで見過ごしていた自分の意見の土台を再確認し，専門知識のない人にもそれを短時間で一からわかりやすく伝えようと努力」し，「自らの暗黙の前提に立ち返りながら議論をすすめる」ことができるようになる．このようにして，「それぞれの固定されていた価値観や先入観が少しほぐれ，多角的に物事を考えることができるようになる」．この多角的な思考力が，第3項で述べたような壁を所与と考えないリベラルアーツの力の育成になる．この段落で用いた「　」内の言葉はすべて学生のレポートからの引用である[26]．
　このように，異分野交流・多分野協力[27]論の授業実践は，異分野摩擦を出

---

26) 同じことを妥当性境界概念を用いて言い換えると次のようになる．
　異分野の人との議論を通して，まず「専門が違うことによる妥当性境界の内化による違い」に驚かされる．次に自らの妥当性境界に気付く．自分の妥当性境界を改めて言語化することのむずかしさを実感する．そのことを通して，妥当性境界を再確認し，人に説明しようと努力し，暗黙の前提となっている妥当性境界に立ち返りながら議論を進める．このように

発点として,どのようにしてリベラルアーツの育成につながっていくかを如実に示してくれる.教養とは,本を読んで知識を蓄えればよいのではない.また,異分野の人との意見の対立をこわがっていてはいけない.本を批判的に読んで鍛えられた思考力と議論の実践で,他者との対立を生む自らの暗黙の前提に立ち返り,多角的に物事を考えることを通して,答えの出ない問いや直面する課題に応用すること.「いついかなるときでもみずからの知識を総動員して他者に簡潔に説明でき,かつみずからの思考の囚われを解放し,的確な判断を下せる」教養を,読者のみなさんが耕していこうとする上で,本書の内容がなんらかの形で参考になれば,著者らにとっては望外の幸である.

藤垣裕子

して,それぞれの妥当性境界が相対化され,多角的に物事を考えることができるようになる.
27) 逆の方向から異分野協力のアウトプットを整理すれば,異分野協力によって1) 新しいモノを作る,2) 新しい専門誌を創刊する,3) 社会にたいして提言をおこなう,4) 自らの前提を問いなおす,の4つの側面があることが示唆される.この4つめの視点がリベラルアーツである.

参考文献

以下に掲げるのは，各回の議論の参考になると思われる文献の簡略なリストである．およそ網羅的なものではないので，あくまでも本書を読むにあたっての読書案内，あるいは本書を用いてアクティブ・ラーニングを実践する上での参考資料として活用していただければと思う（各回とも，著編者名アイウエオ順）．

なお，本書脚注にある URL の情報は，とくに表記のないものはすべて 2018 年 12 月 20 日現在のものである．

第 1 章　気候工学は倫理的に許されるか

明日香壽川『クライメート・ジャスティス――温暖化対策と国際交渉の政治・経済・哲学』，日本評論社，2015 年．
江守正多他『地球温暖化はどのくらい「怖い」か？　温暖化リスクの全体像を探る』技術評論社，2012 年．
杉山昌広『気候工学入門――新たな温暖化対策ジオエンジニアリング』，日刊工業新聞社，2011 年．
服部英二編著『未来世代の権利――地球倫理の先覚者，J-Y・クストー』，藤原書店，2015 年．

第 2 章　成人年齢は引き下げるべきか

飯田泰士『18 歳選挙権で政治はどう変わるか――データから予測する投票行動』，昭和堂，2015 年．
小玉重夫『シティズンシップの教育思想』，白澤社，2003 年．
林大介『「18 歳選挙権」で社会はどう変わるか』，集英社新書，2016 年．

第 3 章　速く走れる人間をつくってもよいか

石井哲也『ゲノム編集を問う――作物からヒトまで』，岩波新書，2017 年．
石井哲也『ヒトの遺伝子改変はどこまで許されるのか――ゲノム編集の光と影』，イースト新書 Q，2017 年．
『現代思想』，2017 年 6 月臨時増刊号，特集：iPS 細胞の未来，青土社，2017 年．

山本卓『ゲノム編集の基本原理と応用——ZFN, TALEN, CRISPR-Cas9』, 裳華房, 2018年.

第4章 芸術に進歩はあるか

エルンスト・H・ゴンブリッチ『芸術と進歩——進歩理念とその美術への影響』, 下村耕史他訳, 中央公論美術出版, 1991年.
高階秀爾『近代絵画史 増補版』(上)(下), 中公新書, 2017年.
三浦篤『まなざしのレッスン2 西洋近現代絵画』, 東京大学出版会, 2015年.
吉田秀和『二十世紀の音楽』, 岩波新書, 1957年.

第5章 人工知能研究は人為的にコントロールすべきか

弥永真生・宍戸常寿編『ロボット・AIと法』, 有斐閣, 2018年.
久木田水生・神崎宣次・佐々木拓『ロボットからの倫理学入門』, 名古屋大学出版会, 2017年.
福田雅樹・林秀弥・成原慧編『AIがつなげる社会——AIネットワーク時代の法・政策』, 弘文堂, 2017年.
山本龍彦編『AIと憲法』, 日本経済新聞出版社, 2018年.

第6章 民主主義は投票によって実現できるか

今井一『「憲法九条」国民投票』, 集英社新書, 2003年.
ガート・ビースタ『民主主義を学習する——教育・生涯学習・シティズンシップ』, 上野正道他訳, 勁草書房, 2014年.
坂井豊貴『多数決を疑う——社会的選択理論とは何か』, 岩波新書, 2015年.
ヤン=ヴェルナー・ミュラー『ポピュリズムとは何か』, 板橋拓己訳, 岩波書店, 2017年.

第7章 軍事的安全保障研究予算をもらってもよいか

池内了『科学者と戦争』, 岩波新書, 2016年.
池内了『科学者と軍事研究』, 岩波新書, 2017年.
杉山滋郎『「軍事研究」の戦後史——科学者はどう向き合ってきたか』, ミネルヴァ書房, 2017年.

第8章 絶対に人を殺してはいけないか

小浜逸郎『なぜ人を殺してはいけないのか』, 新書y, 洋泉社, 2000年；PHP文庫,

2014 年.

萱野稔人『死刑 その哲学的考察』, ちくま新書, 2017 年.

デーヴ・グロスマン『戦争における「人殺し」の心理学』, 安原和見訳, ちくま学芸文庫, 2004 年.

三井美奈『安楽死のできる国』, 新潮新書, 2003 年.

第 9 章 学問は社会にたいして責任を負わねばならないか

フォージ, J.『科学者の責任——哲学的探求』, 佐藤透, 渡邉嘉男訳, 産業図書, 2013 年.

藤垣裕子『科学者の社会的責任』, 岩波科学ライブラリー, 2018 年.

ヨナス, H.『責任という原理——科学技術文明のための倫理学の試み』, 加藤尚武監訳, 東信堂, 2000 年.

第 10 章 自由と公共性は両立するか

小野塚知二編『自由と公共性——介入的自由主義とその思想的起点』, 日本経済評論社, 2009 年.

高木八尺・末延三次・宮沢俊義編『人権宣言集』, 岩波文庫, 1957 年.

ハンナ・アーレント『全体主義の起源』1～3, 1 巻：大久保和郎訳, 2 巻：大島道義・大島かおり訳, 3 巻：大久保和郎・大島かおり訳, みすず書房, 2017 年.

最終章 プライバシーと治安は両立できるか

内田博文『治安維持法と共謀罪』, 岩波新書, 2017 年.

ダニエル・J・ソロブ『プライバシーなんていらない？』, 大島義則, 松尾剛行, 成原慧, 赤坂亮太訳, 勁草書房, 2017 年.

山本龍彦『プライバシーの権利を考える』, 信山社, 2017 年.

あとがき

　早いもので，前著『大人になるためのリベラルアーツ』を刊行してから 3 年になる．初年度（2015 年度）を入れればつごう 4 年間にわたって「異分野交流・多分野協力論」を担当してきたことになるが，学生の顔ぶれは毎年替わるし，年度が替わるたびに少しずつ新しいトピックを取り入れてもきたので，50 回近くに及ぶ授業はまったくマンネリ化することがなく，つねに新鮮な発見があった．今日はどんな意見が出てくるのか，どんな議論が展開するのかと，毎回楽しみにしながら教室に足を運んだことを思い出す．そして授業が終わった後では，いつももっと時間がほしかった，もっと彼らと議論を戦わせてみたかったと惜しみながら教室を後にしたものだ．30 数年に及んだ教員生活の中で，こんな気持ちを味わったのは正直のところ初めてである．

　それはおそらく，自分も学生に戻ったつもりでこの授業からさまざまなことを「学ぶ」ことができたからであろう．とくに本書に収めたテーマの中には，遺伝子操作や人工知能など，科学技術の最先端に属するものがいくつか含まれており，この方面に疎い私にとっては勉強になることが大変多かった．分野によってはかなり高度な専門知識を有する学生もいて，確かな知見に裏付けられた彼らの発言になるほどと頷かされたことも 1 度や 2 度ではない．

　考えてみれば私は長年，教養学部のフランス語担当教員として，フランス語を知らない（あるいはまだ十分に読みこなせたり使いこなせたりしない）学生を相手に，もっぱら自分の持てる知識を「授ける」ことに教員生活の大半を捧げてきた．しかし「異分野交流・多分野協力論」では，多岐にわたる問題について自分の知らないことを知り，容易に答えの出せない問いにたいする答えを学生たちと一緒に模索する作業を楽しむことができた．つまり，この科目は私にとってもアクティヴ・ラーニングそのものだったのであり，その意味では「授業」であると同時に「受業」でもあったのである．

ところでこの4年のあいだに，私は大学や学問のあり方について考えさせられる機会に何度か遭遇してきた．いずれも役職の上で関与することがなければさほどの興味も抱かずにやり過ごしていたかもしれないことがらばかりだが，本書の趣旨とも少なからず関連するので，3つの話題について簡単に触れておきたい．

　1つめは，初年度の授業が進行中であった2015年（平成27年）6月8日付で，国立大学法人学長及び各大学共同利用機関法人機構長宛に発出された文部科学大臣名の通知，「国立大学法人等の組織及び業務全般の見直しについて」である[1]．そこには教員養成系や人文社会科学系の学部・大学院をとくに指定して，廃止・転換を含めた組織の見直しに積極的に取り組むよう求める一節が含まれていたため，人文社会科学の軽視ではないかという批判が各方面から一斉に湧きあがったことは今なお記憶に新しい．文部科学省側はすぐにこれを否定し，躍起になって火消しに努めたが[2]，この通知自体は今日に至っても撤回されておらず，実際にその趣旨に沿った組織替えを実行に移した国立大学も相次いでいて，いわゆる「文系」研究者たちのあいだに根付いた不信感はなかなか消えそうにない．

　2つめは，同じく2015年頃から顕在化してきた，大学入試改革をめぐる一連の動きである．「知識偏重の1点刻みの大学入試」からの脱却[3]を謳い文句に，2020年以降の大学入学共通テストにおいて英語の民間試験を活用したり国語・数学等の記述式問題を導入したりする施策が進められていることは新聞

---

1) この通知に関しては，前著『大人になるためのリベラルアーツ』の第9回，「学問は社会にたいして責任を負わねばならないか」でも何度か言及されている．
2) たとえば下村博文文部科学大臣（当時）は同年8月10日付の『日本経済新聞』に掲載されたインタヴュー記事で，「文科省は国立大学に人社系が不要と言っているわけではないし，軽視もしていない．すぐに役立つ実学のみを重視しろとも言っていない」と述べている．
3) 教育再生実行会議「高等学校教育と大学教育との接続・大学入学者選抜の在り方について（第四次提言）」，2015年10月31日．ちなみにこの基本方針は一見正論のように見えるが，たとえば重箱の隅をつつくような「知識偏重」と本来あるべき「知識重視」は本質的に異なるのではないか，その意味で現行のセンター試験は果たして本当に「知識偏重」なのか，あるいは定員を厳密に守ることが求められている選抜試験で「1点刻み」でない入試など可能であるのか，そうした議論をするならまず大学の入学定員の柔軟化を進めるべきではないか等々，よく考えてみるとさまざまな疑問が湧いてくる．

等でも繰り返し報じられている通りであるが，その制度設計の脆弱さにたいしては各方面からさまざまな理念的・現実的懸念が表明されてきた．私自身もたまたま英語民間試験に関する学内の議論に加わった関係で，2018 年中には少なからずこの問題にコミットすることとなったが[4]，数ある選択肢のひとつにすぎないはずの手段がいつのまにか自己目的化してしまった経緯を見るにつけ，なぜこのような流れがもっと早い段階で止められなかったのかと，深い憂慮の念を禁じえない．

　3 つめは，2018 年 6 月の閣議決定に基づいて文部科学省から提示された，高等教育の無償化にともなう経済的困窮学生の教育費負担軽減制度である[5]．その趣旨自体はいたって妥当なものだが，問題は支援の対象となる学生が所属する大学等に 4 つの「機関要件」が課されていることで，中でもその第 1 番めに挙げられている「実務経験のある教員による授業科目の配置」については，いったいどのようなロジックで困窮学生への経済的支援と結びつくのか，私にはまったく理解できない[6]．もちろん実践的教育に注力する大学があることは悪いことではないし，一般に実務経験のある教員が授業を担当することも教育の多様化という観点からすれば意味のあることだとは思うが，これを機関要件にするとなると，学生への経済的支援を交換条件として授業内容を実務重視の方向に誘導しているようなものである．およそ正当な根拠があるとは思えないこのような政策がなぜまかり通ってしまうのか，いくら考えても得心がいかない．

　こうした一連の動きにたいして，「国の政策なのだから従うのが当然である」とか，「ここまで事態が進んでしまったのだから仕方がない」といった，ほとんど思考停止としか思えない言葉を口にする人びとが学内外に少なからず存在

---

4) 詳細は 2018 年 7 月 14 日に東京大学の HP に公表された「入学者選抜方法検討ワーキング・グループ答申」(https://www.u-tokyo.ac.jp/ja/admissions/undergraduate/e01_admission_method_02.html)，および『朝日新聞』2018 年 10 月 14 日付朝刊と『読売新聞』2018 年 12 月 7 日付朝刊に掲載された筆者のインタヴュー記事を参照していただきたい
5) http://www.mext.go.jp/a_menu/koutou/hutankeigen/index.htm
6) 文部科学省の文書によれば，「卒業に修得が必要となる単位数の 1 割以上」(4 年制大学であれば 124 単位の 1 割以上なので 13 単位以上) が実務家教員の担当でなければならず，しかもシラバス等に「どのような実務経験を持つ担当教員が，どのような授業を行うのかを明記しておくことが必要」とされている．ちなみに他の 3 要件は，「外部人材の理事への任命」，「厳格な成績管理の実施・公表」，「財務・経営情報の開示」である．

することには戸惑いを禁じえないが，この種の発言を耳にするたびに，私はリベラルアーツの重要性をあらためて痛感せずにはいられなかった．教育関係の政策立案にあたっては，多様な状況に置かれた学生や受験生にたいする想像力がなによりも必要とされるはずであり，そのためにはリベラルアーツの主たる要素である「複数の立場を自在に往復する柔軟さ」が必須の条件として求められるはずである．そして自戒の念をこめて付け加えておけば，この条件は当然ながら，施策に疑義を呈したりこれを批判したりする側の人間にたいしても等しく要請されるべきものだ．双方が硬直した先入観や思い込みに囚われ，自分の立場や意見だけを頑なに正当化しようとする偏狭な精神に閉じこもっている限り，健全な対話の成り立つ言論空間はけっして開かれることがないであろうし，議論はいつまでも平行線をたどって交わることがないであろう．いささか手前味噌になるが，その意味でもさまざまな局面で「大人になるためのリベラルアーツ」が今ほど求められている時代はないという確信を深くした次第である．

最後に，本書の収録対象となった3年間の授業に参加して毎回活発な議論を展開してくれた学生のみなさん，授業の進行にあたっていろいろとお世話になったTAのみなさん，そしてゲストとして数々の貴重なご意見・ご教示を賜った桑田学先生，渡邊雄一郎先生，江間有沙先生に，心より御礼申し上げたい．また，東京大学出版会の丹内利香さんには，文章の細部のチェックから資料の確認，図版の選択にいたるまで，前著に続いて今回も面倒な編集作業を一手に引き受けていただいた．深い感謝の念とともに，本書がそのご苦労に報いる内容になっていることを願うばかりである．

そして共著者である藤垣裕子先生には，4年間にわたって充実した協働作業を主導していただいたことについてあらためて御礼申し上げたい．先生は科学技術社会論という，私とはまったく異なる専門分野に立脚しながら，文学や思想関係の書物にも広く目を通し，いわゆる文系のテーマに関してもつねに鋭い分析や有意義なコメントをたびたび披露してこられた．時には学生たちの前でつい夢中になって2人で論争を繰り広げたりしたこともあったが，それもまた私（たち？）にとっては「大人になり直す」ためのワンステップだったのかも

しれない.

　私は 2018 年度を最後にこの授業からは身を引くことになるが,「後期教養教育」のパイオニア的な試みとして構想された「異分野交流・多分野協力論」そのものは,新しい担い手を得て今後も引き継がれていくはずである.遠からぬうちに『続続・大人になるためのリベラルアーツ』が世に出ることを願って,私の締めくくりの言葉としたい.

　　　　　　　　　　　　　　　　　　　2018 年 12 月　　石井洋二郎

　ここに 1 つの冊子がある.1993 年度基礎 II short seminar と書いてある.筆者は 1993 年に東京大学教養学部基礎科学科第二に助手として勤務していたが,その構成教員による勉強会の資料である.宇宙物理学の恒星進化論,生物集団行動のシミュレーション,荷電粒子と結晶との相互作用,図形認識研究,……と多岐にわたる構成教員の研究の紹介と基礎科学科第二の教育理念を真摯に語り合った記録でもある.基礎科学科第二は 1981 年に設立され,「学際的総合性を研究・教育の基本理念とし,現代社会が直面する複合的問題に対処する」ことを理念として掲げていた.しかし,理念的要求に学的研究を合致させようとする企ては,実証科学の成果の蓄積という基準に適合しない限り,その多くが頓挫する.基礎科学科第二の悲劇は,その理念的要求そのものに合致する成果の蓄積を発表する学術雑誌(「学際とシステム」のような雑誌)をもたないことであった.1 つのジャーナルでの編集・投稿活動が科学者集団の成果の蓄積,互いの切磋琢磨,後継者の育成などの求心力として役立つのだとすると,そのようなジャーナルをもたない学科構成員は,どういう戦略を立てたらよいのだろうか.いつでも新しい分野を作る人材養成の場となる「学際のマグマ」として機能することは可能だろうか.これが当時の私の切実な問いだった.

　一癖も二癖もある物理・化学・生物・宇宙地球・情報の各分野にわたる学科構成教員は,さまざまな場面で論戦を展開した.彼らを観察していて,私は「異分野摩擦」「ジャーナル共同体」といった概念[7]を考えつき,彼らの行動を記述することに成功した.当時は,異分野摩擦は忌むべきものであり,克服

するべきものだと思っていた．しかし，25年たってようやく，学生との議論の蓄積を経て，「異分野摩擦は忌避すべきものではない」ということを実感できるようになった．「おわりに」にも書いたように，異分野摩擦は異分野協力（新しいものを作る，新しい専門誌を創刊する，社会にたいして提言をおこなう，自らの前提を問いなおす）の出発点であり，4つめの視点がリベラルアーツである．この点が4年間の授業実践におけるもっとも大きな収穫の1つであると確信している．

上記学科間の異分野摩擦は，自然科学の中でのそれであったのだが，本授業では，自然科学・社会科学・人文学のそれに拡がった．「芸術は個別を徹底的に追求することで普遍に至ろうとするのにたいし，科学は個別を徹底的に排除することで普遍に至ろうとする」[8] という発見に加えて，本書の第1章では気候工学の話にはじまって最後は文学的感性の話に及んだ．この拡がりこそが異分野交流の醍醐味であろう．

授業に参加してくれた学生のみなさん，TAのみなさん（木村さん，中村さん，金さん，山本さん），そしてゲスト講師として参加してくれた桑田学先生，渡邊雄一郎先生，江間有沙先生に深くお礼申し上げたい．ゲスト講師の先生方には，問題提起文のみならず，議論の記録の原稿も見ていただいた．また，第1章の文章を書くにあたっては，当時環境省の環境研究総合推進費：戦略的研究プロジェクトS-10の研究員だった草深美奈子さんにもコメントをいただいている．第3章の生物進化についての説明文章では，東京大学大学院総合文化研究科の山道真人先生に文章を確認していただいた．

共著者の石井洋二郎先生は大変論理的思考力の高い方であるため，石井先生への反論を組み立てるために，私の論理的思考力も相当鍛えられたように思う．東大本部でのアドミニストレーション関連の仕事で摩耗していく石井先生を横目で見ながら（とくに2018年度），はたまた私自身，総合文化研究科・教養学部のアドミニストレーションで摩耗していく自分自身を観察しながら（とくに

---

7) 藤垣裕子『専門知と公共性——科学技術社会論の構築へ向けて』，前掲書．
8) 前著『大人になるためのリベラルアーツ』，81頁．同様のことを，科学史家の隠岐さやかは以下のように表現している．「理工医系は人間をバイアスの源ととらえているのに対し，人文社会系は人間を価値の源泉ととらえている」（隠岐さやか『文系と理系はなぜ分かれたのか』，星海社新書，2018年，74頁）．

2016年度），毎週の授業はおこなわれた．感性を全開しているとアドミニストレーションの仕事はできない．しかし感性をすべて抑圧していると，文学・芸術系の議論や学生の議論へのきめ細やかな対応はできない．感性を閉じ込めて会議に集中する分人[9]と感性を解放する分人のあいだを往復する技術があってこそ，精神の柔軟性は保たれるのである．授業をとおしてわれわれが学んだのは，異なるコミュニティ間の往復だけでなく，こういった分人間の往復の技術でもあったように思う．

　東京大学出版会の丹内利香さんには，前著にひきつづき大変お世話になった．続編は3年分の授業の中の抜粋であるため，内容的にも非常に濃いものになった．こころからお礼申し上げたい．

2018年12月　藤垣裕子

---

[9] 分人については，前著『大人になるためのリベラルアーツ』，256頁参照．

著者略歴

石井洋二郎（いしい・ようじろう）

1951年，東京都生まれ．1975年，東京大学法学部卒業．1978年，パリ第4大学修士課程修了．1980年，東京大学大学院人文科学研究科修士課程修了．1980年，東京大学教養学部助手．1982年，京都大学教養部助教授．1987年，東京大学教養学部助教授．1994年，同教授．2012年，東京大学副学長．2013年，東京大学大学院総合文化研究科長・教養学部長．2015年，東京大学理事・副学長．2019年，中部大学教授．東京大学名誉教授．学術博士．

主要著訳書
『差異と欲望——ブルデュー「ディスタンクシオン」を読む』（藤原書店，1993）
『文学の思考——サント＝ブーヴからブルデューまで』（東京大学出版会，2000）
『ロートレアモン　イジドール・デュカス全集』（訳，筑摩書房，2001，日本翻訳出版文化賞・日仏翻訳文学賞）
『美の思索——生きられた時空への旅』（新書館，2004）
『ロートレアモン　越境と創造』（筑摩書房，2008，芸術選奨文部科学大臣賞）
『科学から空想へ——よみがえるフーリエ』（藤原書店，2009）
『異郷の誘惑——旅するフランス作家たち』（東京大学出版会，2009）
『フランス的思考——野生の思考者たちの系譜』（中公新書，2010）
『告白的読書論』（中公文庫，2013）
『時代を「写した」男　ナダール　1820-1910』（藤原書店，2017）

藤垣裕子（ふじがき・ゆうこ）

1962年，東京都生まれ．1985年，東京大学教養学部基礎科学科第二卒業．1990年，東京大学大学院総合文化研究科広域科学専攻博士課程修了．1990年，東京大学教養学部助手．1996年，科学技術庁科学技術政策研究所主任研究官．2000年，東京大学大学院総合文化研究科広域システム科学系助教授．2010年，同教授，2013年，東京大学総長補佐．2015-2016年度東京大学大学院総合文化研究科副研究科長・教養学部副学部長．学術博士．

主要著訳書
『専門知と公共性——科学技術社会論の構築へ向けて』（東京大学出版会，2003）
『研究評価・科学論のための科学計量学入門』（共著，丸善，2004）
『科学技術社会論の技法』（編，東京大学出版会，2005）
『社会技術概論』（共著，放送大学教育振興会，2007）
『科学コミュニケーション論』（共編，東京大学出版会，2008）
『社会人のための東大科学講座——科学技術インタープリター養成プログラム』（共著，講談社，2008）
『数値と客観性——科学と社会における信頼の獲得』（訳，みすず書房，2013）
Lessons from Fukushima: Japanese Case Studies on Science, Technology and Society（ed., Springer, 2015）
『科学者の社会的責任』（岩波書店，2018）

続・大人になるためのリベラルアーツ
思考演習 12 題

2019 年 2 月 26 日　初　版
2019 年 6 月 17 日　第 2 刷

［検印廃止］

著　者　石井洋二郎・藤垣裕子

発行所　一般財団法人　東京大学出版会
代表者　吉見俊哉
153-0041 東京都目黒区駒場 4-5-29
http://www.utp.or.jp/
電話　03-6407-1069　Fax　03-6407-1991
振替　00160-6-59964

印刷所　株式会社理想社
製本所　牧製本印刷株式会社

© 2019 Yojiro Ishii and Yuko Fujigaki
ISBN 978-4-13-003390-9　Printed in Japan

JCOPY 〈出版者著作権管理機構　委託出版物〉
本書の無断複写は著作権法上での例外を除き禁じられています．複写される場合は，そのつど事前に，出版者著作権管理機構（電話 03-5244-5088, FAX 03-5244-5089, e-mail: info@jcopy.or.jp）の許諾を得てください．

大人になるためのリベラルアーツ 思考演習12題	石井・藤垣	A5/2900円
知の技法 東京大学教養学部「基礎演習」テキスト	小林・船曳編	A5/1500円
教養のためのブックガイド	小林・山本編	A5/1800円
東大教師が新入生にすすめる本 2009–2015	東京大学出版会 『UP』編集部編	B6/1800円
カリキュラム・イノベーション 新しい学びの創造へ向けて	東京大学教育学部カリキュラム・イノベーション研究会編	A5/3400円
アクティブラーニングのデザイン 東京大学の新しい教養教育	永田・林編	46/2800円
異郷の誘惑 旅するフランス作家たち	石井洋二郎	46/3200円
専門知と公共性 科学技術社会論の構築へ向けて	藤垣裕子	46/3400円
科学技術社会論の技法	藤垣裕子編	A5/2800円

ここに表示された価格は本体価格です．御購入の際には消費税が加算されますので御了承下さい．